DU

DROIT DU CHASSEUR

SUR LE GIBIER

CHATEAUROUX. — IMPRIMERIE ET STÉRÉOTYPIE DE A. MAJESTÉ.

DU DROIT

DU

CHASSEUR

SUR LE GIBIER

DANS TOUTES LES PHASES DES CHASSES A TIR & A COURRE

AVEC DEUX APPENDICES

SUR LA CHASSE CHEZ LES ROMAINS ET CHEZ LES FRANCS

LA LOI DU 3 MAI 1844 SUR LA POLICE DE LA CHASSE

PAR F.-F. VILLEQUEZ

DOYEN DE LA FACULTÉ DE DROIT DE DIJON

ANCIEN LIEUTENANT DE LOUVETERIE

DEUXIÈME ÉDITION

AUGMENTÉE ET MISE AU COURANT DE LA JURISPRUDENCE

PARIS

L. LAROSE ET FORCEL

LIBRAIRES-ÉDITEURS

22, Rue Soufflot, 22

1884

DU DROIT

DU

CHASSEUR

SUR LE GIBIER

DANS TOUTES LES PHASES DES CHASSES A TIR & A COURRE

AVEC DEUX APPENDICES

SUR LA CHASSE CHEZ LES ROMAINS ET CHEZ LES FRANCS

LA LOI DU 3 MAI 1844 SUR LA POLICE DE LA CHASSE

PAR F.-F. VILLEQUEZ

DOYEN DE LA FACULTÉ DE DROIT DE DIJON

ANCIEN LIEUTENANT DE LOUVETERIE

DEUXIÈME ÉDITION

AUGMENTÉE ET MISE AU COURANT DE LA JURISPRUDENCE

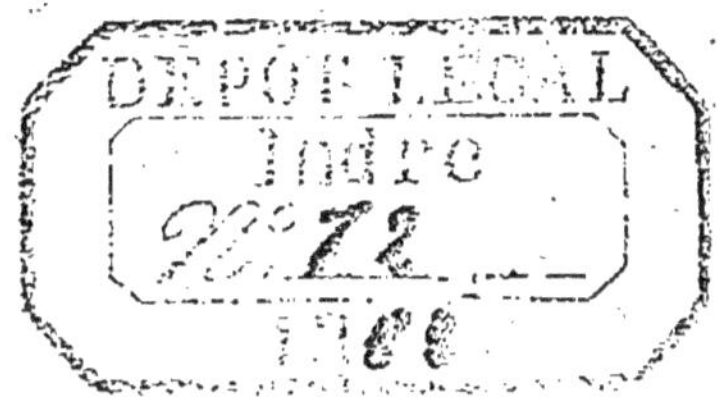

PARIS

L. LAROSE ET FORCEL

LIBRAIRES-ÉDITEURS

22, Rue Soufflot, 22

1884

ERRATA

Page 27, ligne 13, lisez *plaine* et non pleine.
Page 28, ligne 12, lisez *donnais* et non donnait.
Page 36, à la note, ligne 4, *mai* au lieu de mia,
Page 52, ligne 20, lisez *répètent* et non répète.
Page 54, ligne 15, lisez *défendu* et non défendus.
Page 90, ligne 18, lisez *laissé* et non laisserr.

INTRODUCTION

J'écris, pour les chasseurs qui ne sont pas jurisconsultes et pour les jurisconsultes qui ne sont pas chasseurs, sur des questions qui se présentent, je ne dis pas tous les jours, mais certainement plus de cent fois par jour, pendant l'ouverture de la chasse, sur le territoire français où elles font l'objet de difficultés et de querelles sans fin.

D'assez mince importance aux yeux des jurisconsultes mordernes qui s'en occupent peu ou point (1), bien qu'elles soient du ressort du droit civil sur lequel ils ont publié de volumineux écrits,

(1) Il faut en excepter quelques-uns de ceux qui ont écrit spécialement sur la chasse, et en particulier M. Sorel dans son remarquable ouvrage sur le droit de suite, etc. M. de

ces questions en ont toujours eu une très grande
pour les chasseurs ; elles étaient traitées fort au
long par nos anciens auteurs, et jugées autrefois
par les officiers des eaux et forêts, presque tous
chasseurs, ou, du moins, tous au courant d'une
matière qui rentrait spécialement dans leurs attributions (1).

Si j'avais à choisir aujourd'hui mes juges, je
préférerais le chasseur qui ne serait pas jurisconsulte au jurisconsulte qui ne serait pas chasseur.
J'ai entendu bien souvent dire à ces derniers que
le gibier appartenant au premier occupant, le
premier venu pouvait tirer devant vos chiens et
emporter la bête. Je n'ai jamais entendu dire pareille chose à un chasseur, qui considérera, et
avec raison, comme mal rendus, les jugements
qui l'ont été en ce sens. Tout ce que l'on accor-
dait, c'est que ce procédé n'était peut-être pas
très délicat, mais la délicatesse ne compte pas en
droit.

Une pareille jurisprudence serait-elle fondée
en droit ? Le droit serait-il contraire à l'équité, à
ce sentiment instinctif de raison et de bon sens,

Neyremand, *Questions sur la chasse*. MM. Giraudeau, Lelièvre et Soudée, *la Chasse*, etc. M. Leblond, *Code de la chasse*.
Jullemier, *Procès de chasse*. Ces quatre derniers ouvrages,
publiés depuis ma première édition, n'y étaient pas cités.

(1) Ordonnance de 1669, tit. xxx, art. 30 et suiv.

qui doivent lui servir et lui servent toujours de base? Non certainement.

Si une pareille jurisprudence était fondée en droit et devait par conséquent s'établir, elle aurait des effets bien funestes en fait. Il serait difficile de ne pas se rendre justice à soi-même, j'en appelle aux chasseurs les plus tranquilles. Une justice que se rendent elles-mêmes les parties intéressées doit toujours être évitée, surtout quand l'une d'elles au moins, celle qui n'est pas *très délicate*, a un fusil à la main. Cette partie se rend le plus souvent justice à elle-même, mais d'une tout autre façon, j'en ai été maintes fois témoin, en fuyant à toutes jambes et se cachant au plus épais du fourré. Cette partie pense donc qu'elle n'est pas dans son *droit*; elle a raison, comme nous le verrons.

Il n'y a pas ici seulement une question de délicatesse, mais une question de droit qui mérite, à raison de sa fréquence dans la pratique, des passions qu'elle met en jeu, et des fausses idées que s'en font la plupart des jurisconsultes, d'être traitée très sérieusement. Toujours décidée dans notre ancienne France en faveur du chasseur, elle doit l'être encore de même aujourd'hui sans aucun doute pour moi. Mais, comme l'opinion d'un jurisconsulte ou d'un chasseur, quelque consciencieux qu'il soit, ne fait et ne doit pas faire foi par elle-même, je demanderai aux chasseurs la permission de l'étayer sur des textes anciens et nouveaux, en les priant même, si je parle de droit romain, de ne pas m'accuser de pédantisme. C'est précisément sur un texte de droit romain que nos adversaires jurisconsultes s'appuient, il faut bien que nous leur répondions, et que nous leur répondions dans leur langue, car il y a une langue du droit comme il y a une langue de la vénerie, celui qui ne les parle pas ne mérite ni le nom de jurisconsulte ni celui de chasseur ; à ce dernier titre, les jurisconsultes voudront bien me passer des termes que je ne saurais traduire même par une périphrase.

Je ferai des citations nombreuses et assez étendues d'auteurs et de textes législatifs inconnus pour la plupart à ceux qui n'ont pas approfondi la matière. Loin de moi la pensée de faire un étalage d'érudition ; je veux traiter et mettre à même ceux qui me liront de traiter avec tout le soin qu'elles exigent des questions que je regarde, au rebours des jurisconsultes modernes, comme très sérieuses et très importantes. Nos pères ne traitaient pas la chasse légèrement, et nos anciens jurisconsultes mettaient un soin tout particulier à l'étude des questions de droit qu'elle faisait naître. C'est à eux qu'il faut demander et que nous demanderons des leçons.

Je ne marcherai jamais qu'en mettant les preuves sous les yeux du lecteur ; mes citations mettront ceux qui ont à leur disposition beaucoup de patience et des bibliothèques assez complètes à même de recourir aux sources et d'en vérifier l'exactitude ; les autres, en lisant les extraits que j'en donnerai, seront dispensés de ce très long travail que j'aurai fait pour eux.

Depuis la première édition de ce livre, les solutions qu'il contient ont été adoptées dans d'autres ouvrages et consacrées par des décisions judiciaires que j'aurai occasion de signaler.

DU

DROIT DU CHASSEUR

SUR LE GIBIER

DISPOSITIONS GÉNÉRALES

—

Droit de chasse. — Droit de suite. — Droit du chasseur sur le Gibier.

1. L'erreur d'une assez grande partie de ceux qui pensent que l'on peut tirer devant les chiens d'autrui vient de la confusion qu'ils font du droit de chasse et du droit de suite avec le droit du chasseur sur le gibier, qui, bien qu'ayant un certain rapport de connexité, doivent être soigneusement séparés et ne sont pas réglés par le même genre de dispositions législatives.

2. Le droit de chasse et le droit de suite sont l'objet des lois *spéciales* sur la *police* de la chasse, qui en soumettent l'exercice à différentes conditions dont la violation entraîne l'application de pénalités prononcées par les tribunaux correctionnels, à la requête du ministère public ou des agents forestiers. C'est une question de droit pénal.

Le droit du chasseur sur le gibier qu'il poursuit, blesse, tue, ou dont il s'empare, est du ressort du droit civil ordinaire, du droit commun, du Code civil ; c'est une question de possession ou de propriété s'appliquant au gibier comme à toute autre chose, s'agitant entre deux particuliers, décidée par le juge civil, sur la demande de l'un d'eux. C'est le juge de paix qui sera d'ordinaire compétent à raison de la modicité de la demande.

3. Il se peut qu'à l'occasion de la prise ou de la poursuite du gibier, un délit de chasse ait été commis ; c'est une autre affaire, de la compétence du tribunal de police correctionnelle qui en sera saisi par le ministère public. Elle est indépendante de la première et ne doit pas influer, généralement du moins, comme on le croit, sur sa solution, qui, du reste, peut être donnée par le tribunal déjà saisi de l'autre, si la partie juge à propos de prendre des conclusions à cette fin aux termes de l'article 3 du Code d'instruction criminelle.

Les documents judiciaires nous offrent d'assez nombreux exemples de cette complication qui ne doit cependant pas amener de méprise. C'est précisément à propos d'un arrêt parvenu à ma connaissance, et après une assez longue conversation avec d'éminents magistrats, que l'idée m'est venue d'écrire sur la question.

Cette décision n'avait été, je crois, encore insérée dans aucun recueil ; la voici :

(MINISTÈRE PUBLIC CONTRE LETIÉVANT.)

Le 2 décembre 1861, les fermiers des chasses dans les bois de Boulay chassaient un lièvre mené de vive voix par huit chiens courants. Letiévant, revenant de la chasse au chien d'arrêt avec Deschaintres, traversait le bois de Boulay par le chemin vicinal de Charolles à Champlecy ; il tire le lièvre, le prend aux chiens qui arrivaient dessus, le met dans son carnier et l'emporte. Le ministère public poursuit Letiévant comme s'étant rendu coupable d'un délit de chasse. Jugement du tribunal de Charolles qui déboute le ministère public par les raisons suivantes :

« Attendu qu'il résulte de l'instruction et des débats de l'affaire, que, le 2 décembre 1861, Letiévant, revenant de la chasse au chien d'arrêt en compagnie de Deschaintres vers quatre heures du soir, suivait le chemin vicinal de Charolles à Champlecy, lorsqu'un lièvre sortit du bois de Boulay, se présenta à la portée de ces deux chasseurs, fut tiré et tué par Letiévant qui le ramassa et le mit dans son carnier (il résulte de la déposition des témoins que les chiens, qui chassaient de vive voix, arrivèrent sur le lièvre que Letiévant leur prit).

» Attendu, que le gibier et le chasseur se trouvaient par hasard sur ce chemin public, sur un terrain communal :

» Attendu, qu'à la même heure plusieurs chasseurs, à l'aide de chiens courants, poursuivaient dans le bois de Boulay un lièvre lancé qui probablement était le lièvre tiré ;

» Attendu, que Letiévant a dû entendre cette chasse, et, qu'en tirant et emportant le lièvre chassé sans attendre les chasseurs, *il a commis un grave manquement aux convenances et politesses que les chasseurs se doivent* ;

» Attendu, que Letiévant est muni d'un permis de chasse régulier ; que, de la part de Letiévant, il n'y a eu aucun acte ayant pour objet la recherche ou la poursuite du gibier sur le bois de Boulay, et que le lièvre s'est présenté à l'improviste sur le chemin public, que le hasard seul l'a amené à la portée du chasseur, qui n'a rien fait pour l'attirer ;

» Attendu, que, d'après l'usage, on tolère la chasse sur les chemins publics et terrains communaux par ceux munis de permis de chasse ;

» Attendu, qu'un fait de chasse exercé sur un chemin public en temps permis et par une personne pourvue d'un permis de chasse, ne constitue pas un délit de chasse ;

» Par ces motifs : annule l'instruction, la citation et tout ce qui a suivi contre Letiévant, et, en conséquence, le renvoie de la prévention, sans dépens. » Trib. de Charolles, 4 janv. 1862.)

Deux questions bien distinctes se présentaient :

1° Y avait-il délit de chasse de la part de Letiévant ? seule question à soulever par le ministère public.

2° Qu'il y eût ou non délit de chasse, Letiévant avait-il le droit de tirer le lièvre devant les chiens d'autrui, ne devait-il pas le rendre ou en rendre la valeur aux chasseurs, même avec dommages-intérêts fondés sur le trouble apporté à l'exercice de leur droit, dans une forêt où peut-être il leur était amodié très cher ? Question purement civile, sur laquelle le tribunal ne pouvait statuer qu'à la demande de la partie civile, des chasseurs, et qu'en cas d'acquittement sur la première, ceux-ci pouvaient porter devant la juridiction civile, aux termes de l'article 3, 2ᵉ alinéa, du Code d'instruction criminelle.

Appel du ministère public, fondé sur ce que le chemin qui traverse un bois dont la chasse est amodiée, est amodié lui-même à l'adjudicataire, qui y a un droit de chasse exclusif, et, qu'aux termes de la loi du 3 mai 1844, Letièvant, ne pouvant chasser que sur le terrain où il avait le droit de chasse, avait commis un délit de chasse ; que *décider autrement* serait permettre à tout individu qui traverse un bois, *d'attendre et de tuer* le gibier chassé par l'adjudicataire.

Ici commence la méprise qui perce déjà dans le jugement. S'il n'y a pas délit de chasse de la part de celui qui tue le gibier devant les chiens d'autrui, il lui appartient : voilà l'erreur.

Que vous commettiez ou non un délit de chasse, vous n'avez pas le droit de tirer devant mes chiens. La question de savoir si j'ai un droit sur le gibier qui est devant mes chiens est indépendante du fait d'un tiers, délictueux ou non ; si j'ai un droit, nul ne peut me l'enlever ; je n'en ai aucun si le premier venu peut tuer et prendre le gibier, qu'il commette ou qu'il ne commette pas de délit.

Lorsqu'une personne s'empare d'une chose qui ne m'appartient pas, sur laquelle je n'ai aucun droit, je ne peux la réclamer, qu'il y ait vol ou non ; si, au contraire, elle m'appartient, il doit être fait droit à ma demande ; dans l'un et l'autre cas.

Sur l'appel du ministère public, la Cour de Dijon, appelée à statuer sur la question du délit, réforma le jugement du tribunal de Charolles :

« Considérant, que soit que le lièvre ait été tiré au moment où il sortait du bois de Boulay, soit qu'il ait été tiré sur le chemin même qui traverse ce bois, cet acte n'en constitue pas moins, de la part de Letiévant, un fait de chasse commis *dans le bois* de Boulay, dont la chasse ne lui appartenait point ; qu'ainsi, il s'est rendu coupable d'un délit de chasse, commis sur le terrain d'autrui, prévu par l'article 11 de la loi du 3 mai 1844, et, que c'est à tort que les premiers juges l'ont renvoyé de la poursuite dirigée contre lui.

» Par ces motifs : etc. » (Cour de Dijon, 29 janvier 1862.)

La Cour décide qu'il y a délit, parce que Letiévant a tiré dans un bois dont la chasse ne lui appartenait pas. Je crois qu'elle a bien jugé, quoique l'on puisse dire qu'un chemin communal ne peut faire l'objet d'un bail ; je reviendrai au long sur ce point (1). Il n'est rien dit dans l'arrêt du droit des chasseurs sur le gibier chassé par leurs chiens, probablement parce qu'ils n'avaient pas pris de conclusions à cet égard, l'appel ayant été interjeté par le ministère public seul, auquel il

____

(1) V. n°s 92 et suiv.

n'appartenait pas de soulever la question, qui doit être complètement séparée de celle du droit de chasse et du droit de suite, ainsi que nous allons le voir en traitant séparément de ces trois droits.

CHAPITRE I.

Du droit de chasse.

4. Le droit de chasse est le droit de se livrer à la recherche, à la poursuite et à la capture du gibier.

Abandonnée d'abord aux règles du droit naturel, la chasse, libre pour tout le monde, est devenue, en France, l'objet d'un droit dont la réglementation a suivi toutes les vicissitudes de notre organisation politique. Nulle matière n'a été l'objet d'aussi nombreuses dispositions législatives (1). Apanage exclusif de la noblesse, ou tout au moins attaché à la possession des fiefs, avant la Révolution française, le droit de chasse a été rendu par l'Assemblée Constituante à la propriété, dont il est aujourd'hui l'un des attributs (2).

(1) Voyez notamment le *Recueil des anciennes lois françaises*, par MM. Isambert, Jourdan et Decruzy, et le *Code des chasses*. Paris, 1753.

(2) Décr. des 11 août, 3 novembre 1790 ; des 22-30 avril 1790 ; loi du 3 mai 1844, art. 1.

Toute personne peut donc chasser sur son terrain ou sur le terrain de celui qui l'y autorise ; mais, dans ces limites mêmes, des raisons d'utilité générale, telles que la conservation du gibier et des récoltes, l'intérêt du Trésor et des communes, etc., ont fait soumettre l'exercice du droit de chasse à certaines règles ou conditions, dont l'ensemble forme ce qu'on appelle la *police* de la chasse. Nul ne peut chasser sans s'y soumettre ; leur violation constitue un *délit* qui, constaté par les agents chargés de la police judiciaire (1), ne peut être poursuivi que devant les tribunaux de police correctionnelle, au moyen de l'*action publique* exercée par les officiers chargés, au nom de la société, de la poursuite des délits (2), et doit être puni de peines qui varient suivant le degré de culpabilité du délinquant, l'amende, la confiscation des armes, la privation du permis de chasse, l'emprisonnement (3).

5. L'exercice du droit de chasse a été, comme nous l'avons dit, dans notre ancienne France, l'objet d'une foule de règlements, édits et ordonnances. La dernière, celle de 1669, des eaux et forêts, avait sur la chasse un titre entier, le titre 30,

(1) Loi du 3 mai 1844, art. 21 à 23.
(2) L. 3 mai 1844, art. 26.
(3) L. 3 mai 1844, art. 11-17.

remplacé par la loi des 22-30 avril 1790, à laquelle a succédé la loi du 3 mai 1844, qui nous régit aujourd'hui. Elle est très bien intitulée loi sur la *police* de la chasse, car elle détermine les conditions auxquelles la chasse est possible en France pour ne pas constituer un *délit*. C'est ainsi qu'elle décide que, pour pouvoir chasser, il faut au moins avoir seize ans, n'être ni garde-champêtre ou forestier, ni interdit, ni placé sous la surveillance de la haute police, être muni d'un permis de chasse délivré par l'autorité compétente, qui peut le refuser à telles ou telles personnes, doit le refuser à telles autres ; qu'en principe, on ne peut chasser que sur son terrain ou sur celui d'autrui, avec le consentement du propriétaire, en temps permis, le jour, à tir et à courre, à l'exception du furet et des bourses pour le lapin, etc. (1).

6. Encore une fois, et je ne saurais trop insister là-dessus, cette loi ne s'occupe en rien et n'avait pas à s'occuper du droit du chasseur sur le gibier qu'il chasse, poursuit ou tue. L'acquisition du droit de possession et de propriété sur toutes les choses qui peuvent appartenir à chacun de nous, gibier, poisson, meubles quelconques et immeubles, est du ressort unique du droit civil

(1) *Id.*, art. 1-9.

commun, qui règle et détermine les manières
d'acquérir toute espèce de chose. C'est là, et uniquement là, qu'il faut chercher les éléments de
décision de notre question qui est en dehors de
tout délit, donne lieu à une action civile ordinaire en revendication du gibier comme de toute
autre chose que nous prétendons nous appartenir, contre celui qui la détient ; action qui a
pour but d'obtenir la restitution de cette chose
ou sa valeur si elle ne peut plus être restituée,
et non l'application d'une peine dont elle est
parfaitement indépendante ; action intentée par
le chasseur qui réclame le gibier devant le juge
de paix et non devant les juges siégeant cor-
rectionnellement ; ce qui ne l'empêchera pas,
s'il le juge convenable, et qu'un délit concomitant
soit soumis au tribunal correctionnel, d'y porter
aussi sa demande selon la règle ordinaire écrite
dans l'article 3 du Code d'instruction criminelle.
Les juges ont alors deux questions distinctes et
indépendantes à décider ; l'une, sur la poursuite
du ministère public, celle de savoir s'il y a délit
de chasse aux termes de la loi de 1844, question
dont la solution affirmative entraînera une condamnation pénale, l'amende ira au trésor public ; l'autre, civile, sur la demande du chasseur ;
celle de savoir si le gibier ou sa valeur doivent
lui être restitués, entraînant une condamnation

civile, à son profit exclusif ; question que le tribunal peut résoudre affirmativement par le même jugement lorsqu'il reconnaît l'existence du délit, et qui devra être portée devant la juridiction civile s'il y a acquittement, car, à la différence des cours d'assises, les tribunaux correctionnels ne statuent pas sur l'action civile lorsqu'ils ne prononcent pas de condamnation pénale.

Le droit du chasseur sur le gibier qu'il réclame fait donc l'objet d'une question civile, abstraction faite de tout délit de chasse ou autre, tel que celui qui résulterait d'injures, coups et blessures qui peuvent avoir accompagné soit le fait de chasse sur lequel le chasseur fonde son droit, soit celui sur lequel le détenteur du gibier fonde le sien.

Vous avez une chose qui m'appartient, je prétends que vous me l'avez volée, vous êtes poursuivi par le ministère public pour délit de vol et acquitté, j'ai porté ma demande en restitution de cette chose devant le tribunal civil qui peut très bien la résoudre affirmativement. Vous n'aviez pas volé la chose, c'est le voleur qui vous l'avait vendue, prêtée, ou l'avait vendue, prêtée à un autre qui vous l'avait revendue ; vous ignoriez le vol. (V. art. 2279, 2280 C. civ.) A plus forte raison, si vous êtes convaincu de vol et condamné comme tel. Faisons maintenant commettre le délit par le propriétaire qui, pour reprendre sa chose que vous refusiez de lui rendre, a engagé une lutte avec vous, vous a blessé, a brisé votre porte, forcé votre secrétaire, etc. ; il est condamné ; en est-il moins pour autant propriétaire de la chose ? Le tribunal civil auquel il s'adressera vous condamnera aussi à la lui restituer.

Il n'y a, à ce point de vue, aucune raison pour distinguer entre un délit de chasse et un autre délit.

Le gibier que vous emportez m'appartient-il ? S'il m'appartient, si j'avais un droit exclusif sur lui, personne ne peut y porter atteinte. Que m'importe que vous ayez ou que vous n'ayez pas de permis de chasse, que vous vous en soyez emparé sur un chemin public, dans un bois où vous aviez ou n'aviez pas droit de chasse ou ailleurs ! Si je suis propriétaire ou possesseur du gibier, vous ne pouvez porter atteinte à mon droit ; vous me prenez ma chose, il faut me la rendre. Si vous ajoutez à cela un délit de chasse, c'est l'affaire du ministère public. Suis-je ou non propriétaire du gibier, voilà toute la question qui s'agite entre nous ; question de pur droit civil, qui se résout par des principes indépendants de ceux qui constituent le délit et qui doit faire le point capital de ce travail. Nous examinerons toutes les hypothèses qui peuvent se présenter avec ou sans accompagnement de délit de la part de l'une ou de l'autre des parties. Mais, avant d'y arriver, nous avons encore à parler du droit de suite, avec lequel le droit du chasseur sur le gibier a assez de connexité pour avoir entraîné beaucoup de bons esprits dans la confusion.

CHAPITRE II.

Du droit de suite.

7. En vénerie, on appelle *suite* le fait de chiens courants qui étant dans la voie de la bête qu'ils ont lancée, la continuent accompagnés ou non de leur maître.

Commencée sur un terrain où le chasseur a le droit de chasser, cette suite constitue-t-elle un délit de chasse lorsqu'elle est continuée sur un autre où ce droit n'existe plus ?

Cette question, qui a fait l'objet de nombreux travaux dans notre ancien droit, a été de nos jours très bien traitée par M. Sorel, auquel nous devons de remarquables travaux sur d'autres parties de jurisprudence cynégétique. Nous n'en dirons

que peu de mots, parce qu'elle est décidée dans
la loi du 3 mai 1844, et que notre but, en en par-
lant, n'est que de la séparer de celle du droit du
chasseur sur le gibier, pour éviter une confusion
qui est pour beaucoup dans l'erreur de ceux qui
pensent que l'on peut tirer devant les chiens d'autrui. Il en est même, et d'assez nombreux, qui
n'hésitent pas à vous dire que la loi de 1844, supprimant le droit de suite, autorise le premier venu
à tirer devant vos chiens, qu'il soit ou non propriétaire du terrain sur lequel il tire. Nous verrons
que le seul cas qui puisse présenter difficulté, est
celui où le propriétaire lui-même tirerait sur son
propre terrain sur lequel défense de chasser serait
faite au maître des chiens.

8. Le droit de suite, comme le droit de chasse
dont nous allons d'abord le séparer, tient à la
police de la chasse, est réglé par la loi du 3 mai
1844, qui ne dit pas un mot de l'acquisition ni de
la nature du droit du chasseur sur le gibier, réglé,
comme nous l'avons dit, par le droit civil.

9. Le droit de chasse diffère du droit de suite
en ce que celui qui a le droit de chasse sur un
terrain peut y commencer la chasse, découpler,
quêter, lancer, requêter, tirer, etc., enfin y faire
tous les actes de chasse, à plus forte raison, suivre sa bête. Le droit de suite proprement dit, qui

ne se comprend que sur un terrain où celui auquel il s'applique n'a pas le droit de chasse, n'est, comme le mot l'indique, que celui, pour les chiens, d'y suivre la bête qu'ils y amènent, et pour le maître, d'y suivre ses chiens, mais sans faire aucun autre acte de chasse. Il ne peut ni appuyer, ni requêter, ni chercher à relever un défaut ; il faut même, malgré la plus belle menée, lui refuser la satisfaction d'un *bien aller*. Les anciens auteurs sont explicites à cet égard, les Allemands surtout ; l'usage était consacré chez eux par une loi formelle. J'en traduis un fragment, j'aurai occasion d'y revenir : « Si les chiens de celui qui » chasse dans sa forêt suivent la bête dans celle » d'autrui, le chasseur peut les y suivre, pourvu » qu'il s'abstienne de sonner et d'appuyer, et s'il » prend la bête, il ne commet pas de délit et » peut reprendre ses chiens (1). »

10. Le droit de suite était accordé dans notre ancienne France comme une conséquence forcée de la chasse à courre. Le président Bouhier, si versé dans la connaissance du droit français, cité par tous ceux qui se sont occupés de la matière, en a fait l'objet d'une savante dissertation, insérée au tome II de ses Œuvres, chap. LXIII, n°s 20 et

___

(1) Scheidwein, dans son Commentaire sur le § 12 aux Institutes, *De rerum divisione*, donne le texte allemand.

suivants. Il n'hésite pas, malgré quelques dissidences qui s'étaient manifestées dans les derniers temps et qu'il considère comme tenant à des faits particuliers aux procès qui en ont fait l'objet, à reconnaître le droit de suite ; il cite un grand nombre d'arrêts et d'autorités, c'est le travail le plus complet sur la matière. C'était le droit commun de la France et des pays voisins, consacré par des textes législatifs que nous aurons plus tard occasion de citer. Notre coutume de Franche-Comté, où les traditions se sont conservées avec bon nombre de véritables chasseurs et d'excellents chiens, avait une disposition expresse tant sur le droit de suite que sur le droit du chasseur sur le gibier, qui n'était, comme nous le verrons en son lieu en la rapportant, que la consécration du droit commun et de la coutume générale (1).

Si des livres de droit nous passons aux livres de chasse, nous voyons que le droit de suite était parfaitement admis dans l'usage. Salnove, dans sa *Vénerie royale*, assure que de tout temps nos rois mêmes en ont usé ainsi. Voici son passage rapporté aussi par le dernier éditeur de Leverrier de la Conterie (2) : « Quelques-uns croient que

(1) *Coutume du comté de Bourgogne*, tit. 19 (dernier), *De la chasse*, art. 1.

(2) *L'Ecole de la Chasse aux chiens courants*, édit. de 1845, p. 418. Ce livre, le meilleur qui ait été écrit sur la matière

» leurs voisins qui ont lancé un animal sur eux ne
» peuvent le suivre sur leurs terres, mais doivent
» rompre leurs chiens. C'est une erreur ; ce res-
» pect n'est dû qu'aux rois sur leurs plaisirs, car,
» pour leurs autres terres, ils ont eu de tout
» temps la bonté de les donner aux chasseurs à
» cor et à cri, ce qui doit aussi être permis aux
» terres d'église, l'ayant vu ainsi décider au roi
» Louis le Juste à Saint-Germain-en-Laye. »

L'éditeur ajoute, que le maître d'équipage qu'un
animal conduisait sur la terre de son voisin, suivait le gibier sans appuyer ni sonner, faisait une
visite s'il était assez près de l'habitation, et, si
l'animal se faisait prendre à peu de distance, offrait
d'ordonner la curée et présentait lui-même le
pied au propriétaire chez lequel il était ; ce qui
doit se faire encore entre gens convenables. Mais
voyons ce que peuvent légalement faire aujour-
d'hui ceux qui ne le sont pas, à ce point de vue
au moins, et le nombre en va malheureusement
tous les jours croissant.

11. La loi du 30 avril 1790, défendant à toute
personne de chasser en quelque temps et de quelque manière que ce fût sur le terrain d'autrui sans

a eu deux éditions, en 1763 et 1778, aujourd'hui fort rares.
L'éditeur de 1845 a cru devoir abréger l'auteur dans quelques
endroits. Le passage se trouve en entier dans *la Vénerie
royale* de Salnove, édit. de 1765, 2e part., Ch. v., p. 200.

le consentement du propriétaire, paraissait bien exclusive du droit de suite ; aussi était-elle généralement interprétée en ce sens.

Les rédacteurs de la loi de 1844, reproduisant le principe que nul ne peut chasser sur le terrain d'autrui qu'avec le consentement du propriétaire, n'avaient rien dit du droit de suite dont il ne fut question que dans la discussion. Contre le droit de suite on invoquait le droit du propriétaire qui doit toujours être respecté, quelque légère que soit l'atteinte qui y serait portée, lors même qu'il n'y aurait pas dommage appréciable ; il a toujours le droit d'empêcher de passer sur son terrain. Donner le droit de suite, disaient encore ses adversaires, serait permettre d'exercer véritablement le droit de chasse, le braconnage ; on irait sur autrui lancer un animal qui n'y aurait pas été amené. Cette dernière raison n'a pas grande valeur. Que le droit de suite existe ou n'existe pas, lancer sur la propriété d'autrui sans le consentement du propriétaire, est un fait délictueux qui, une fois constaté, doit amener la condamnation de son auteur, de même que celui d'appuyer, faire quêter ou requêter ses chiens, de tirer, etc.

Il n'était pas possible, une fois la chasse aux chiens courants permise, et c'est la raison la plus forte qui puisse être donnée en faveur du droit de suite, de considérer, surtout dans l'état actuel du morcellement de la propriété, le passage de chiens courants sur la propriété d'autrui, toujours comme un délit ; ce serait supprimer, je ne dis pas seulement la chasse à courre, mais toute chasse aux chiens courants, en la rendant impossible même avec deux briquets. Dans l'est de la France, par exemple, où tous les habitants des campagnes, à un petit nombre près, sont propriétaires, un lièvre débûchant, comme toujours, en plaine, exposerait, dans une demi-heure, celui qui le chasserait à une centaine de procès-verbaux au moins. Ce serait, d'un autre côté, contrairement à la justice, au bon sens et au principe fondamental en matière pénale, reconnaître, dans la plupart des cas, coupable d'un délit la personne qui, non seulement n'aurait pas l'intention de le commettre (1), mais le faire résulter d'un fait qui lui est étranger, qui n'est pas même la suite d'une faute

(1) Je sais que l'on a dit que le délit de chasse était, comme une contravention, imputable, abstraction faite de toute intention ; mais, c'est quand le chasseur le commet lui-même de sa personne, qu'une pareille théorie peut se produire, si elle doit être admise ; il serait trop fort de lui imputer un fait qu'il ne peut empêcher, qu'il ignore, qui se passe peut-être à trois lieues de lui et bien malgré lui.

V. deux très bonnes dissertations sur la bonne foi en matière de délits de chasse de M. Gislain, *le Chasseur prud'homme*, Namur, t. V. in 8o, n°s 371, et 5. et de M. de Neyremand, *Questions sur la chasse*, Colmar, in 12 p. 84 et s. Cass. Lamacq, 21 juillet 1855. S. 55. I. 846.

ou d'une négligence de sa part, d'un fait qu'elle ignore souvent, que plus souvent encore elle ne pourra empêcher avec la meilleure volonté.

Je viens découpler, dans les bois qui m'appartiennent et dont j'ai la chasse ; mes chiens lancent, suivent à grande vitesse leur bête qui, après une longue menée, entre sur votre propriété. Serai-je toujours avec eux, ne puis-je perdre la chasse, quelque bon chasseur que je sois ? Combien y en a-t-il qui puissent se vanter de n'avoir pas cessé d'entendre un seul instant une chasse de deux ou trois heures seulement, même dans les bois de pleine les mieux routés ? Peut-être une chasse de renard, avec des bassets, par un temps fait exprès, sans le moindre vent ? Celle-là donnera rarement lieu à un débûché, n'exposera guère aux procès-verbaux celui surtout qui connaît les terriers.

Dans tous les autres cas, celui-là même qui n'aura pas perdu la chasse un seul instant sera-t-il toujours à même de rompre ses chiens quand ils arriveront sur la propriété d'autrui ? Il n'y a que des chasseurs de cabinet qui puissent se figurer que l'on peut rompre ses chiens à distance, quand ils sont en pleine chasse : il faut être devant eux, saisir le moment d'un défaut ou d'un balancé, et n'en pas avoir, comme presque toujours, et ce sont les meilleurs, qui voyant très bien où le maître en veut venir, font un demi-cercle pour l'éviter et aller reprendre la voie plus loin. C'est encore bien autre chose quant il faut les rompre au fort. J'ai lu dans des livres qu'il y avait des meutes et des piqueurs si bien créancés, que l'une passait derrière l'autre au premier claquement du fouet. J'ai vu conduire et conduit moi-même au bois, sans couple et en bon ordre, un certain nombre de vieux chiens ; j'en ai même eu quelques-uns qui n'entraient pas, malgré de longues traversées au bois, avant le signal que je leur en donnait, et y entraient cependant avec fougue. Mais une fois la bête lancée en pleine chasse, j'aurais, et je crois que les piqueurs susdits auraient longtemps claqué leur fouet avant de les faire revenir. Il est presque impossible de rompre à distance des chiens en pleine chasse, il n'y a pas besoin d'en avoir beaucoup pour cela ; un ou deux suffisent. Tout ce que le chasseur qui s'obstinerait à les rappeler sans pouvoir leur couper les devants, pourrait y gagner, serait une extinction de voix ou au moins un bon enrouement ; j'en appelle à ceux qui ont eux-mêmes pratiqué le métier. Souvent il ne sera pas même entendu, surtout, et c'est la règle élémentaire à pratiquer aux chiens courants par celui qui veut suivre, quand il aura le vent de ses chiens, qui, par conséquent n'auront pas le sien ; il n'y a pas besoin qu'il soit bien loin pour cela, quelques centaines de pas suffisent. Ne peut-il pas arriver aussi, même sans avoir perdu la chasse, qu'il ne puisse plus suivre par accident (1), par suite de fatigue, ou à cause d'une rivière qu'il ne peut traverser ?

Un délit peut-il résulter de l'impossible ? Non, certainement. Quel mal, au reste, cause le passage des chiens, surtout dans les bois ou sur des terres dépouillées de leurs récoltes ! Aucun absolument ; l'œil le plus exercé, souvent, si le temps est sec, ne pourrait découvrir la trace de leur passage, et, pour qu'il y ait délit, il faut, non seulement l'intention, mettons, si vous voulez, pour contenter les plus rigides en matière de chasse, la faute

(1) Le comte G'**, un des meilleurs cavaliers que j'aie vus, parfaitement monté, suivait avec nous qui étions modestement à pied, un chevreuil très bien mené dans la forêt de Bellevaivre, la plus belle et la mieux percée de la Haute-Saône ; des fossés venaient d'être fraîchement relevés ; habitué à ne reculer devant aucun obstacle, le comte, qui ne connaissait pas le terrain, lance, pour les franchir, son cheval qui retombe de l'autre côté dans la douve mouvante et y entre jusqu'au ventre. Le cavalier s'en tira après quelques efforts ; on en tira le cheval après un très long et très pénible travail, pendant lequel le chevreuil changeait de forêt. Le comte aurait été bien surpris de recevoir un procès-verbal au milieu de celle dans laquelle il chassait, accompagné du propriétaire qui nous en faisait les honneurs en vrai chasseur, avec l'amabilité et la cordialité la plus parfaite. Il n'y avait rien à craindre ; le chevreuil était aussi chez des chasseurs.

ou la négligence, mais le fait dommageable, ou au moins un fait de chasse. Il n'était pas possible de punir à ce point de vue, le passage des chiens courants sur l'héritage d'autrui, comme délit de chasse. Nos pères l'avaient si bien senti qu'ils admettaient le droit de suite.

12. Le respect dû à la propriété et une certaine couleur féodale que ses adversaires réussirent à lui donner dans la discussion de la loi de 1844, l'ont fait rejeter, sans néanmoins que le passage sur l'héritage d'autrui des chiens courants à la suite du gibier lancé chez leur maître, y soit considéré toujours comme un délit de chasse ; le législateur a, avec assez de raison, laissé à la sagesse des tribunaux la question de culpabilité du chasseur, la question d'intention que nous discutions tout à l'heure.

« Pourra, est-il dit dans l'article 11, ne pas
» être considéré comme délit de chasse, le fait
» du passage de chiens courants sur l'héritage
» d'autrui, lorsque ces chiens seront à la suite
» d'un gibier lancé sur la propriété de leur
» maître, sauf l'action civile en cas de dommage. »

Le tribunal pourra donc, d'après les circonstances, ne pas considérer comme délit de chasse le fait de passage, sur le territoire d'autrui, de chiens courants qui ont lancé ailleurs, par exemple, lorsqu'il n'aura pas dépendu du chasseur, qui est éloigné, qui n'a pu les rompre, de les empêcher d'entrer. Si les chiens prennent la bête sur le terrain d'autrui, dans la même circonstance, la solution est la même. S'il n'a pu dépendre du chasseur de les empêcher d'entrer, il dépend encore moins de lui qu'ils prennent ou non la bête (1).

13. Remarquons bien que l'article ne parle que du passage des chiens : si donc le maître mettait le pied sur le terrain d'autrui, il y aurait délit de chasse ; c'est ce qui semblerait bien résulter de la discussion de la loi à la Chambre des Pairs, dans la séance du 28 mars.

« Il est bien entendu, dit M. Martin (du Nord), » garde des sceaux, que si le chasseur entre sur » la propriété d'autrui, il commettra un délit. » Mais comment fera-t-il alors pour rompre ses chiens? Il ne faut pas croire, je le répète, que des chiens en pleine chasse puissent être repris ainsi de loin, ils restent sourds aux appels les plus pressants, qui, d'ailleurs, à une certaine distance et avec un peu de vent, ne pourraient être entendus. Le chasseur, obligé de rester sur

(1) Ainsi jugé par le tribunal de Loudun pour un chevreuil porté bas par les chiens sur le terrain d'autrui. 13 mai 1881. Chanluau c. Champenois. *Rev. des Eaux et Foréts*, part. jurisp. 1881, p. 355 et s. jugement très bien motivé.

la limite, devra donc forcément laisser continuer
la chasse, c'est-à-dire faire ce que la loi ne voudrait pas qu'il fît ! Et si, comme je le disais tout
à l'heure, ses chiens ont déjà traversé la propriété, c'est-à-dire ne sont plus en délit, com-
mettra-t-il un délit de chasse en la traversant?
L'affirmative semblerait bien encore ici résulter de la remarque du garde des sceaux. Cependant quand les chiens ne sont pas sur la terre
qu'il traverse, mais sur une terre où il peut
chasser, il ne chasse pas en traversant la première, pas plus que s'il la traversait pour revenir à la maison, pour arriver à un point quelconque où il désire se rendre. Il est possible aussi,
et cela arrive bien souvent, qu'il n'entende plus
ses chiens, qu'il ne sache pas même qu'ils ont
traversé cette propriété ; il les cherche dans la
direction qu'il pense que la bête a prise ; peut-
être ont-ils mis bas. Il n'y a pas de jour où cela
n'arrive, surtout sur la fin d'une chasse. Il ne
fait, comme je le disais, que prendre le chemin
le plus court pour se rendre d'un point à un autre ;
s'il y en avait un autre, il le prendrait ; il ne
chasse pas, je ne crois donc pas qu'il soit possible d'y voir un délit de chasse. S'il entre pour
reprendre ses chiens, il est dans l'esprit de la
loi ; s'il traverse pour les rejoindre quand ils ont
passé, et qu'il ne lui a pas été possible de les

empêcher, il ne peut plus être question de les reprendre ni de chasser sur un terrain où ils ne sont plus ; car, aux chiens courants, les chiens chassent sans le maître, mais jamais le maître sans les chiens ; il ne peut chasser qu'avec eux et en même temps qu'eux. Il n'est pas plus coupable de délit de chasse en passant sur le terrain qu'ils ont traversé, qu'en y passant seul le lendemain. Il n'y a qu'un fait de passage, qui, s'il cause du dommage, soumettra son auteur, comme tout fait qui porte préjudice à autrui, à l'obligation de le réparer, aux termes de l'article 1382 du Code civil, et pourrait, si le terrain est préparé ou ensemencé, motiver une condamnation en simple police à une amende de un à cinq francs, (art. 471, n° 13, du Code pénal) ; de six francs à dix francs, s'il était chargé de grains en tuyau, de raisins ou autres fruits mûrs ou voisins de la maturité (article 475, n° 9, du même Code) ; mais on ne saurait voir un délit de chasse dans le fait d'un homme qui ne chasse et dont les chiens ne chassent pas sur le terrain d'autrui.

La Cour de Toulouse et la Cour de cassation ont décidé ainsi la question pour un piqueur qui suivait sur le terrain d'autrui ses chiens qui avaient lancé sur celui de son maître.

Le 27 janvier 1860, Rouzaud, piqueur d'Arnaud,

est surpris sur les terres du marquis de Portes,
avec ses chiens ; procès-verbal. La Cour de Toulouse décide, le 22 juin 1860, qu'il n'y a pas délit
de chasse, attendu que le gibier, à la suite duquel se trouvait le piqueur Rouzaud, avait été
lancé sur la propriété limitrophe et que le piqueur
suivait seulement la meute.

Pourvoi en cassation du marquis de Portes,
rejeté par arrêt du 30 novembre 1860. « Attendu,
» qu'en appréciant après débats contradictoires
» tous les éléments du procès, et déclarant comme
» elle l'a fait que le piqueur suivait seulement la
» meute, la Cour a implicitement déclaré qu'il
» n'était pas en action de chasse ; que cette ap-
» préciation, fondée sur l'instruction et les dé-
» bats échappe au contrôle de la Cour de cassa-
» tion, rejette [1]. »

Mais le chasseur qui, pouvant reprendre ses
chiens, les suivrait sur la propriété d'autrui, ferait
acte de chasse en les appuyant, et se rendrait coupable d'un délit de chasse. Le maître serait, dans
ce cas, responsable du fait de son piqueur, ainsi
que l'ont décidé la Cour d'Orléans, le 12 mai 1846,

---

(1) D. 1851, 1, 500. Dans le même sens, Sorel *Droit de
suite*, nᵒˢ 24 et s. Giraudeau et Lélièvre, nᵒˢ 792, 794, de Neyrc-
mand, quest. p. 197. La Cour de cassation a même décidé que
le piqueur devait entrer pour rompre ses chiens malgré la
défense du propriétaire, 7 déc. 1872, S. 73, 1. 94. Leblond,
nᵒ 223.

et la Cour de cassation, le 18 juillet même année (1).

14. Revenant à l'hypothèse où le chasseur n'a
pu empêcher ses chiens de suivre la bête sur le
terrain d'autrui où ils la prendraient, commet-
trait-il un délit de chasse en y entrant lui-même
pour la leur enlever ?

Ici, à coup sûr, quelles que soient la vigueur
de ses poumons et la docilité de ses chiens, il ne
leur fera pas à distance lâcher la bête qu'ils ont
sous la dent et qui lui appartient comme nous le
verrons bientôt. Peut-il aller la chercher sans
commettre de délit de chasse ? Oui, certainement,
car il ne chasse plus, ni ses chiens non plus, la
chasse est terminée du moment où la bête est
abattue. Il va chercher une chose qui lui appartient sur le terrain d'autrui. Il peut y avoir, comme
nous venons de le dire, contravention pour ce
fait de passage et dommage qui sera réparé, mais
il n'y a pas délit de chasse (2). C'est ce que la ju-

(1) Une jurisprudence constante décide qu'il y a délit lors
que le chasseur étant à même de reprendre ses chiens ne l'a
pas fait. C'est à lui à prouver l'impossibilité dans laquelle il
se trouvait de les rompre ou l'inutilité de ses efforts. Giraudeau et Lelièvre, nᵒˢ 798 et 799, ainsi que les arrêts qu'ils
citent. Dijon, 21 janvier 1874, Benoît-Champy. Amiens,
21 mars 1878. Cass. 26 juillet 1878. Bocquillon. *R. des Eaux
et For.* Jurisp. 1878, p. 240 et 336.

(2) Les auteurs qui ont écrit sur le droit de chasse sont d'ac-

risprudence a décidé avec raison dans une hypothèse moins favorable, puisqu'il s'agissait d'un chien d'arrêt qui n'est pas compris dans l'art. 11 de la loi de 1844 ; car il peut être, à la différence du chien courant, retenu ou rappelé efficacement par son maître qu'il ne quitte pas. D'autres arrêts ont reconnu que le fait d'aller chercher le gibier mort sur le terrain d'autrui ne constituait pas un délit de chasse.

Première espèce. — *Péreire contre Forestier.*

Forestier, chassant sur un terrain où il en avait le droit, contigu à la forêt d'Armainvilliers, appartenant à Péreire, tire et blesse un faisan qui vole dans la forêt où il est suivi par le chien de Forestier, qui le saisit à bout de vol et le lui rapporte. Procès-verbal du garde de Pereire. Le demandeur concédait que le chasseur peut, sans commettre de délit de chasse, aller *lui-même* prendre le gibier blessé, sur le terrain d'autrui,

cord sur ce point. Voy. M. Petit, *Traité du droit de chasse,* 2e édit., t. I, n° 26 *in fine.* M. Sorel, *Du droit de suite,* etc., n° 33. Giraudeau et Lelièvre, n° 114. Trib. de Loudun, 13 mia 1881. *Rev. des Eaux et Forêts,* jurisp. 1881, p. 355. Dans l'espèce, le piqueur avait même fait la curée sur le terrain d'autrui où il avait rejoint ses chiens qui tenaient la bête. Orléans, 24 août 1868. Cass. 23 juillet 1869. Bodart. S. 1870, I. 94.

mais prétendait qu'il n'y avait qu'un cas où le chien du chasseur pouvait entrer, le cas de chasse aux chiens courants, prévu par l'art. 11 de la loi du 3 mai 1844, et qu'il y a toujours délit quand c'est un chien d'arrêt. Jugement du tribunal de Melun du 7 novembre 1854 qui déboute Pereire :

« Attendu, que le fait de chasse a été ainsi accom-
» pli sur le terrain de Forestier et non sur celui
» de Pereire, où ce n'est qu'accidentellement
» que le gibier frappé par le chasseur et qui
» était devenu la propriété de celui-ci, est allé
» tomber ; — Attendu, que l'art. 11 de la loi du
» 3 mai 1844 ne punit que ceux qui ont chassé
» sur le terrain d'autrui sans permission du
» propriétaire, et non celui qui, après avoir ac-
» compli le fait de chasse sur son propre terrain,
» relève sur celui d'autrui le gibier qui y est
» tombé après avoir été mortellement atteint,
» etc. » La Cour, adoptant les motifs des premiers juges, confirme (Cour de Paris, 2 décembre 1854. Sirey-Devill., 54, 2, 681) (1).

En effet, du moment où le gibier est arrêté,

______

(1) Le tribunal de Versailles a décidé de même, le 24 dé-cembre 1862, pour un lièvre blessé sur les terres de M. Gevelot que le chien de son garde était allé prendre sur celles de la liste civile. *J. des Chasseurs*, 1863, p. 420.

Id., Trib. de Rouen, 19 fév. 1867. Lendormi. *R. des E. et F.* 1867, p. 301. *R. des E. et F.*, jurisp. 1874, p. 29.

il appartient à celui qui le *chassait*, mais il n'y a plus de chasse, elle est terminée ; celui qui va chercher le gibier fait ce qu'il ferait s'il allait chercher tout autre objet qui lui appartiendrait. Il n'y a donc pas, si le gibier est blessé mortellement ou mort, à distinguer si le maître a pu ou non arrêter ses chiens, puisqu'il ne s'agit plus que de le ramasser, en supposant, bien entendu, la blessure faite sur le terrain où le chasseur avait le droit de chasse.

15. Faudrait-il décider de même dans une chasse aux chiens courants, si la bête, sans avoir été blessée, était tellement harassée et sur ses fins en entrant sur le terrain d'autrui, que sa prise fût imminente et certaine, puisqu'elle se serait réalisée par le fait que nous supposons ? A coup sûr, il n'y a pas délit aux termes de l'article 11 de la loi de 1844, si le chasseur n'a pas été à même d'empêcher ses chiens d'entrer. C'est l'hypothèse par laquelle nous avons commencé. Dès qu'il n'a pu les empêcher d'entrer, il n'a pas dépendu de lui qu'ils prissent ou non la bête, qui lui appartient puisqu'elle est en son pouvoir ; s'il entre sur le terrain, ce n'est plus que pour aller l'enlever aux chiens qui la dévorent (1).

(1) Trib. de Loudun, 13 mai 1884, cité plus haut. Giraudeau et Lelièvre, 114.

Allons plus loin : supposant toujours la bête qui n'a pas été blessée, à bout de forces et tout à fait sur ses fins en entrant sur le terrain d'autrui, suivie des chiens courants qui l'y prennent, le chasseur qui aura fait entrer ou laissé entrer ses chiens pour la prendre, sera même entré avec eux dans ce but, aura-t-il commis un délit de chasse, ou devra-t-il être assimilé à celui qui va chercher la bête mortellement blessée ? On pourrait dire contre lui que, quand une bête est blessée mortellement avant d'entrer sur le terrain d'autrui, le fait de chasse qui la met au pouvoir du chasseur, la blessure, a eu lieu sur un terrain où il avait le droit de chasse. Ici, au contraire, le fait qui la lui approprie, la prise par ses chiens, a lieu sur le terrain d'autrui.

A cela je réponds, qu'étant sur ses fins avant d'entrer sur le terrain d'autrui où elle est prise, il importe peu que la bête y ait été mise par une blessure ou par la fatigue d'une longue chasse à courre autorisée par la loi de 1844, et qui consiste précisément à forcer la bête sans la blesser. Une fois à bout de forces avant d'entrer sur le terrain d'autrui, elle est aussi bien au pouvoir du chasseur dans un cas que dans l'autre, et le fait de chasse qui l'y a mise s'est passé sur un terrain où il avait le droit de chasser, il n'a plus qu'à la faire prendre par ses chiens ou à la prendre lui-même. C'est donc une question de fait : la bête était-elle tellement sur ses fins, qu'elle ne pouvait plus échapper au chasseur ? Question qui sera presque toujours vidée par le fait plus ou moins prompt de sa capture. (1)

16. Le fait d'aller chercher soi-même sur le terrain d'autrui le gibier mortellement blessé ou mort ne constitue pas non plus un délit de chasse.

Deuxième espèce. — *Delamyre contre Castaing*.

Castaing chassait, en temps prohibé, dans un enclos de la commune de Grivesne, appartenant à Pourcelle, et du consentement de celui-ci. Un lièvre qu'il avait mortellement blessé dans ledit enclos, fut ramassé par lui sur une terre appartenant au vicomte Delamyre qui fit dresser procès-verbal et poursuivit Castaing comme coupable d'un délit de chasse sur son terrain. Le tribunal de Montdidier et la cour d'Amiens renvoyèrent Castaing de la plainte, en reconnaissant qu'aller chercher son gibier n'était pas chasser. Castaing, pour bien faire voir qu'il ne chassait pas, avait déposé son fusil dans un che-

____

(1) V. dans le même sens GISLAIN. *Le chasseur prud'homme,* nos 244 et Giraudeau et s. Lelièvre, no 235.

min. Le jugement est du 4 novembre 1841, l'arrêt du 17 janvier 1842 (Sirey-Devill., 42,2, 104. Cour d'Amiens).

Troisième espèce. — *Mazaubrun.*

Mazaubrun tire dans son enclos un étourneau qu'il va chercher dans le pré de Beaubourg où il était tombé : procès-verbal des gendarmes.

« La Cour, attendu, que s'il est vrai que le
» sieur Mazaubrun n'était entré dans le pré de
» Beaubourg, son fusil déchargé, après avoir
» tiré ses deux coups, que pour chercher et ra-
» masser le gibier qu'il avait tiré chez lui, il
» n'exerçait pas alors un fait de chasse propre-
» ment dit, il ne faisait que suivre le gibier qu'il
» avait tiré chez lui dans les conditions de la loi,
» etc. » (Cour de Limoges, 6 février 1848. Sirey-Devill., 48,2, 152.) (1).

17. Au reste, ces questions reviendront dans l'examen du droit du chasseur sur le gibier, que nous allons séparer maintenant du droit de suite qui n'avait rien du tout de féodal. Ceux qui ont

(1) La jurisprudence et les auteurs sont aujourd'hui d'accord pour reconnaître qu'il n'y a pas délit de chasse dans le fait d'aller chercher, sur le terrain d'autrui, le gibier mort ou mortellement atteint, par suite d'un acte de chasse accompli sur le terrain où le chasseur avait le droit de l'accomplir.

avancé le contraire ne le connaissent pas et n'ont
pas étudié les dispositions de notre ancien droit
qui y sont relatives. C'était au contraire une atteinte portée aux droits du seigneur, puisque
celui qui avait le droit de chasser pouvait suivre
sur le fief du seigneur haut-justicier ou autre et
même sur les domaines du roi, qu'il fût seigneur haut-justicier lui-même, vassal, ou étranger à la seigneurie, noble ou non. Il suffisait
qu'il eût le droit de chasse, comme les roturiers
possédant fief dans certaines provinces, bourgeois ou autres, auxquels le droit de chasse
avait été concédé par le seigneur ou le souverain.
Tous pouvaient suivre leur bête en une autre
terre que celle où ils avaient droit de chasse, et,
si la bête y était prise, le morceau d'honneur
était offert au seigneur. L'article 3 du titre
des chasses de la coutume de Franche-Comté, qui
ne fait, comme nous le verrons, que reproduire
le droit commun, était formel. « De bestes chas-
» sées par *communes gens* (1) en aucune seigneu-

(1) Sur ce mot, *communes gens*, Boguet, l'un des plus anciens commentateurs de la coutume, dit : *Per homines nempe
alicujus communitatis vel burgenses et alios ejusmodi farinæ*
(comme par les habitants d'une commune, bourgeois et autres
de même farine). Ils pouvaient chasser en vertu du droit que
leur seigneur leur aurait accordé aux termes de l'art. 2 du
même titre de la coutume. Le droit de chasse avait été concédé par les souverains aux habitants des villes de Dole, Gray,

» rie où ils auront congé ou privilège de ce faire,
» qui seront prinses et abattues en autre sei-
» gneurie, sera baillé au seigneur de la haute
» justice du lieu où elle sera abbatue le droit et
» treu accoustumé, si la dite chasse n'est faite
» par seigneur ou noble homme qui soit en icelle
» chasse en personne ou aucun des serviteurs
» de son hostel. »

Le droit de suite est présenté par tous nos anciens auteurs comme une atteinte portée aux droits du seigneur propriétaire, découlant nécessairement de la chasse aux chiens courants elle-même, qui sans cela serait impossible. Je me contente de renvoyer au passage du président Bouhier cité plus haut. La loi de 1844 qui n'autorise que la chasse à tir et à courre, rend cette dernière très difficile, pour ne pas dire impossible, en supprimant le droit de suite, à celui qui n'a pas d'immenses propriétés ou amodiations. Elle est donc beaucoup plus aristocratique, si je puis me servir de ce mot, que nos anciennes lois, et ouvre la porte à toute espèce de vexations, querelles et procès qu'aucun dommage ne justifie. Ceux qui ont fait supprimer le droit de suite sous couleur de féodalité sont arrivés juste

Salins, Poligny, Arbois, Vesoul, Pontarlier et Ornans. *Recueil des ordonnances de Franche-Comté*, par Petremand, liv. VII, tit. XLVII, édit. de 1619. Dole, 1 vol. fol.

à un but opposé à celui qu'ils se proposaient (1).

CHAPITRE III

Du droit du chasseur sur le gibier.

18. Nous avons vu ce que c'était que le droit de chasse : c'est le droit de se livrer à la recherche, à la poursuite et à la capture du gibier. Les conditions de son exercice sont réglées aujourd'hui par la loi du 3 mai 1844. Nous venons de nous occuper du droit de suite, qui donne aux chiens courants et à leur maître le droit de suivre le gibier qu'ils ont lancé. Incontesté sur le terrain où le chasseur a le droit de chasse, il n'existe plus en principe sur le terrain où il ne l'a pas. Seulement, le passage des chiens courants pourra ne pas être considéré comme constituant un délit de chasse ; ce point est encore réglé par la loi de 1844, art. 11.

---

(1) Le droit de suite et même de chasse, appartient au lieutenant de louveterie accompagné d'un agent ou préposé forestier sur le terrain d'autrui quand il met en chasse les animaux qu'il est autorisé à détruire. J'ai traité la question tout au long dans un autre ouvrage sur la destruction des animaux malfaisants ou nuisibles et la louveterie, nos 132, p. 336 et 139, p. 351.

Le droit du chasseur sur le gibier est celui de
se l'approprier ou d'empêcher un tiers de le prendre. C'est une question de propriété ou de possession du ressort du droit civil pur, du Code civil,
qui règle les manières d'acquérir toutes les choses
qui peuvent être l'objet du droit de possession ou
de propriété.

Ce droit ne peut faire l'objet d'une contestation
qu'autant qu'une autre personne prétend l'exercer elle-même. Je m'explique. Le droit de chasse
peut vous conduire devant la justice, sans que le
plaignant l'exerce lui-même ou veuille l'exercer.
Ainsi, vous chassez sans permis, en temps prohibé, ou avec des engins défendus, sur le terrain
d'autrui, etc., vous commettez un délit de chasse
qui sera réprimé par les tribunaux. Dans le dernier cas, le propriétaire vous fera condamner
quand même il ne serait pas chasseur ou ne voudrait pas chasser sur son terrain. Il en est de
même pour le droit de suite que vous auriez exercé
malgré lui.

Au contraire, le droit du chasseur sur le gibier,
droit de propriété ou de possession, ne peut se
manifester en justice qu'autant qu'il y a conflit
entre deux personnes qui y prétendent toutes
deux. Si le propriétaire du terrain sur lequel vous
avez pris le gibier ne le réclame pas, il ne vous
reproche que d'avoir chassé ou suivi sur son ter-

rain ; nous retombons dans le droit de chasse ou de suite, bien séparé du droit du chasseur sur le gibier. J'insiste beaucoup sur cette distinction ; elle a une grande importance, parce que, je ne saurais trop le répéter, c'est de la confusion du droit du chasseur sur le gibier avec le droit de chasse ou le droit de suite que vient l'erreur trop accréditée chez les jurisconsultes modernes, qui pensent que, tant que le chasseur n'a pas mis la main sur le gibier qu'il suit, un autre peut tirer devant ses chiens et s'en emparer, surtout s'il est sur un terrain où il a le droit de chasse.

Je n'ai entrepris ce travail, auquel je ne songeais pas, qu'à force de l'entendre répéter avec la meilleure foi du monde, et de le voir écrire dans leurs livres, par des jurisconsultes étrangers par leur profession et leurs études aux matières de chasse, beaucoup trop négligées aujourd'hui par ceux qui se sont occupés de droit civil.

19. Un tiers a-t-il le droit de tirer ou prendre le gibier suivi par les chiens d'un autre chasseur, droit qu'il peut prétendre exercer :

1° Sur le terrain où tous deux auraient le droit ou la permission de chasser, par conséquent où le droit de chasse et de suite ne sont pas en question pour le chasseur qui suit l'animal qu'on veut lui prendre ;

2° Sur le terrain où le chasseur qui suit aurait

le droit de chasse qui n'appartiendrait pas à celui qui voudrait s'emparer du gibier suivi. Ici encore, le droit de chasse ou de suite ne sont pas mis en question pour le chasseur, et sont étrangers aux débats ;

3° Sur un terrain ou ni l'un ni l'autre n'aurait le droit de chasse ou de suite. Ici encore, ils restent étrangers à la question ;

4° Enfin, sur un terrain où le tiers aurait le droit de chasse qui n'appartiendrait pas au chasseur. C'est dans cette dernière hypothèse seulement que le droit de chasse ou de suite peut présenter quelque connexité avec le droit du chasseur sur le gibier qu'il suit, et influer sur la question de propriété ou possession du gibier, qui, néanmoins, doit encore, selon nous, être décidée en sa faveur.

29. Nous allons, en examinant les différentes hypothèses qui peuvent se présenter, déterminer le droit du chasseur sur le gibier ; qu'il chasse aux chiens courants ou au chien d'arrêt, sans chiens ou avec des engins prohibés, sur le terrain où il a le droit de chasse ou sur un autre.

Je vais monter en chaire et y rester assez longtemps pour les chasseurs que je veux tâcher de bien éclairer sur leurs droits. Mes confrères en saint Hubert pardonneront au professeur qui commence par les quatre propositions suivantes qu'il va analyser et démontrer juridiquement en remontant aux sources :

1° *Le gibier en liberté n'appartient à personne et devient la propriété de celui qui s'en empare, même sur le terrain d'autrui, quand les chiens d'un autre ne le suivent pas ;*

2° *Le propriétaire du terrain a une action fondée soit sur un délit de chasse, lorsque celui qui s'est emparé du gibier y a chassé, soit sur une simple violation de son droit de propriété et sur le dommage qu'il peut avoir éprouvé de la part de celui qui est entré sans chasser pour prendre son gibier ;*

3° *Le propriétaire peut empêcher le chasseur d'entrer sur son terrain, mais ne peut s'approprier le gibier tué par ce dernier même sur ce terrain, qui serait venu y mourir ou que ses chiens y auraient pris, il est obligé de le restituer ou d'en payer la valeur ;*

4° *Il en est autrement du gibier pris dans un engin prohibé.*

21. Le gibier en liberté, *in laxitate naturali*, qui n'est pas enfermé dans une enceinte close dont il ne puisse s'échapper, n'appartient à personne, pas plus au propriétaire du bois ou de la terre sur lesquels il est remis, gîté, perché ou de passage, qu'à tout autre. Il devient la propriété du premier qui s'en empare, même sur ce terrain

où il n'a pas le droit de chasse ni de suite. C'est un principe constant, appliqué sans conteste, depuis les Romains jusqu'à nos jours. Il résulte de la nature même des choses, le droit naturel et la raison seule l'enseigneraient s'il n'était partout écrit et reconnu.

Un droit ne se comprend, en effet, qu'autant qu'il est possible de l'exercer. L'exercice du droit de propriété consiste à se servir de la chose qui y est soumise. Le propriétaire d'un champ s'en sert en le cultivant, le récoltant ou même en s'y promenant. Pour se servir du lièvre qui y est gîté, il faut commencer par le prendre, ou tout au moins l'avoir en sa possession de manière à en être maître, à l'empêcher de s'échapper. Jusque-là il n'appartient à personne, est son propre maître, et ne perdra le plus souvent sa liberté qu'avec la vie, au profit de celui qui le tuera pour se l'approprier en en prenant possession.

Cette manière d'acquérir la propriété par la prise pure et simple de possession, la mainmise, l'*occupation* en un mot, est le premier et le plus ancien des modes d'acquérir. Mis en usage par le premier homme pour se nourrir, se vêtir, s'abriter, il ne se comprend que sur les choses qui n'appartiennent à personne, comme le gibier en liberté ; la prise de possession, avec intention de se l'approprier, d'une chose appartenant à autrui, n'en rendrait pas propriétaire et constituerait un délit, le vol.

Ceux qui veulent que la capture du gibier sur le fonds d'autrui soit considérée comme un vol, méconnaissent le premier élément de ce délit, pour faire appliquer les pénalités du vol à la capture du gibier. Haussez la peine si vous voulez. Mais n'allez pas contre la nature des choses. Serait-il raisonnable aussi de punir comme voleur, de flétrir du casier judiciaire et des incapacités entraînées par un pareil délit, le plus honnête homme qui, entraîné par l'ardeur, aura tué une caille ou un perdreau sur le terrain d'autrui ? Il aura le plus souvent pensé qu'il ne lui serait rien dit comme presque toujours. Contre les mauvais sujets, la loi de 1844 met au service des tribunaux des peines qui peuvent monter jusqu'à 1,000 fr. d'amende et deux ans de prison. Obliger les tribunaux à toujours condamner le chasseur comme voleur sans leur accorder la latitude d'appréciation que leur donne cette loi serait aller contre le but que l'on veut atteindre en provoquant de nombreux acquittements.

22. Ces solutions indiquées, comme je viens de le dire, par la raison seule et le bon sens, ont été consacrées de tout temps par la législation positive, et reconnues par tous les jurisconsultes.

Je transcris ici pour ceux qui ne le sont pas, le texte si connu des Instilutes de Justinien, qui contient l'application faite de tout temps de ces principes au gibier.

Feræ igitur bestiæ et volucres et pisces, id est, omnia animalia quæ mari, cœlo aut terra nascuntur, simul atque ab aliquo capta fuerint, jure gentium statim illius esse incipiunt : quod enim ante nullius est, id naturali ratione occupanti conceditur. Nec interest, feras bestias et volucres utrum in suo fundo quisque capiat, VEL IN ALIENO. *Plane qui alienum fundum ingreditur venandi aut aucupandi gratia potest a domino, si is providerit, prohiberi ne ingrediatur* (1).

« Ainsi, les bêtes sauvages, les oiseaux, les
» poissons, c'est-à-dire tous les animaux qui nais-
» sent sur terre, en l'air ou dans la mer, dès qu'ils
» ont été pris par quelqu'un, lui appartiennent à
» l'instant, d'après le droit des gens : ce qui, en
» effet, n'appartenait à personne, appartient na-
» turellement à celui qui s'en empare. Il n'im-
» porte que celui qui s'empare des bêtes sauvages
» ou des oiseaux les prenne sur son fonds ou sur
» celui d'autrui. Certainement celui qui entre sur
» le fonds d'autrui pour chasser ou prendre des

(1) Inst., L. II, tit. 1, § 12, *De divis. rer.*, tiré de Gaïus, dont le passage forme les lois 1 et 3 au Digeste, *De acq, rer. dom.*, L. 41, tit. 1.

» oiseaux peut en être empêché par le propriétaire
» qui l'aperçoit. »

Mais s'il y est entré et s'est emparé du gibier,
le propriétaire ne pourra le revendiquer, car il ne
lui a jamais appartenu : il n'aura contre celui qui
aura ainsi violé sa propriété, malgré sa défense,
qu'une action tendant à une réparation pécu-
niaire.

Cette solution, à laquelle mènent les principes
les plus élémentaires du droit, est toujours restée
la même, elle est indiquée par tous les jurscon-
sultes qui l'appuient sur le paragraphe que nous
venons de citer. J'en pourrais donner une liste
interminable en énumérant d'abord ceux qui ont
écrit sur le droit civil : à quoi bon, puisqu'elle n'a
jamais été contestée et n'est pas contestable ?

Cependant, si on s'en rapportait aux citations,
un seul, mais un bien grand, le prince des romanistes, Cujas, n'aurait pas été de cet avis : tous à
peu près le répète à l'envi, en le réfutant, ou plutôt,
en disant que son opinion ne mérite pas de réfuta-
tion. Comment Cujas aurait-il résisté à des textes
aussi clairs que ceux que nous venons de citer ?
Ce serait nier l'évidence. Aussi n'a-t-il pas dit ce
qu'on lui fait dire. Il reconnaît, dans les termes
les plus explicites, que le gibier dont une personne se serait emparée sur le fonds d'autrui lui
appartient d'après les lois romaines qu'il cite.

« C'est ainsi, dit-il, que les Romains qui pre-
» naient le droit naturel pour guide, l'ont décidé. »
Puis, se reportant au temps où il écrivait (juillet 1559), il ajoute : « Les coutumes se sont éloi-
» gnées du droit naturel de telle sorte qu'il
» n'est plus aujourd'hui permis à tout le monde
» de pêcher dans les fleuves publics ni de chasser
» librement dans la campagne. »

En effet, de son temps, les fleuves, les rivières
navigables, étaient considérés comme faisant partie du domaine royal : les autres cours d'eaux,
comme appartenant aux seigneurs dans les terres desquels ils coulaient. Le droit de pêche appartenant aux seigneurs, ne pouvait plus, en
France, être exercé par tout le monde. La chasse,
de son temps, était aussi un droit réservé aux
seuls possesseurs de fiefs, par les ordonnances,
et notamment, par celle de François Ier, de mars
1515, qui punissait de peines énormes les contre-
venants. Il se demande si le gibier ainsi pris, *de
son temps*, en contravention, sur le fonds d'autrui, appartiendrait à celui qui le prendrait, et il
fonde la négative sur la loi 55 au Digeste, *De acquirendo rerum dominio*, qui prévoit le cas d'une
bête prise dans un collet tendu sur le fonds d'autrui
contre le gré du propriétaire, et décide qu'elle
n'appartient au tendeur qu'autant qu'elle est *en
son pouvoir*, après avoir distingué si elle est assez

bien prise pour ne pouvoir s'échapper, malgré de longs efforts. *Præterea, utrum in eo hæserit aper ut expedire se non possit, an diutius luctando expediturus se fuerit ? Summam tamen hanc puto esse ut in meam potestatem pervenerit*, dit le jurisconsulte romain. Ces derniers mots veulent-ils dire que dès que la bête est prise de manière à ne pouvoir s'échapper, elle appartient à celui qui a tendu le collet, ou ne lui appartient qu'autant qu'il a mis la main dessus ? C'est dans ce dernier sens que Cujas entend la loi romaine, que beaucoup d'autres entendent autrement. Quoi qu'il en soit, il conclut, avec raison, de son temps, contre le tendeur de collet, l'usage de ces engins, étant alors, comme aujourd'hui, sévèrement défendus, et le gibier ainsi pris confisqué sur le contrevenant. Nous y reviendrons. Mais à Rome, le collet, comme tout autre engin, était parfaitement permis, et je tiens à constater que Cujas n'a jamais dit qu'*en droit romain*, celui qui s'était emparé du gibier sur le fonds d'autrui n'en était pas le propriétaire. Le passage sur lequel on a fondé l'allégation contraire est le chapitre 2 du livre IV de ses observations que je viens d'analyser. Il est on ne peut plus explicite dans sa scholie sur le § 12 aux Institutes, *De divisione rerum.*

Si nous passons au droit français, jamais la propriété du gibier pour celui qui s'en est emparé, même sur le fonds d'autrui, n'a fait l'ombre d'un doute. Les auteurs qui ont écrit sur notre droit civil sont unanimes. La série s'ouvre, pour l'ancien droit, par Bouteiller qui, à la fin du XIV⁰ et au commencement du XV⁰ siècle, écrivait le meilleur livre de droit et le plus complet qui ait été fait à cette époque.

« Du droict naturel, dit-il, dois sçavoir que les » bestes sauvages et les oyseaux qui phaonnent (1) » en l'air, c'est-à-dire aux champs communs, et » aussi qui phaonnent en terre commune, par le » droict aux gens, sont à celui qui prendre les » peut. Ne en ce n'a nulle différence si on les » prent sur la terre si on l'a, ou en *la terre d'autre,* » car où qu'on les prende, par celle mesme raison » et droict sont à celuy qui premier les peut pren- » dre (2). »

Il fait exception dans le paragraphe suivant pour la bête qui est devant les chiens d'un autre ; c'est la question qui fera l'objet de notre prochain chapitre.

Pothier, guide habituel des rédacteurs du Code civil, ferme la marche en répétant, après tous les autres, dans son *Traité du domaine de propriété,* n° 24 : « Il importe peu, à cet égard,

____

(1) *Phaonnent,* font leurs petits, mettent bas.

(2) *Somme rurale,* L. I, tit. xxxvi, p. 250 de l'édition de Charondas, 1611.

» (pour devenir propriétaire du gibier), que quel-
» qu'un s'empare de ces animaux sauvages sur
» son héritage ou sur l'héritage d'autrui. ».

Notre coutume de Franche-Comté, dans son dernier titre, en avait une disposition formelle, article 1. La bête prise ou abattue même dans une autre seigneurie, appartenait au chasseur, et, s'il n'était pas à la mort, devait être gardée vingt-quatre heures sans démembrer et lui être rendue, sauf à lui, quand il n'était pas noble, à offrir le morceau d'honneur au seigneur (article 3.) Ces textes ne faisaient que consacrer l'usage général en alliant le droit aux convenances ; nos rois eux-mêmes en donnaient l'exemple. C'est ainsi que Louis XIV laissa le piqueur de M. de Popipou prendre, dans la cour d'honneur même de Versailles, un cerf qu'il avait lancé le matin dans la forêt d'Evreux. Louis XV, le premier chasseur de son royaume, en usa de même dans un cas semblable avec M. d'Œillançon (1).

Il résulte de tout cela, que dans notre ancienne France, comme à Rome, le gibier appartenait au chasseur qui l'avait pris, fût-ce sur la terre d'autrui ; il lui appartenait même avant qu'il s'en fût emparé, dès qu'il était abattu, pour me ser-

(1) Leverrier de la Conterie, l'*Ecole de la chasse aux chiens courants*, édit. de 1845, p. 418.

vir des termes de la coutume ; bien plus il appartenait au chasseur sans qu'il fût abattu ni même
blessé : tant qu'il était suivi par ses chiens, nul ne
pouvait le lui prendre, pas même le propriétaire
du terrain sur lequel il était, ainsi que nous le
verrons dans le chapitre suivant.

23. Ce droit du chasseur sur le gibier était-il
le résultat du droit de suite ? Non, c'était l'effet
de droit d'*occupation* que lui donnait la possession d'une chose qui n'appartenait à personne,
ainsi que le disent tous nos anciens auteurs en
invoquant le passage des Instituts que nous
avons cité, où loin de rattacher le droit du chasseur au droit de suite, Justinien dit formellement que le propriétaire peut empêcher le
chasseur d'entrer sur son fonds ou agir contre
lui s'il contrevenait à sa défense. Il ne pourrait du
reste être question du droit de chasse ou de suite,
quand le chasseur serait sur un terrain où ils
lui appartiendraient · son droit sur le gibier
repose uniquement sur la possession qu'il en a
prise le premier.

Je tiens à bien constater cela et prie le lecteur de bien le retenir. Le droit de suite accordé
en outre au chasseur dans notre ancienne France,
donnait une raison de plus à l'appui de cette
doctrine, lorsque la bête était chassée par des
chiens courants ; mais l'occupation, la prise de

possession n'en était pas moins la base du droit
de propriété du chasseur sur le gibier, dans sa
terre comme dans celle d'autrui. Je tiens, dis-je,
à bien constater cette solution incontestée, car
il n'y aura rien à inférer aujourd'hui de la perte
du droit de suite quant à la propriété du gibier,
dont un chasseur aurait la possession sur le terrain d'autrui.

Notons encore, avant d'arriver au droit actuel, que les anciennes ordonnances qui régle-
mentaient, comme la loi du 3 mai 1844, le droit
de chasse, ne s'occupaient pas plus que celle-ci
du droit du chasseur sur le gibier, et n'en pres-
crivaient jamais la restitution au propriétaire du
sol, bien que celui qui s'en était emparé eût
chassé sans droit, en contravention à leurs dispositions.

La chasse dont on use sans droit, dit Serres (1),
est plutôt regardée comme une contravention à la
police du royaume que comme un vol. C'était un
délit de chasse, donnant ouverture à une action
publique, dirigée par les officiers des eaux et forêts, concurremment avec ceux du ministère public, délit puni de peines très sévères ; certaines
ordonnances étaient allées jusqu'aux galères et à
la peine de mort pour les braconniers récidi-

(1) *Institutions du droit français*, p. 112, édit. de
1778, in-4°.

vistes. Le propriétaire du terrain sur lequel le gibier avait été pris, pouvait aussi se porter partie civile et obtenir des dommages-intérêts pour le préjudice qui lui avait été causé ; mais, nulle part, nous ne lui trouvons le droit de revendiquer une bête qui ne·lui a jamais appartenu, et est par conséquent devenue la propriété de l'occupant.

24. Il en aurait été autrement, si l'animal eût été possédé par lui dans un enclos, un clapier, une garenne : il était sous sa main, faisait, en quelque sorte, partie de l'enclos, du clapier, de la garenne, et celui qui s'y serait introduit pour le prendre, aurait commis un véritable vol qui ne peut se comprendre sur un animal libre dans l'espace, qui n'appartient encore à personne. C'est ce que décidaient déjà les lois romaines pour le gibier enfermé dans les *vivaria* (1), et nos anciennes ordonnances, ainsi qu'un assez grand nombre de coutumes, pour les animaux pris dans les garennes et parcs, poissons des étangs, pigeons des colombiers. Il faisaient partie comme accessoire, de la terre qui les contenait, immeubles eux-mêmes, et déclarés tels encore par le Code civil, article 524. Ils devraient donc encore être très bien rendus, aujourd'hui

____

(1) L. 3, § 14, Dig., *De adquir. vel amitt. poss.*, XLI, 2 ; L. 62, Dig., *De usuf.*, VII, 1.

comme autrefois, à leur propriétaire. Le droit de propriété que le chasseur acquiert par occupation, suppose en effet que la bête dont il s'empare n'appartient encore à personne.

25. Je termine l'exposé de l'ancien droit français par l'examen de la question du gibier pris au collet.

Les collets et toute espèce d'engins étaient permis dans l'ancienne Italie. Le tendeur devenait-il propriétaire de l'animal du moment où il était pris, ou seulement lorsqu'il s'en était emparé, de sorte qu'il n'eût rien à dire à celui qui s'en serait emparé avant lui ou l'aurait détaché ?

Le jurisconsulte Proculus, qui examine la question dans la loi 55 au Digeste, *De acquirendo rerum dominio*, est très perplexe et nous donne l'exemple d'une dissidence que nous retrouverons entre les deux sectes de jurisconsultes dont l'une le reconnaissait pour chef. Il faut, dit-il, voir s'il ne conviendrait pas de distinguer en quel lieu le collet a été placé : a-t-il été placé dans un lieu public ou appartenant à un particulier, et dans ce dernier cas, par lui dans son fonds ou dans celui d'autrui, il faut distinguer si c'est avec ou sans permission du propriétaire ; ensuite, si la bête est assez bien prise pour ne pouvoir s'échapper malgré les plus longs efforts ; et, il finit par dire que la bête appartient au tendeur de collet, quand elle est *en son pouvoir*. Ces derniers mots, nous l'avons vu, donnent lieu à deux interprétations : les uns veulent qu'il ait déjà mis la main sur la bête, qui, pour les autres, lui appartient dès qu'elle est prise de manière à ne pouvoir s'échapper. Cette dernière manière d'interpréter la loi romaine est celle de Pothier ; mais quand il arrive au droit français, il n'hésite pas à appliquer l'autre, quand le collet est tendu sur le terrain d'autrui.

« Dans notre jurisprudence, celui qui aurait
» tendu un piège ou des collets dans un lieu
» où il n'a pas le droit d'en tendre, ne serait
» pas écouté à prétendre que le gibier qui y serait
» pris lui appartenait, ni à intenter aucune ac-
» tion contre ceux qui s'en seraient emparés.
» On ne peut pas même dire que le gibier en se
» prenant aux pièges ou aux collets qu'il a ten-
» dus fût tombé en son pouvoir, car, il n'était
» pas en son pouvoir de l'y aller prendre, le pro-
» priétaire du lieu ou ses gens ayant le droit
» de l'empêcher de s'y transporter. » (*Domaine
de propriété*, n° 25.) Nous avons vu Cüjas donner
de son temps la même solution, qu'il appliquait,
lui aussi, en droit romain. Mais en France, il y
avait encore une autre raison, c'est que le collet

était sévèrement défendu par les ordonnances, comme il l'est encore aujourd'hui. Ce mode de prise de possession, étant défendu, ne pouvait fonder un droit reconnu par la loi qui le prohibait. Il aurait fallu, pour être propriétaire du gibier, que le tendeur en eût pris possession par lui-même ; encore, s'il était reconnu, lui était-il confisqué, et ceux qui le lui achetaient punis des mêmes peines que lui. (1)

DROIT MODERNE.

26. L'examen du droit actuel nous amène aux cinq conclusions suivantes :

1° L'acquisition du droit de possession ou de propriété du chasseur sur le gibier a été laissée par les rédacteurs du Code civil sous l'empire des anciens principes ;

2° Le gibier appartient à celui qui le tue, s'en empare, ou dont les chiens le prennent, même sur le terrain où il n'aurait pas le droit de chasse ou de suite. Nul ne peut s'en emparer, pas même le propriétaire du sol, qui est obligé de le rendre ou d'en payer la valeur si la restitution n'est plus possible. L'action du chasseur contre lui dure trente ans ;

____

(1) Ord. de mars 1515, art. 14.

3° Si le chasseur a chassé sur le terrain d'autrui ou amodié à un autre pour la chasse, le propriétaire ou locataire peuvent se porter parties civiles, et le ministère public poursuivre pour délit de chasse ;

4° Le propriétaire peut défendre au chasseur d'entrer sur son terrain, sauf à lui rendre son gibier. Il en est autrement du fermier des chasses dans les bois des communes, de l'Etat ou des établissements publics, lorsque le chasseur y entre sans chasser ;

5° Le gibier pris au collet, appartient au premier qui s'en empare. Il ne peut être confisqué sur celui qui a tendu le collet ou chez les marchands auxquels il aurait été vendu, en temps d'ouverture.

Ces cinq propositions vont être développées successivement et dans leur ordre. Nous terminerons par l'examen de la question de savoir si on peut tendre des collets ou autres pièges défendus par la loi dans son terrain clos et attenant à une habitation.

27. Le Code civil a laissé le droit du chasseur sur le gibier sous l'empire des anciens principes.

Ouvrons-le aux articles 711 et suivants, qui énumèrent les modes d'acquisition du droit de propriété. Il n'est pas dit un mot de l'occupation, le premier des modes d'acquérir, le plus simple, le plus naturel, mis tous les jours en usage par les chasseurs et les pêcheurs, par tous ceux qui vont puiser de l'eau à la rivière ou à la fontaine, par tous ceux, en un mot, qui prennent possession d'une chose n'appartenant encore à personne.

Dirons-nous, à vue de l'article 713 qui donne à l'Etat la propriété des biens qui n'ont pas de maître, qu'il n'y a plus en France de choses qui n'appartiennent à personne, partant, plus d'occupation, puisque ce mode d'acquisition ne peut s'appliquer qu'à ces sortes de choses ? A ce compte-là, tout le gibier de France appartenant à l'Etat, les chasseurs n'auraient plus qu'à aller vider leurs carniers au bureau du receveur des domaines et de l'enregistrement.

Les biens *sans maître*, dont il est parlé dans l'article 713, sont les biens *vacants* dont il est déjà question dans l'article 539. Ce sont les biens, comme le mot *vacants* l'indique, qui ont eu un maître, mais n'en ont plus pour le moment ; notamment, et il n'y a guère que ceux-là aujourd'hui, les biens des personnes qui décèdent sans héritiers.

Si le droit d'occupation n'est pas l'objet d'une disposition spéciale de la part des rédacteurs du Code, il est maintenu implicitement dans les articles qui suivent celui que nous venons de citer ; tous le supposent ; l'article 715 pour le gibier et le poisson spécialement, puisque la faculté de chasser et de pêcher y est reconnue. Elle est, dit cet article, réglée par des lois particulières. Est-ce le mode d'acquisiton du gibier, l'occupation, qui est réglé par des lois particulières ? Non, puisqu'il s'agit de la *faculté* de chasser. La loi du 3 mai 1844 est la loi particulière qui règle aujourd'hui les conditions sous lesquelles la faculté de chasser peut être exercée. Ainsi, il faut être âgé de plus de seize ans, muni d'un permis de chasse, chasser en temps permis, de jour, à tir ou à courre, etc. Mais la loi de 1844 sur la *police* de la chasse, pas plus que celle de 1790, ni les ordonnances qui réglaient ce point dans l'ancien droit, ne s'occupe de la manière d'acquérir la propriété du gibier, qui est du ressort du droit civil pur ; il n'y en est pas dit un mot.

Pourquoi donc les rédacteurs du Code des lois civiles n'ont-ils pas parlé de l'occupation avec détail, comme ils l'ont fait pour les autres modes d'acquérir : successions, donations, legs, ventes, etc., auxquels ils ont consacré des titres spéciaux, composés d'un assez grand nombre d'articles ? Pour deux raisons : la première, historique, assez mauvaise ; la seconde, qui se comprend très bien à cause de la simplicité de ce mode d'acquérir.

Dans le projet primitif, les rédacteurs du Code, après avoir énuméré les modes d'acquérir que nous retrouvons dans l'article 711, avaient, dans l'article suivant, inséré une disposition ainsi conçue : « La loi civile ne reconnaît point le » droit de simple occupation. Les biens qui » n'ont jamais eu de maître et ceux qui sont » vacants comme abandonnés par leur proprié- » taire appartiennent à la nation ; nul ne peut les » acquérir que par une possession suffisante pour » opérer la prescription (1). » Est-ce à dire que les rédacteurs supprimaient le droit d'occupa- tion sur le gibier, le poisson, etc. ? Pas le moins du monde, puisqu'ils ajoutaient immédiatement, que la faculté de chasser ou de pêcher était ré- glée par des lois particulières. Cette prohibition de l'occupation, dans leur pensée et dans la ré- daction de l'article lui-même, ne s'appliquait qu'aux *biens*, c'est-à-dire aux choses inanimées d'abord, et particulièrement aux immeubles, puisqu'ils exigeaient la prescription dont on ne comprend guère l'application au gibier et au poisson. Il y avait même beaucoup de choses

(1) Projet de Code civil présenté par la commission nommée par le gouvernement, le 24 thermidor an VIII ; liv. III, dispo- sitions générales, art. 2.

inanimées auxquelles l'occupation devait nécessairement s'appliquer. Aussi, un grand nombre
de tribunaux d'appel demandèrent-ils, dans leurs
observations, la suppression de cette première
partie de l'article, qui était en désaccord complet
avec la dernière, puisque le droit d'occupation
sur le gibier et le poisson y était implicitement
reconnu, ainsi que sur le trésor les effets rejetés
par la mer, etc.

« Nous n'approuvons pas non plus, disait le
» tribunal d'appel de Paris, qu'on dise d'une
» manière si crue et si générale que la loi civile
» ne reconnaît point le droit de simple occupation,
» et que les biens qui n'ont jamais eu de maître
» appartiennent à la nation. Il y a des choses qui
» n'appartiennent à personne et que les juriscon-
» sultes appellent *res communes, res nullius;*
» entend-on soustraire aux particuliers la faculté
» d'acquérir ces choses pour les donner exclusi-
» vement à la nation ? Est-ce qu'un particulier
» qui va puiser de l'eau à la rivière n'acquiert pas
» le domaine de l'eau qu'il a puisée et dont il a
» rempli sa cruche ? Les pierres, les coquillages
» qu'on ramasse sur le bord de la mer, n'appar-
» tiennent-ils pas à celui qui s'en saisit ? On peut
» citer cent exemples pareils (1). »

(1) Conférence des obs. des trib. d'appel sur le projet

Sur cette observation, l'occupation fut reconnue comme mode d'acquérir, la rédaction primitive disparut pour faire place à celle que nous voyons aujourd'hui dans l'article 713.

Voilà la première raison qui fait que nous ne voyons pas l'occupation faire l'objet d'un article spécial. La seconde, c'est que ce mode d'acquérir est si naturel et s'accomplit si simplement en mettant la main sur la chose dont on veut s'emparer, en en prenant possession, qu'il ne demandait aucune explication de détail : on s'en réfère à l'usage constant ; ce mode sera pratiqué tel qu'il l'a toujours été, conformément au droit naturel, au bon sens.

28. Aussi, allons-nous retrouver aujourd'ui les mêmes solutions qu'autrefois. Le gibier appartiendra au chasseur qui s'en sera emparé, en aura pris possession, même sur le fonds d'autrui ou loué à autrui. Ceci ne faisant question ni doute pour personne, je m'abstiendrai sur ce point de plus longs développements. Les raisons données par les jurisconsultes romains, que j'ai données moi-même avec nos anciens auteurs français, sont exactement les mêmes aujourd'hui ; elles sont dans la nature même des choses et reproduites par les auteurs modernes et la jurisprudence.

de Code civil, t. II, p. 7 de l'édition officielle, in 4º, Paris, vent. an X.

Pour revendiquer une chose, il faut en être propriétaire ; or, nul n'a jamais été propriétaire du gibier que celui qui en a pris le premier possession ; lui seul pourrait le revendiquer si on le lui prenait.

N'allez pas dire : la loi de 1844 ne permet pas de chasser sur le terrain d'autrui, malgré le propriétaire ; elle a supprimé le droit de suite, par conséquent, la prise de l'animal est fondée sur un délit, et ne peut mener à la propriété quand elle a lieu sur le fonds d'autrui. — Encore une fois, le droit de chasse et le droit de suite n'ont rien à faire avec le droit de propriété que le chasseur acquiert sur le gibier dont il prend le premier possession. Le droit romain reconnaissait aussi au propriétaire le droit d'empêcher le chasseur d'entrer sur son terrain, et rendait le chasseur propriétaire du gibier qu'il y prenait.

A tort ou à raison, je me suis introduit sur votre terrain, je me suis emparé d'une chose qui ne vous appartenait pas, vous n'y avez aucun droit, elle n'appartenait à personne, j'en suis devenu propriétaire en m'en emparant ; la restitution que je serais obligé d'en faire supposerait nécessairement un vol ; or, il n'y a de vol qu'autant que la chose que l'on enlève a déjà un propriétaire (art. 379 du Code pénal), le gibier n'en avait pas ; il y a délit de chasse et non pas vol, ainsi que cela a toujous été décidé depuis les Romains jusqu'à nous. La jurisprudence et les auteurs modernes sont d'accord ; aucune loi n'oblige le chasseur à rendre le gibier au propriétaire du terrain sur lequel il a été pris, ni ne lui permet de le revendiquer. La Cour de cassation a fait une application très nette de ces principes, dans une espèce bien favorable, cependant, pour le propriétaire du sol ; il s'agissait de lapins furetés dans leurs trous mêmes, par un tiers, sur le terrain d'autrui. On sait que ces animaux sont sédentaires, creusent leurs demeures dans le sol où ils élisent domicile. Le tribunal de Pont-Audemer et celui d'Évreux avaient condamné comme voleur Desmares, trouvé furetant dans un bois appartenant au sieur Charles, c'est-à-dire, prenant des lapins à l'aide de poches tendues à l'orifice de leurs trous, dans lesquels il introduisait un furet pour les faire sortir. La Cour de cassation, le 13 août 1840, cassa ces jugements par un arrêt, dont voici la teneur :

29. « Attendu, que le fait mis par le juge-
» ment attaqué à la charge du demandeur, con-
» siste à avoir fureté dans un bois appartenant
» à autrui, sans l'autorisation du propriétaire,
» que le furetage est un mode de chasse appro-
» prié à la capture des lapins ; que les lapins,
» comme tous les autres gibiers, sont, par leur

» nature, des animaux sauvages, qui n'appar-
» tiennent à personne ; qu'ils ne deviennent pro-
» priété particulière que quand ils sont enfermés
» ou tout au moins établis dans un lieu spéciale-
» ment destiné à les multiplier ou à les conser-
» ver ; que, hors ces circonstances, qui ne se
» rencontrent pas dans l'espèce actuelle, *la chasse*
» *de ces animaux ne peut constituer un vol*, ni
» une tentative de vol ; que cette chasse, entre-
» prise sans l'autorisation du propriétaire, est un
» délit prévu par l'article 1ᵉʳ de la loi du
» 30 avril 1790, etc. (aujourd'hui par l'article 1ᵉʳ
» de la loi du 3 mai 1844). Casse. » (13 août 1844,
Desmares, Sirey-Devill., 40, 1, 732.)

Comment donc cette même Cour a-t-elle pu,
dans un autre arrêt, je ne dis pas décider, car
il ne s'agit que d'un simple considérant à l'appui
duquel elle ne donne du reste aucun motif,
mais dire au moins que le gibier d'une forêt appartenait au fermier des chasses, et, ce qu'il y a
de plus fort, revenir au principe contraire en
condamnant le fermier à rendre au tireur qui l'a-
vait tué la valeur d'un sanglier dont le fermier
avait cru devoir s'emparer.

Voici l'espèce : Kauffer, dans une battue aux
sangliers ordonnée par l'administration dans la
forêt de Remilly dont Semelé est adjudicataire,
tue un sanglier, ce dernier s'en empare comme

fermier des chasses. Le juge de paix et le tribunal de Metz condamnent, avec raison, Semelé à en
rendre la valeur à Kauffer. La Cour de cassation
décide de même, mais en donnant les motifs
assez singuliers que voici : « Considérant, qu'il
» est *incontestable* en droit, que le concession-
» naire d'un droit de chasse dans une forêt est
» assimilé au propriétaire et *a droit à la pro-*
» *priété de tout animal tué dans la forêt.* »
C'est le contraire qui a toujours été considéré
comme incontestable et incontesté, ainsi que
nous l'avons vu et que la Cour le décidait elle-
même dans l'arrêt précité. Le gibier en liberté
n'appartient à personne. « Considérant, que
» l'autorisation de la battue par le préfet pré-
» sentait une exception au principe. « Comment, si l'adjudicataire est propriétaire du gibier
de la forêt dont il a les chasses, son droit de
propriété peut lui être enlevé par un arrêté pré-
fectoral ! Ceci est encore moins concevable. Nul
ne peut être contraint de céder sa propriété, si
ce n'est pour cause d'utilité publique et moyen-
nant une juste et préalable indemnité (art. 535 du
Code civil). Que fait un préfet qui autorise une
battue ? Il permet de chasser dans un moment
où la chasse est ordinairement fermée ; la chasse
est ouverte, ce jour-là, dans telle forêt, en
battue, pour tels animaux, sous la direction

de l'adjudicataire des chasses, du garde général ou du lieutenant de louveterie. Mais pourquoi celui qui tue un sanglier ce jour-là, en serait-il plus ou moins propriétaire que quand il le tue en temps permis ? Le gibier, dans sa liberté naturelle, qui court encore dans la forêt, en est-il moins à personne avant d'être tué, parce que le préfet, au lieu de l'arrêté permanent qui ouvre la chasse pendant plusieurs mois, en prend un qui l'ouvre pendant un jour seulement. Ce qui n'est encore à personne ne peut appartenir qu'au premier occupant. Direz-vous, et c'est là la différence qui sépare l'arrêté qui ouvre la chasse de celui qui ordonne une battue, que, dans ce dernier cas, la chasse peut se faire même malgré l'adjudicataire qui, par une clause de bail, doit souffrir les battues ? Cela signifie clairement qu'il ne peut faire faire des procès-verbaux ni demander d'indemnité pour faits de chasse accomplis par les ordres de l'administration, à ceux qui font partie de la battue, comme il le pourrait, si dans tout autre temps, ils venaient chasser dans sa forêt ; mais dans ce temps-là comme dans l'autre, le gibier en liberté n'appartient à personne et ne peut forcément être acquis, comme toute chose dans la même condition, que par l'occupation. Il suffisait donc de s'appuyer sur ce principe ordinaire toujours appliqué, pour arriver au résultat auquel la Cour est en définitive arrivée très laborieusement, en faisant rendre la valeur du sanglier à Kauffer. L'arrêt est du 22 juin 1843 (Sirey, 43, 1,845).

Au reste, la Cour de cassation, dans un arrêt du 28 avril 1862, dont nous aurons bientôt à parler, reconnaît que le gibier appartient au premier occupant.

L'application de ce principe n'a pas été mise en doute par les auteurs modernes, lors même que le fait d'occupation a lieu sur la propriété d'autrui, bien qu'ils n'admettent plus le droit de suite indépendant, comme nous l'avons démontré, du droit du chasseur sur le gibier. Je vais, pour les lecteurs qui ne sont pas jurisconsultes et pour ceux qui n'auraient pas ces auteurs à leur disposition, rapporter en entier les passages des principaux d'entre eux.

30. « Le propriétaire peut défendre d'entrer » sur son champ pour y chasser. Mais celui qui » défend la chasse sur son terrain, n'étant pas » propriétaire des animaux qu'il défend de pour- » suivre, le chasseur qui s'en empare malgré sa » défense, en acquiert néanmoins la propriété. » Le propriétaire du champ n'a qu'une action en » dommages-intérêts contre le chasseur. » (Toullier, *Le Droit civil français*, etc., t. IV, n° 7).

« Néanmoins, les oiseaux et quadrupèdes sau-

» vages sont toujours sans maître, et ne peuvent
» appartenir à personne tant qu'ils n'ont pas été
» privés de leur liberté naturelle : c'est pourquoi
» ils deviennent la propriété du premier occu-
» pant qui peut s'en saisir, même par un acte de
» chasse exercé sur le terrain d'un autre, parce
» qu'ils n'ont rien de commun avec le sol sur
» lequel ils sont pris, qu'ils n'en sont ni une dé-
» pendance ni un accessoire, et que les lois n'ont
» jamais accordé au propriétaire foncier d'action
» en revendication du gibier arrêté dans l'étendue
» de son héritage.

» Le maître du fonds a bien le droit d'en inter-
» dire l'entrée à tout étranger ; il a bien, contre
» toute personne qui se permettrait d'y faire in-
» vasion, une action en indemnité des dommages
» qu'il pourrait en ressentir ; mais voilà tout. »
(Proudhon, *Traité du domaine de propriété*, t. I,
nᵘˢ 385, 386).

« Il résulte de ces dispositions (des lois sur la
» police de la chasse) et des peines qu'elles éta-
» blissent contre ceux qui chassent sur le fonds
» d'autrui sans permission, que le gibier tué ou
» pris par eux dans les lieux non clos leur appar-
» tient, comme il appartenait, selon le droit
» romain, même au chasseur qui était entré dans
» un fonds malgré la défense du propriétaire ; car,
» ainsi que nous l'avons dit, l'animal qui jouit de

» sa liberté naturelle ne peut appartenir qu'à
» celui qui s'en empare ; l'oiseau, par exemple,
» qui vient se percher sur ma branche, ne m'ap-
» partient pas plus qu'à tout autre. D'ailleurs, la
» loi a réglé les droits du propriétaire, en lui
» accordant une indemnité déterminée, sans pré-
» judice de plus amples dommages-intérêts, s'il
» y échoit : il ne peut donc rien prétendre au
» delà, et nous n'hésitons pas à dire que, s'il dé-
» pouillait le chasseur de l'animal sur le prétexte
» que celui-ci l'a tué ou pris sur son terrain, il
» commettrait une véritable spoliation à la restitu-
» tion de laquelle il doit être contraint, si le
» chasseur le demandait. » (Duranton, *Cours de
Droit français*, 4e édit., t. IV, n° 283).

« C'est aussi par occupation qu'on devient pro-
» priétaire des bêtes sauvages prises à la chasse
» même sur le fonds d'autrui..... Quoique la loi
» prohibe la chasse sur le terrain d'autrui, cette
» prohibition n'empêcherait pas le chasseur d'ac-
» quérir la propriété du gibier par lui pris. Il
» pourrait seulement être condamné aux domma-
» ges-intérêts pour violation de la propriété d'au-
» trui. Tel était le principe admis en droit romain.
» (Inst., § 12, *De div. rer.*) ; je ne vois aucune
» raison pour s'en éloigner, lorsque la loi n'a pas
» disposé en sens contraire : or, c'est ce que ne
» fait pas la loi sur la chasse ; c'est seulement pour

» le cas de chasse en temps prohibé qu'elle pres-
» crit la saisie du gibier et son attribution aux
» établissements de bienfaisance. » (L., 3 mai
1844.) (Demante, *Cours analytique de Code civil*,
t. III, n°s 11 et 11 *bis*, III).

« La défense faite par le propriétaire à une per-
» sonne de chasser sur son fonds ne change pas,
» en effet, la nature du gibier qui n'en est pas
» moins toujours chose *nullius; prohibitio ista,*
» disait fort bien Vinnius, *conditionem animalis*
» *mutare non potest* (sur le § 12, aux Inst., *De*
» *rer. divis.*). Le maître du fonds ne saurait exer-
» cer une action en revendication du gibier,
» puisqu'il n'en a jamais été propriétaire ; tout ce
» qu'il peut faire, c'est d'agir en dommages-inté-
» rêts.

» La loi du 3 mai 1844 ne renferme rien de
» contraire à ce principe (v. l'art. 11, n° 2). Ce
» n'est que dans le cas de chasse en temps pro-
» hibé, qu'elle enlève au chasseur le gibier qu'il
» a tué ou qu'il a pris ; et encore n'est-ce pas
» pour le remettre au propriétaire du fonds sur
» lequel il aurait été pris par un tiers, puisque
» nous venons de voir, au contraire, qu'elle
» l'attribue aux établissements de bienfaisance.»
(Demolombe, *Traité des successions*, des différentes manières dont on acquiert la propriété, t. I.
n° 23).

« Mais la circonstance qu'un fait de chasse a
» été exercé, soit sur le terrain d'autrui, soit en
» contravention aux règles dont il vient d'être
» parlé (règles contenues dans la loi du 3 mai
» 1844), n'empêche pas que le chasseur ne de-
» vienne propriétaire du gibier qu'il a tué, sauf
» les dommages-intérêts dus à celui au préju-
» dice duquel le fait de chasse a eu lieu, et, sauf
» aussi, la confiscation du gibier, lorsque ce fait
» a été commis en temps prohibé. » (Aubry et
Rau, *Cours de Droit civil français*, 3ᵉ édition,
t. II, § 201).

Voilà pour les auteurs qui ont écrit sur le Code
civil.

Après avoir rapporté les anciens règlements
contre les braconniers et ceux qui leur achetaient
leur gibier, Merlin continue en ces termes :

« Tous ces règlements sont implicitement
» abrogés par les dispositions de la loi du 22 avril
» 1790, qui réduisent la punition des braconniers
» à une amende, à une indemnité au profit du
» propriétaire et à la confiscation des armes
» (comme la loi de 1844).

» Il résulte, en effet, du silence de la partie
» pénale de cette loi sur le gibier, que le bra-
» connier doit conserver le gibier qu'il a tué,
» et cela rentre parfaitement dans le système du
» droit romain, qui, considérant le gibier comme

» n'appartenant à personne, sévissait bien
» contre le braconnier pour s'être introduit dans
» un héritage sans la permission du propriétaire,
» mais lui laissait néanmoins le gibier dont il
» était devenu propriétaire par occupation. V. le
» § 12, Inst., *De div. rer.;* la loi 3, § 1, Dig., *De*
» *Acq. rer. dom.;* la loi 12, § dernier, Dig., *De*
» *Injuriis,* et Voët, *ad Pandectas,* liv. 41, tit. I,
» n° 4. » (Merlin, *Répertoire,* v° *Gibier,* n° 3, *in*
fine).

« Le propriétaire d'un terrain n'est pas pro-
» priétaire du gibier qui s'y trouve ; tant que
» celui-ci jouit de sa liberté, ce gibier appartient
» à quiconque parvient à s'en emparer le pre-
» mier ; le propriétaire du fonds a sans doute le
» droit d'interdire aux tiers l'accès de son ter-
» rain, et la violation de cette défense constitue-
» rait ceux-ci en délit ; elle les rendrait passibles
» de dommages-intérêts envers le propriétaire,
» mais elle ne les ferait pas considérer comme
» ayant volé le gibier dont ils se seraient emparés
» sur le fonds d'autrui, car ce gibier n'apparte-
» nait à personne. (V. ci-dessus, n° 3).

« Ces principes ont toujours été suivis en
» France. Aussi, les auteurs décident-ils géné-
» ralement que le gibier pris sur un fonds où
» l'on n'a pas droit de chasse, appartient au
» chasseur. Sans doute, celui-ci s'est exposé, dit

» très bien M. Petit, t. I, p. 13, à être poursuivi
» et condamné, mais il n'en est pas moins pro-
» priétaire de la pièce de gibier, du moment qu'il
» l'a tuée, et qu'ainsi il l'a occupée irrévocable-
» ment, et quand même ce serait malgré la dé-
» fense du propriétaire, la possession ne lui en a
» pas moins conféré une propriété qui désormais
» lui est acquise. » (Dalloz, *Répertoire*, v° *Chasse*,
n° 172).

Les auteurs qui ont écrit spécialement sur le
droit de chasse, décident de même. Un seul parmi
eux, M. Chardon (1), tout en reconnaissant que
le gibier, avant que quelqu'un s'en soit emparé,
n'appartient à personne, décide qu'il n'appartient
pas à celui qui s'en est emparé sur le fonds d'autrui, parce qu'il a commis un délit de chasse et
qu'on ne peut s'enrichir par un délit ; qu'en conséquence, il appartient au propriétaire du fonds,
qui a le droit de le revendiquer. Mais, par quel
mode d'acquisition est-il devenu propriétaire du
gibier, puisqu'il n'appartenait à personne avant
d'être pris par le chasseur ? M. Chardon a oublié
de nous le dire, et le chercherait vainement dans
le Code ou dans la loi de 1844, qui limitent son
droit à une indemnité pour le dommage que le
fait de chasse lui fait éprouver, comme le disent

____

(1) *Le droit de chasse français*, p. 17 et s.

fort bien tous les auteurs que nous avons cités. S'il était vrai, ainsi que le fait très bien observer M. Dalloz, que le délit de chasse détruisît l'effet de l'occupation, le gibier continuerait à rester dans les conditions où il était auparavant, n'appartiendrait à personne, et, s'il doit appartenir à quelqu'un, c'est évidemment au chasseur qui le possède, qui, le premier et le seul de tous, en a été propriétaire par l'occupation. M. Chardon s'est laissé entraîner par la confusion qu'il fait du droit de chasse avec le droit du chasseur sur le gibier.

Reconnaissons donc, comme on l'a toujours admis, parce qu'on y est conduit par les principes et le bon sens, que le gibier en liberté ne peut appartenir qu'à celui qui s'en empare le premier, même sur le terrain d'autrui. S'il y a eu délit de chasse de sa part, il sera poursuivi par le ministère public, à la requête du propriétaire, qui pourra directement demander des dommages-intérêts pour le préjudice qu'il aura éprouvé, dommages-intérêts qui pourront, si le gibier était sur son terrain, n'y avait pas été amené par le chasseur, être augmentés à raison de la perte qu'il éprouve par la diminution du gibier qu'il aurait pu tuer ou faire tuer, mais dont il n'a jamais été propriétaire.

30 *bis.* Ce que nous venons de dire s'applique

aussi bien au gibier acheté ou élevé et lâché en forêt ou en plaine ouverte, pour le repeuplement, qu'à celui qui y est né. Du moment où la liberté lui est donnée, qu'il est remis *in laxitate naturali*, à l'état sauvage, son ancien propriétaire en perd la possession à laquelle se rattachait son droit, puisqu'il ne pourra plus la reprendre à sa volonté, mais devra pour y arriver employer les mêmes moyens que tous les autres chasseurs. Comment du reste, reconnaître le gibier acheté, élevé, le séparer de ses congénères et, à supposer qu'on lui eût laissé des marques ou signes, cela changerait-il en rien son état sauvage, son état de liberté naturelle qui l'a rendu à lui-même, lui permet de se transporter où il veut ? Si le fait de l'avoir élevé ou acheté continuait à en rendre propriétaire celui qui lui a rendu la liberté, comme le droit de propriété est indépendant du déplacement de la chose qui en fait l'objet, il faudrait dire qu'il suivrait ces animaux sur toutes les terres où ils se rendraient ; ils ne sauraient en conséquence être chassés ni pris par les propriétaires ou adjudicataires des chasses sur ces terres. Pouvez-vous mettre une pareille entrave à l'exercice de leur droit qui est absolu aux termes de l'article 1er de la loi de 1844 et du droit commun ? Comment pourraient-ils reconnaître le gibier qui vient de chez vous ? Faudra-t-il établir une inqui-

sition aussi impossible que monstrueuse tendant
à rechercher chez les chasseurs vos voisins, si
dans les pièces de gibier qu'ils ont tuées, il y en
a telle ou telle que vous prétendez avoir élevée
ou achetée. Qui oserait soutenir une pareille doctrine !

C'est en se plaçant au point de vue du braconnage, que ces idées ont été éveillées chez ceux
qui trouvent révoltante l'attribution du gibier au
braconnier qui le prend ou le tue dans la propriété même de l'éleveur ou acheteur qui a fait
tant de frais pour la repeupler. Quelque odieuse
que soit l'action du braconnier que je déteste plus
que personne, l'animal sauvage en liberté n'est
en la possession de qui que ce soit, n'a par conséquent pas de propriétaire. Celui qui viendra s'en
emparer en délit en paiera non seulement la valeur au propriétaire du sol, mais sera tenu de
dommages-intérêts qui seront plus forts quand
celui-ci aura fait des dépenses de repeuplement.
Le tribunal pourra en outre appliquer le maximum
de la peine : 200 fr. d'amende, deux mois de prison ; le double, si le délit a été commis pendant la
nuit ; 1000 fr. d'amende et deux ans de prison
si le délit a été commis de nuit dans un terrain
clos attenant à l'habitation (art. 12 et 13 de la loi
du 3 mai 1844). Le gibier sera en outre confisqué
si la chasse est fermée. Mais encore une fois, le

droit de propriété ne peut se comprendre sur un animal sauvage en pleine liberté qui peut aller où il veut, n'a d'autre maître que lui-même; l'endroit où il est né, a été élevé ou lâché ne change en rien sa nature actuelle qui le fait échapper à toute possession. Ce n'est précisément qu'au cas où l'éducation aurait transformé sa nature en en faisant un animal domestique, lui aurait fait perdre les habitudes et les idées de liberté en l'attachant à l'homme qui s'en sera fait parfois un auxiliaire, presque toujours un ami, que le droit de propriété trouvera son assiette dans la possession caractérisée par la possibilité de le tenir près de soi à volonté, de lui mettre la main dessus, d'en user, de s'en servir et dans son esprit d'attachement et de retour au lieu habité par son maître (1). S'il s'échappe sans esprit de retour, il retombe en reprenant sa liberté, dans la classe des choses qui n'appartiennent à personne et sont au premier occupant. Les Romains avaient parfaitement ana-

(1) J'ai eu une chevrette et une laie prises très jeunes aussi bien élevées et aussi fidèles que des chiens, je menais la laie à la chasse avec les miens; elle se mettait en meute pour aller et revenir et s'amusait souvent à se faire chasser. Quand elle en avait assez, elle revenait vers moi en suivant ma piste avec l'odorat merveilleux du sanglier et tout le monde se mettait au pied. Elle connaissait aussi bien que moi le chemin de la maison où jamais elle n'était enfermée, et ne manquait pas l'heure du dîner pour se faire ouvrir la porte de la salle à manger.

lysé ces idées qui ressortent de la nature des choses, § 12, *Inst. de div. rer*. Tous les animaux que l'homme a domestiqués ont commencé par être sauvages.

30 *ter*. Le gibier de poil enfermé dans un enclos dont il ne peut s'échapper, comme le poisson des étangs ou viviers, est possédé par le propriétaire de l'enclos, de l'étang, du vivier; leur prise par un tiers constituerait un vol. Il ne faudrait pas, pour soutenir qu'il n'y a qu'un simple délit de chasse, opposer les articles 2 et 13 de la loi du 3 mai 1844 qui parlent de chasse dans un enclos. Certainement, il peut y avoir chasse dans un enclos, et le fait de chasse devient délictueux par le défaut de consentement du propriétaire auquel peuvent venir se joindre encore les circonstances aggravantes de l'habitation attenante, de la nuit, des engins prohibés. A ce délit viendra s'ajouter celui de vol, lorsque le délinquant y aura pris des animaux à la fuite desquels le genre de clôture opposait un obstacle infranchissable. Revenons au cas ordinaire où il n'y a pas d'enclos.

31. Il se peut qu'il n'y ait pas délit de chasse dans le fait de celui qui vient de prendre le gibier sur le terrain d'autrui. Il en sera ainsi toutes les fois qu'il s'y sera introduit sans chasser. Nous avons vu déjà les auteurs et la jurisprudence dans un parfait accord sur ce point, auquel nous allons donner de plus longs développements, en examinant diverses hypothèses qui peuvent se présenter.

32. 1° J'ai tiré, sur le terrain où j'ai le droit de chasse, une pièce de gibier qui va mourir sur celui du voisin où je ne l'ai pas. On a toujours reconnu que, dès que le gibier était mort, il appartenait à celui qui l'avait frappé, même lorsqu'il ne s'en était pas encore emparé, car il ne s'agit plus que de le ramasser ; le fait de le blesser à mort est un acte de possession suffisant pour constituer l'appropriation au profit de son auteur qui devient immédiatement propriétaire. Celui qui prendrait ce gibier, propriétaire du terrain ou autre, commettrait un vol, puisqu'il y aurait soustraction frauduleuse de la chose d'autrui ; il en serait autrement si le chasseur, ne pouvant trouver sa pièce de gibier, l'avait abandonnée : alors elle rentre dans la classe des choses n'appartenant à personne, son propriétaire en ayant volontairement abdiqué la propriété en l'abandonnant. Nous reviendrons sur ce point, en faisant certaines distinctions tirées de la pratique des chasseurs. V. n°ˢ 89 et s.

Pour le moment, nous supposons au chasseur qui va s'emparer du gibier, une intention toute contraire ; un autre s'en empare avant lui, pas de doute que le chasseur ne puisse le revendi-

quer ; cela n'a jamais fait question. (V. § 13,
Inst., *De div. rer.*, loi 5, § 1; loi 55, Dig., *De acq.
rer. dom.*, 41, 1, et les auteurs que nous avons
cités plus haut, notamment M. Duranton, t. IV,
n° 283). On allait plus loin dans notre ancienne
France : il n'y avait pas même besoin que le gibier fût tué ni blessé quand le chasseur était à sa
suite avec des chiens courants ; il en est encore
de même aujourd'hui, nous l'établirons au chapitre suivant. Constatons seulement, maintenant,
que la jurisprudence et les auteurs sont unanimes
pour reconnaître que le gibier, dès qu'il est tué,
appartient à celui qui l'a tué. Si donc il entre sur
le fonds d'autrui, sans chasser, pour le ramasser,
il ne commet pas un délit de chasse. C'est ce que
la jurisprudence avait admis dès avant la loi de
1844, et a constamment décidé depuis. Rappelons-nous les arrêts Delamyre, Mazaubrun, etc.,
déjà cités. En effet, il ne chasse plus, il fait ce
que ferait tout propriétaire, en allant chercher,
sur le terrain d'autrui, une chose qui lui appartiendrait. (Dalloz, *Rép.*, v° *Chasse*, n° 171. —
Sorel, n° 35. Gislain, n° 194. Leblond, n°ˢ 226-
227. Giraudeau et Lelièvre, n° 232).

33. Faut-il qu'il entre sans armes, sans chien ?
Toute la question est de savoir s'il chasse. Ainsi,
il entre avec un fusil déchargé, ou même, s'il est
encore chargé, il est désarmé, en bandoulière ou

tenu à la main ; bref, le chasseur ne fait pas acte
de chasse, n'est pas dans l'attitude d'un homme
qui va se servir de son arme ; il n'a pas besoin
de s'en servir, puisque nous supposons la bête
morte. On ne saurait raisonnablement exiger
de lui qu'il laisse son fusil à l'entrée du champ,
du bois, dans la rosée ou dans la boue, qu'il le
porte de telle ou telle manière, et même qu'il le
désarme, s'il a encore un coup de chargé ; car
presque toujours, si le chasseur est jeune surtout, il entrera en courant, entraîné par l'ardeur
et la joie que donne un coup réussi, sans penser
à autre chose qu'à mettre au plus vite la main
sur son gibier. Tous ceux qui ont chassé l'ont
fait, je l'ai vu faire encore à bien des barbes
grises ; jeune, on rêve à l'heureux coup encore
au moins pendant la huitaine ; plus tard, on
regrette, en le racontant aux jeunes, de n'y plus
rêver (1).

(1) Un véritable chasseur, et il ne mérite ce nom qu'autant
qu'il se possède assez pour pouvoir ajuster une pièce et dé-
crosser froidement sans tirer, ne doit aller chercher son gibier
qu'au pas, en modérant son chien s'il le dresse ; si son chien
est dressé et rapporte, il doit, sans bouger de place, recharger tranquillement son arme, et prendre après la pièce
à la gueule de son chien, qui, d'ordinaire, s'il n'est pas
habitué à attendre sur-cul, tournera autour de lui avec une
fierté et une jouissance qu'attesteront assez le brillant de ses
yeux, la dilatation de ses narines, et sa bruyante respiration,
quelque vieux qu'il soit. Il est bien heureux dans ce moment

34. Peut-on entrer sans délit de chasse sur le fonds où est tombée la pièce, avec un chien d'arrêt?

Décider le contraire serait d'abord demander l'impossible. Comment le chasseur, dans un pareil moment, quand il entre lui-même, ferait-il rester son chien sur la limite de la propriété qu'il franchit ! Le chien y sera ordinairement avant lui à la suite de son gibier, guidé par son instinct et son devoir, entraîné ensuite par une ardeur que la raison et la connaissance des limites ne sauraient tempérer. Le chasseur pourra-t-il, s'il ne voit pas la pièce, ce qui sera le cas le plus ordinaire, faire quêter son chien pour la trouver ? On pourrait dire non, car, en faisant quêter, il fait acte de chasse. Ce serait d'abord, dans la plupart des cas, anéantir le droit que vous donnez au chasseur d'aller chercher son gibier sans délit de chasse. Il n'y a pas besoin d'avoir chassé beaucoup pour savoir qu'en suivant de l'œil le plus attentif la pièce qui tombe, je ne dis pas à une grande distance, mais seulement à trente pas, s'il s'agit surtout d'un oiseau, il faut encore souvent des recherches assez longues pour la trouver ; les chiens les mieux dressés, les

là ! le chasseur fera bien de le prolonger un peu, surtout si le chien est jeune.

plus habiles, la passent encore assez fréquemment, emportés par l'ardeur et le coup de fusil,
surtout quand elle n'a pas piété et est tombée
raide au coup. Le chasseur peste, gronde et quelquefois bat son chien bien à tort, car c'est le
moyen le plus sûr de l'empêcher de rapporter
désormais. Il doit, au contraire, le ramener dou-
cement sur l'endroit où il croit la pièce, en ayant
soin de prendre le vent, le laisser reposer et
souffler un instant, le mener boire si faire se
peut et qu'il en ait besoin, avant de recommencer
ses recherches, qui ne constituent pas un acte
de chasse. En droit comme en fait, celui qui cherche une pièce de gibier morte ne chasse pas ;
son acte de chasse est accompli par le coup qui
a donné la mort ; il est dans la même position
que celui qui chercherait ou ferait chercher par
son chien un objet quelconque qu'il aurait laisser
tomber (1). Nous savons que dans l'arrêt Pereire contre Forestier, la Cour de Paris, confirmant un jugement du tribunal de Melun, l'a décidé ainsi le 2 décembre 1854 (2), dans une
hypothèse moins favorable : le faisan n'était pas
mort. Il suffit, en effet, que la pièce soit blessée

(1) Un de mes chiens m'a rapporté ainsi, sans que je lui fisse
faire la moindre recherche, un petit fouet que j'avais perdu la
veille, à la bécasse, au plus épais du fourré.
(2) Sirey-Devill., 54, 2, 682.

de manière à être prise sans un nouveau coup
de fusil, pour être au pouvoir du chasseur, et
par conséquent lui appartenir.

35. Faudrait-il décider autrement si le chasseur entrait avec des chiens courants?

Il a tiré, sur un terrain où il avait le droit
de chasse, une bête qui est allée mourir sur celui
du voisin. S'il entre seul, pas de difficulté, mais
ses chiens y entrent aussi. Plusieurs hypothèses
peuvent se présenter. Supposons d'abord le
chasseur tirant la bête qu'il blesse mortellement sur le fonds où il a droit de chasse ; les
chiens, animés par ses coups de fusil et surtout par ses cris (1), redoublent d'ardeur et vont
saisir la bête morte sur le terrain où le chasseur
n'a plus droit de chasse. Que la bête appartienne
au chasseur quant elle est sous la dent de ses
chiens, qu'il l'ait ou non tirée, c'est ce qui est incontesté et incontestable : ses chiens ne sont
que ses instruments, c'est comme s'il s'en était
emparé lui-même. Ce n'est pas la question que
nous traitons. Commet-il un délit de chasse par

(1) Un chasseur ne doit jamais crier ni enlever ses chiens
quand ils sont dans la voie, s'il n'en veut pas faire des brico-
leurs ; ce n'est qu'autant qu'ils l'ont perdue qu'il doit les appeler pour les faire reprendre tranquillement, en ayant soin de
s'écarter un peu de l'endroit où il a vu la bête, pour les y amener au petit pas sans crier ni les emporter : *Bellement* !

son fait ou par celui de ses chiens ? Il se peut
qu'il ne soit pas entré lui-même sur le terrain
d'autrui où ses chiens tiennent la bête, bois ou
autre. Il n'y est pas, soit parce qu'il ne veut pas
y entrer, soit parce qu'il n'a pu courir aussi vite
que ses chiens. La question pourra être souvent
résolue par l'article 11 de la loi du 3 mai 1844.
A-t-il pu ou non arrêter ses chiens à l'entrée du
terrain, du bois où il n'a pas le droit de chasse ?
S'il ne l'a pas pu, ou ne s'y trouvait pas, le fait de
passage de ses chiens sur le terrain d'autrui
ne devrait pas, aux termes de cet article, être
considéré comme un délit de chasse. Et ne dites
pas : Mais il a toujours pu les retenir, puisqu'ayant tiré la bête il s'est trouvé forcément sur
le passage des chiens qui la suivaient, qu'il devait rompre. Et d'abord, il faut pouvoir les rompre dans un pareil moment, animés comme ils
le sont, ayant peut-être à vue l'animal, sur ses
fins, qu'ils relèvent sous leur nez ; il ne faut pas
demander l'impossible. Je voudrais bien y voir, je
ne dis pas avec une meute, mais seulement avec
deux chiens ceux qui les rompent si facilement
avec leurs plumes. Au fort, ils ne perceraient
peut-être pas dix pas, et à supposer encore qu'ils
y courussent aussi vite que les chiens, il faut les
saisir pour les reprendre, un à un, les coupler.
Ne croyez pas que, en pareil cas, ils reviennent à

la voix : quand vous en tiendrez un à la couple, il vous sera impossible de courir après l'autre ; la couple, qui n'est inventée que pour cela, s'embarrassera dans toutes les banches. Vous ne réussirez guère plus facilement en plaine dans un pareil moment ; ceux qui ont conduit des chiens le savent parfaitement. C'est ce qui avait fait forcément admettre le droit de suite par nos pères, tout aussi jaloux que nous de leurs droits, ce qui a fait donner aux juges actuels un pouvoir discrétionnaire dans l'appréciation d'une question de fait toujours très difficile à décider : le chasseur a-t-il pu ou non empêcher ses chiens d'entrer ?

Mais voyons : supposons un chasseur et des chiens plus que parfaits, il peut les rompre au moment où ils passent à l'endroit où il a tiré la bête. N'oublions pas que le chasseur est sur son terrain, peut-être bien loin encore de celui du voisin, la bête est peut-être remise chez lui ; il n'a rien à rompre, par conséquent, en admettant qu'il le puisse. A ce compte-là, toutes les fois qu'une bête ne serait pas tuée raide, ce qui arrive le plus fréquemment, il faudrait reprendre ses chiens au beau milieu de ses bois, de peur qu'elle n'aille jusque dans ceux du voisin et les chiens à sa suite ! Le chasseur qui est chez lui cherche, au contraire, si les chiens l'ont perdue, à les faire

reprendre : sait-il même s'il est en plaine, pour peu
que le terrain sur lequel il chasse ait un peu
d'étendue ou soit accidenté, si la bête y est tombée ou remise, où si elle est sur le terrain où il
n'a pas droit de chasse, jusqu'où elle courra ou a
couru avant de s'arrêter ? Cela devient de toute
impossibilité dans un bois, où l'on ne peut suivre la bête des yeux : s'est-elle arrêtée dans le
mien ou dans le vôtre, peut-être est-elle morte
à quinze pas dans le mien qui a encore une
demi-lieue d'étendue ; si elle n'est pas morte,
elle est remise, et sera prise par les chiens dans
très peu de temps. Le chasseur qui est chez lui
n'a donc aucune raison d'arrêter ses chiens
quand ils passent à l'endroit où il a tiré la bête ;
au contraire, il les anime, et, s'ils ont perdu la
voie, ce qui arrive assez souvent par suite de
cris et d'appels intempestifs, il cherchera à les
faire reprendre pour touver la bête, et il en a
parfaitement le droit puisqu'il est chez lui. Voilà
donc les chiens lancés dans la voie, il n'est plus
guère possible de les reprendre, la bête est allée
mourir jusque sur le terrain d'autrui, les chiens
y arrivent et l'y trouvent. Y a-t-il délit de chasse ?
Non ; du moment où elle est morte, la bête était
au pouvoir du chasseur, lui appartenait ; il n'y a
plus de chasse, les chiens qui sont dans la voie
d'une bête morte, bien que continuant à donner,

ne chassent plus ; on ne chasse pas une bête morte ; les chiens ne sont plus que des instruments destinés à la faire apercevoir et retrouver [1]. Si, à la différence du chien d'arrêt, le chien courant donne de la voix sur la piste qu'il suit d'une bête morte ou non, c'est la nature qui l'y oblige ; ne donne-t-il pas de la voix aussi, surtout quand il est jeune, sur les pas de son maître qu'il cherche ? Bref, c'est sa manière de suivre une piste. Qui n'a vu les chiens les plus sages, dans leur ardeur, donner encore à pleine gorge à une centaine de pas et plus, de la bête morte qu'ils n'avaient pas aperçue ? Chassent-ils pour autant ?

Il n'y a donc rien à inférer de ce que le chien courant donne de la voix. Lorsque la bête est morte, elle appartient au chasseur, il peut aller la chercher avec un chien d'arrêt sur le terrain d'autrui, chien qui suivra sa piste à la muette : pourquoi ne la pourrait-il aller chercher avec le chien courant qui la suit en donnant de

(1) Un jour après avoir remis un sanglier, je découple, sur ma brisée ; mes chiens empaument mollement : bout de voie après dix minutes. Arrivé au fort, auprès d'eux, je les trouve tirant à qui mieux mieux les soies à une bête morte de la veille. Pareille chose m'est arrivée pour un loup qui avait encore du sang non figé sur la langue. Trois fois je suis allé rechercher et retrouver ainsi des chevreuils abandonnés par des compagnons de chasse qui les avaient tirés la veille devant un chien séparé des autres par un change et n'avaient pas suivi.

la voix ? L'un ne chasse pas plus que l'autre une bête morte que le propriétaire du terrain serait obligé de rendre au chasseur s'il l'empêchait d'entrer ; il ne peut réclamer de dommages-intérêts que pour le préjudice causé par le passage du chasseur et des chiens, mais il n'y a pas de délit de chasse.

36. Y en aurait-il un si la bête n'était pas morte, mais si gravement atteinte qu'elle ne pût plus s'échapper?

La question paraît plus délicate. On ne peut plus chasser une bête morte, mais on chasse encore une bête blessée. La question est toute de fait. S'agit-il, comme nous le disons, d'une bête qui est si gravement atteinte qu'elle ne peut plus échapper au chasseur ; elle se remet à chaque instant sous le nez des chiens ou laisse du sang en assez grande quantité, etc. On a toujours reconnu en France qu'elle appartenait au chasseur qui en avait pris possession du moment de la blessure, en la lui faisant. Elle lui appartient, en effet, puisqu'elle est à sa disposition ; il n'a qu'à la prendre ou la faire prendre par ses chiens.

Jamais la décision donnée par Justinien dans le paragraphe 13 aux Institutes, *De divisione rerum,* n'a été suivie en France, ainsi que je le démontrerai bientôt en faisant les plus amples citations ; je me contente pour le moment de citer Pothier qui, résumant en ce point la doctrine de ceux qui ont écrit avant lui, nous dit, au n° 26 de son *Traité du Domaine*, que l'usage en France, fondé sur les lois les plus anciennes, était que la bête appartenait à celui qui la suivait avec ses chiens. Nous rapporterons ces lois, avec d'autres textes et les décisions des auteurs qui n'exigent pas même que la bête soit blessée, dans le chapitre suivant, en traitant la question de savoir si l'on peut tirer devant les chiens d'autrui. Nous examinons pour le moment une autre question, celle de savoir s'il y a délit de chasse à entrer sur le terrain d'autrui, à la suite d'une bête mortellement blessée. Je dis que non, parce que le chasseur ne fait qu'aller y prendre une bête qui lui appartient, le fait de chasse, la blessure, s'est accomplie surs on terrain. La bête sera plus facile à prendre souvent, que si elle était morte, en se faisant voir quand elle essaiera de se sauver. « Pour que la propriété de » l'animal, dit Proudhon, soit acquise par le fait » de la chasse s'il n'est pas encore sous la main » du chasseur, il faut qu'il soit tellement blessé » qu'il ne puisse plus lui échapper, puisque c'est » par droit d'occupation réelle que se fait cette » espèce d'acquisition. » (*Traité du Domaine privé*, t. I, n° 386). Les auteurs qui ont écrit sur

6

la chasse sont d'accord sur ce point. Giraudeau et
Lelièvre, 1316. Leblond, 226. Sorel, 55, etc.

37. La jurisprudence donne aussi la propriété
du gibier au chasseur qui l'a mortellement blessé.
Je rappelle encore une fois le jugement du tribunal de Melun et l'arrêt de la cour de Paris, dans
l'affaire Peireire contre Forestier qui avait blessé
un faisan suivi et pris vivant à bout de vol par son
chien dans la forêt du demandeur. Le juge de
paix de Bulgnéville l'a décidé ainsi, le 28 mars 1860.
(Sirey-Devill., 63, 1, 237, en note.) C'est ce qui
résulte aussi implicitement d'un arrêt de la Cour
de cassation du 29 avril 1862, rapporté au même
endroit.

« Attendu, que s'il est vrai que le gibier appar-
» tienne au premier occupant, la possession, en
» ce qui le concerne, ne résulte pas de la poursuite
» par le chasseur ou par ses chiens, ni même
» d'une blessure, *si cette blessure est légère et*
» *n'empêche pas le gibier de s'échapper,* etc.
» Attendu, en fait, qu'il est constaté par le juge-
» ment attaqué que le lièvre chassé par le deman-
» deur en cassation, n'avait pas été blessé par les
» coups de feu de celui-ci, ou que du moins il le
» fût assez pour ne pouvoir échapper à la pour-
» suite dudit demandeur..... »

38. Le chasseur qui va s'emparer d'une bête
mortellement blessée ou la fait prendre par ses

chiens, ne chasse plus. Nombre de chiens, surtout les vieux, le sentent si bien, qu'ils ne donnent plus de voix, ne cherchent qu'à gagner la bête de vitesse, à celui qui arrivera le premier pour en avoir sa part sans prévenir les amis : il n'y en a plus, à ce qu'il paraît, à la curée (1).

- (1) Un vieil ami à moi, griffon vendéen, d'assez grande taille, père d'une nombreuse famille, que nous avons élevée dans les bons principes et qu'il a dirigée pendant près de 12 ans, donnait trop fréquemment la solution de la question. Dès qu'une bête était sur ses fins, sa gorge diminuait à mesure qu'il la serrait de plus près et finissait par s'éteindre, au moment où, doublant de vitesse, il s'élançait dessus pour l'abattre. Sous bois je n'étais prévenu souvent de sa prise que par les discussions qui s'élevaient entre le père et les enfants relativement au partage ; discussions dont il s'abstenait toujours galamment avec ses compagnes. Quand il ne s'agissait que d'un lièvre, et qu'il arrivait le premier, il l'emportait comme une alouette, sans rien dire, et allait à une assez grande distance, au plus épais du fourré, le nettoyer, qu'on me permette le mot, car il laissait toujours, avec la tête, la peau étendue, le poil en dessous, très proprement sur le sol. après avoir absorbé le contenu. Je le cherchais et l'appelais vainement en lui donnant les épithètes les plus douces ; il y mettait le temps, emportait au besoin son lièvre un peu plus loin et ne revenait à moi que quand il avait bien fini, très content de lui, au petit trot, le ventre tendu, la tête et la queue oscillantes, ses deux gros yeux tout ronds ouverts et brillants sous l'arc épais de poil qui les recouvrait, les moustaches et le bas des pattes de devant bien teintes en rouge, pattes qu'il appuyait sans façon sur ma poitrine, car tout lui était permis à celui-là, me donnant sous le menton, avec un grognement qui voulait dire : « Je l'ai mangé tout seul, va ! » des coups de langue qui ne me faisaient que trop sentir la vérité. A la qualification mor-

La question de savoir s'il y a délit de chasse de la part de celui dont les chiens entrent sur la propriété d'autrui, à la suite d'une bête qui n'est pas morte, mais qu'ils y prennent quand leur maître est là, car autrement nous retombons dans l'article 11 de la loi de 1844, est donc une question de fait. La bête est-elle prise si près ou en si peu de temps qu'elle était au pouvoir du chasseur, ne pouvait lui échapper ; il en était propriétaire, il ne fait que chercher et prendre ce qui lui appartient. La jurisprudence s'est fixée dans ce sens. Orléans, 24 août 1868. Cass., 23 juillet 1869. Bodart, S. 1870, 1, 94. Le chevreuil

---

tifiante de *vieux drôle* ou quelque chose d'approchant, j'ajoutais l'ordre de me reconduire vers la peau, ce qu'il faisait à l'instant en reprenant ses contre-pas ; je la distribuais aux autres avec la tête. Ce bon vieux serviteur, qui, n'étant plus de pied, chassait seul dans ses derniers temps, est mort au champ d'honneur, en plein jour, fatigué d'une longue chasse, sous la dent d'un loup. Où étaient sa vigueur et ses crochets de quatre ans ! Je n'étais pas là non plus. Sa dernière compagne, la bonne mère de famille qui l'a remplacé à sa tête, lance, suit et abat tout aussi bien le gibier, mais ne l'emporte pas, et, chose assez rare, ne le mange pas, se couche dessus, retrousse ses lèvres à la hauteur des gencives, et distribue des coups de dents fictifs à droite et à gauche, pour prévenir et écarter l'assistance, son maître excepté, bien entendu.

Les jurisconsultes qui ne sont pas chasseurs voudront bien me pardonner cet épisode que, par déférence pour eux, je n'ai pas voulu faire entrer dans le texte de la discussion d'une question dont la solution est donnée par les chiens eux-mêmes.

blessé avait tenu encore trois quarts d'heure. Liège 17 avril 1880, Warocqué *Revue des Eaux et Forêts*, 1880, p. 127.

Ici le cerf blessé, aux abois au milieu des chiens avait été achevé d'un coup de feu.

Tribunal de Verdun, 21 fév. 1879, Fabry, inédit. Le sanglier blessé mortellement était allé tomber dans un fossé à 250 mètres du bord du bois où le tireur n'avait plus le droit de chasse, et avait été achevé par son piqueur.

Dijon, 11 mars 1868. *Drouet*. La Cour de cassation a cassé cet arrêt le 20 août 1868. S. 1869, 1,189. Le sanglier blessé de deux coups de feu s'était acculé au bout de très peu de temps dans un bois dont la chasse n'appartenait plus au tireur; il avait déjà tué un chien et décousu plusieurs autres, quand les chasseurs vinrent l'achever. La Cour de Dijon, le 3 mars 1880, dans une hypothèse semblable, a encore donné gain de cause au maître des chiens, dont douze étaient déjà sur le carreau. *De Chagère*. R. de Dij. La Cour de cassation pour casser le premier arrêt, s'est fondée sur ce qu'il y avait eu fait de chasse dans les coups de feu envoyés par les chasseurs au sanglier, pour l'achever et sauver le reste de leurs chiens.

La jurisprudence admettant que la blessure mortelle rend le chasseur propriétaire de la bête, et l'autorise à s'en emparer sans délit sur le terrain d'autrui ; la première question à décider, était celle de savoir si le sanglier était atteint mortellement lorsqu'il y est entré, question de fait qui n'était pas du ressort de la Cour de cassation. Celle de Dijon ne l'avait pas décidée nettement, en disant que la faible distance parcourue par la bête, avant de s'acculer, devait faire présumer aux chasseurs que sa blessure était mortelle. En la supposant telle, le coup de feu ou de couteau donné au sanglier pour l'achever et mettre ainsi bêtes et gens à l'abri de ses atteintes, constitue-t-il un délit de chasse sur le terrain d'autrui ? l'admettre serait bien dur, il faut en convenir.

Une jurisprudence constante, confirmée par la Cour de cassation, permet de s'emparer sans délit, de l'animal mortellement blessé, suivi par les chiens chez autrui. Qui veut la fin veut les moyens. On ne s'empare pas d'un sanglier dans cet état, comme d'un chevreuil ou d'un lièvre ; c'est précisément le moment où il est le plus dangereux, j'en ai été maintes fois témoin. Il faut être tout-à-fait étranger à la chasse de ces animaux-là, pour l'ignorer. Il y a quelquefois mort d'homme ou blessure grave ; les chiens, et ce sont les meilleurs, sont presque toujours les premières victimes. Il faut donc, si vous donnez au chasseur le droit d'aller sur autrui prendre le gibier mortellement blessé, ne pas le mettre dans l'impossibilité d'user de son droit. Quand il s'agit d'un sanglier, on ne peut s'en emparer avant sa mort. Celui qui l'achève, fait moins un acte de chasse, qu'un acte nécessaire pour réaliser son droit. Il ne demanderait pas mieux que de pouvoir mettre la main sur la bête sans péril pour lui ni ses chiens. Je ne conseillerais pas non plus au chasseur qui aurait blessé un loup, ou même un simple renard, d'aller leur mettre la main dessus, sans qu'ils fussent bien morts.

Mais revenons à notre question de droit. Celui qui achève un sanglier, fait l'acte indispensable à sa prise de possession. D'un autre côté, quand le sanglier fait tête, charge les hommes ou les chiens, n'y a-t-il pas légitime défense ? Or, la légitime défense enlève le caractère délictueux à l'acte qui sans cela amènerait la condamnation de son auteur, à l'homicide lui-même, art. 328 du Code pénal, et elle n'aurait pas d'effet quand il s'agirait d'un animal sauvage, nuisible ! L'art. 454 du même Code innocente le fait d'avoir tiré, dans des circonstances semblables, un animal domestique même chez son maître.

-Enfin la question me paraît textuellement décidée dans l'ordonnance du 20 août 1814, qui autorise les lieutenants de louveterie, après la fermeture de la chasse, pour tenir leurs équipages en haleine, à chasser à courre deux fois par mois dans les bois domaniaux de leur arrondissement. Il leur est expressément défendu de tirer, « le sanglier est excepté de cette disposition dans le cas seulement où il tiendrait aux chiens. » Le délit disparaît quand il s'agit de défendre ses chiens, sans même, comme on le voit, que le sanglier soit blessé, puisqu'il s'agit de chasse à courre, il suffit qu'il fasse tête aux chiens. Aussi ne verrais-je pas encore de délit de la part du chasseur, quand il n'a pas dépendu de lui d'empêcher ses chiens d'entrer à la suite d'un sanglier sur le terrain d'autrui, s'il venait à leur secours chargés par la bête même non blessée et mettait fin au carnage par une balle ou un coup de couteau. Il y a plutôt là fait de défense que fait de chasse. Dans l'espèce de l'arrêt cassé, les chasseurs après avoir dégagé ce qui leur restait de chiens valides en achevant la bête, l'avaient fait assez voir en la transportant immédiatement chez l'adjudicataire des chasses du bois où le drame s'était passé, et sur son refus de le recevoir, en le laissant au maire de la commune pour les pauvres. « De telles décisions, dit un jurisconsulte chasseur, Me Jullemier (*des Procès de chasse*), p. 72, en faisant allusion à l'arrêt de cassation, nous semblent bien sévères et rendent impossible la chasse des grands animaux... refuser le droit d'achever un sanglier aux abois et en lutte avec la meute, c'est ce qu'un vrai chasseur quelque imbu qu'il soit des principes du droit, ne saurait jamais admettre. » La connaissance des principes véritables du droit et de ceux de la chasse, doivent faire repousser une solution qui semble s'écarter des uns et des autres, en ne permettant pas de défendre non seulement la vie de ses chiens, mais la sienne propre (1), dans bien des cas. Contrairement à la Cour de cassation, le tribunal de Nancy a décidé, le 30 avril 1879, qu'il n'y avait pas de délit de la part de celui qui achevait sur le terrain d'autrui, le sanglier mortellement blessé sur le sien. (Fabry c. Salmon).

39. Il en serait de même si l'animal, au lieu d'être mis sur ses fins par une blessure, y avait été amené par une longue chasse ; peu importe le fait qui l'a mis au pouvoir du chasseur qui n'a

(1) Une laie que j'avais traversée de deux balles m'est revenue dessus trois fois et n'est tombée pour ne plus se relever qu'à la cinquième balle. L'année dernière (1882), un énorme solitaire, blessé tout en lançant par mon piqueur, tombe, se relève fait tête aux chiens, j'arrive pour les dégager, une balle envoyée à deux pas fait jaillir le sang des deux côtés ; en un bond l'animal est sur moi, mon second coup part au moment où il vient donner contre le bout de mon canon de fusil qui glisse entre la hure et l'épaule ; la balle entrée en biais par le cou va s'aplatir sur l'os d'un des cuissots traversant la bête dans sa longueur ; les soies sont brûlées l'animal renversé sur son dos par la commotion, cherche encore à se relever, mon piqueur dut lui envoyer une balle dans la hure pour en finir. Notre question ne pouvait s'élever j'avais la chasse des bois dans lesquels je me trouvais.

plus qu'à s'en emparer : ce fait s'est passé sur un terrain où il avait le droit de chasser, toute la question est de savoir si l'animal est en son pouvoir de manière à ce qu'il n'y ait plus qu'à le prendre ou faire prendre ; le chasseur en est dès lors propriétaire, ainsi que l'a très bien décidé le tribunal de Villefranche, le 28 mars 1862....

« Attendu, en outre, qu'il résulte, soit de l'en-
» quête, soit de tous les documents de la cause,
» que le lièvre aurait été non seulement poursuivi,
» mais encore forcé par les chiens de Morel ; que
» la preuve évidente de ce fait résulte de la faci-
» lité et de la promptitude avec lesquelles un
» chien de berger, celui de Duperret, est parvenu
» à le saisir : que dans cette situation, il faut re-
» connaître que ce gibier *ainsi forcé par les chiens*
» *de Morel, étant dans l'impossibilité d'échapper*
» *à ce dernier, était en conséquence tombé en sa*
» *puissance.*» (Morel contre Godard ; Sirey, 1863, 1, 237, à la note. Trib. de Loudun, Chanluau, 13 mai 1881.) Ici, le chevreuil entré sur ses fins sur le terrain d'autrui, y avait été porté bas par les chiens, et le piqueur y avait fait la curée. *R. des E. et F.* 1881, p. 355. Giraudeau et Lelièvre, n° 235. De Neyremand, *Questions sur la chasse*, p. 116.-Leblond, n° 226.

40 Il en serait autrement, et il y aurait délit de chasse de la part du chasseur qui ferait ou laisserait, s'il a pu les empêcher, entrer ses chiens à la suite d'une bête fatiguée ou même blessée, qui se ferait encore ce que l'on peut appeler chasser, tiendrait quelque temps en s'éloignant ou se faisant battre ; question de fait toujours très difficile à juger pour celui qui n'était pas sur les lieux et surtout n'est pas chasseur. Le droit de suite évitait toutes ces questions, il était la conséquence forcée de l'admission de la chasse à courre. Une autre question sera celle de savoir si dans cette dernière hypothèse un tiers aurait le droit de tirer ou prendre la bête devant les chiens d'autrui : elle fera l'objet du chapitre suivant ; pour le moment, nous ne nous occupons que de celle de savoir s'il y a délit de chasse de la part du chasseur qui la suit.

Nous en avons encore d'autres à traiter avant d'y arriver.

41. Le propriétaire du terrain sur lequel la pièce de gibier vient mourir ou se réfugier pour y mourir, si elle est mortellement blessée ou forcée, peut-il empêcher le chasseur qui l'a chassée ou tirée sur celui où il a le droit de chasse, d'entrer pour la prendre ?

Oui, certainement, non pas en vertu de l'article 1er de la loi du 3 mai 1844, puisqu'il ne s'agit pas d'un fait de chasse pour le chasseur qui ne chasse plus, mais en vertu du droit absolu que la propriété donne à tout propriétaire d'user exclusivement de sa chose, aux termes du droit commun, de l'article 554 du Code civil, droit qu'il n'est permis à personne de violer contre sa défense. Il peut s'opposer même au simple passage sans armes d'un chasseur ou de toute autre personne, que ce passage lui soit ou non préjudiciable. Il ne peut y avoir de passage forcé qu'en cas d'enclave, pour aller sur son fonds enclavé ou en sortir, et non pour aller sur les fonds riverains (art. 682 et suiv. du Code civil).

Le chasseur devra donc obtempérer à la défense, s'il ne veut pas s'exposer à une action en dommages-intérêts, et même à une action pénale, si le terrain est ensemencé ou couvert de ses récoltes (V. Code pénal, art. 471, n° 13, et 475, n° 9).

Le propriétaire pourrait même empêcher les chiens d'entrer, ce qui est assez difficile, mais, bien entendu, sans leur faire de mal.

42. L'usufruitier, ayant le droit de jouir de la chose comme le propriétaire lui-même (art. 578 Code civil), pourrait faire la même défense.

43. En serait-il de même du fermier ? Non, le fermier n'a pas, comme l'usufruitier, un démembrement du droit de propriété, il n'a que le droit de percevoir et récolter les fruits, et ne pourrait empêcher le propriétaire de chasser et de faire chasser qui bon lui semble sur son fonds (1). Le propriétaire pourra, à plus forte raison, très bien autoriser un tiers à entrer sur son fonds pour y ramasser son gibier. Si donc le terrain n'est ni ensemencé ni chargé de récoltes, le fermier ne peut, sans l'assentiment du propriétaire, empêcher le chasseur d'y entrer pour prendre son gibier et même pour chasser. Si, au contraire, il y est autorisé par le propriétaire, ce n'est plus comme fermier, mais comme mandataire du propriétaire qu'il représente, qu'il fait la défense ; c'est ce dernier qui la fait par sa bouche, comme il la ferait faire par celle d'un garde. Il en serait autrement si le terrain était ensemencé ou couvert de ses récoltes ; le passage du chasseur porte alors un préjudice direct au fermier, qui a un droit sur ces fruits, il pourrait s'opposer de sa propre autorité au passage, en vertu de son droit de fermier, que ne saurait entraver le propriétaire lui-même (art. 1719, n° 3, Code civil), aurait une action directe en dommages-intérêts contre le chasseur, qui s'exposerait, en outre, à encourir les peines prononcées par les articles 471, n° 13

(1) La jurisprudence est fixée en ce sens. Cass., 8 juillet 1845. S. 45. 1, 774. Grenoble, 19 mars 1846. Trib. de Reims, 25 fév. 1865. Riom, 21 déc. 1864. S. 65. 2, 270. Aix, 1er nov. 1865. Cass., 5 av. 1866. S. 66, 1, 412. *Philip*, Caen, 6 déc. 1871. *Bonhomme*. Gislain, n° 406, de Neyremand, p. 133. Giraudeau et Lelièvre, n° 1321.

et 475, n° 9, du Code pénal. V. les arrêts cités à la note précédente.

44. Le locataire des chasses sur une propriété boisée ou non appartenant à un particulier, a incontestablement le droit d'empêcher qui que ce soit d'y exercer le droit de chasse, qui lui appartient exclusivement, mais il ne peut pas empêcher quelqu'un d'entrer sans chasser ; par conséquent, il ne pourrait s'opposer au passage du chasseur qui viendrait simplement prendre son gibier mort ou blessé à mort, à moins, bien entendu, qu'il n'ait à cet égard mandat spécial du propriétaire qu'il représente alors.

45. J'ai dit le locataire des chasses d'un terrain appartenant à un particulier, car tout le monde peut entrer, passer dans les bois des communes et de l'État, sans chasser ; l'adjudicataire des chasses n'aurait donc pas le droit d'empêcher le chasseur qui ne chasserait plus, d'aller y prendre son gibier.

46. Le garde champêtre, qui ne peut, sans l'assentiment du propriétaire, empêcher de chasser sur son terrain, puisque ce dernier est libre d'y permettre la chasse à qui il veut (art. 1 et 26, loi du 3 mai 1844), ne saurait, à plus forte raison, empêcher d'aller y prendre son gibier.

47. Que décider si le terrain est couvert de ses récoltes ?

La loi de 1790 permettait au ministère public de poursuivre d'office le fait de chasse sur les terrains couverts de leurs récoltes, lors même qu'il s'agissait du propriétaire en personne ou d'autres chassant avec son consentement (art. 1). C'était aller trop loin et méconnaître le droit du propriétaire, qui est libre de faire de sa chose ce qu'il entend, de ne pas récolter même si cela lui convient. Aussi la loi du 3 mai 1844 ne reproduit-elle pas cette disposition et donne au propriétaire le droit de chasser ou faire chasser sur son terrain, sans distinguer s'il est ou non couvert de sa récolte (art. 1). C'est ce qui a été formellement reconnu dans la discussion par les différents rapporteurs de cette loi et par ceux qui l'ont commentée. Seulement, au cas où le fait de chasse a eu lieu sur un terrain dépouillé de ses récoltes, le consentement du propriétaire étant présumé, la poursuite ne peut avoir lieu, de la part du ministère public, que sur la plainte du propriétaire ; ce consentement n'est plus présumé quand le terrain est couvert de ses récoltes ; le ministère public pourra donc poursuivre d'office, sauf à voir la poursuite arrêtée par le consentement du propriétaire (art. 26 de la loi du 3 mai 1844 et les commentateurs, notamment M. Petit, *Traité du droit de chasse*, t. II, n° 451).

Remarquons bien qu'il ne s'agit pas ici d'un délit de chasse, mais d'un simple fait de passage de la part de celui qui va chercher son gibier sans chasser. Nous n'avons donc pas à appliquer l'article 26 de la loi du 3 mai 1844, mais seulement à en tirer un argument consistant à dire que le propriétaire, qui peut autoriser le chasseur à chasser sur son terrain chargé de ses récoltes, peut, à plus forte raison, l'autoriser à y aller chercher son gibier. Le garde champêtre pourra dresser procès-verbal et le chasseur être condamné, en simple police, à une amende de 6 à 10 francs, aux termes de l'article 475, n° 9, du Code pénal, mais la poursuite pourrait, je le répète, par argument de l'article 26 de la loi du 3 mai 1844, être arrêtée par le propriétaire, qui, au cas contraire, aurait droit de réclamer des dommages-intérêts.

48. Ce que je viens de dire du terrain couvert de ses récoltes s'applique au terrain clos et attenant à une habitation, mis exactement sur la même ligne dans l'article 26 précité.

49. Supposons donc que le propriétaire, ainsi que nous venons de lui en reconnaître le droit, empêche ou fasse empêcher par le garde le chasseur de venir prendre son gibier sur son terrain, peut-il se l'approprier ?

Non. En vertu de quel droit le garderait-il? Il

faudrait pour cela qu'il en fût propriétaire. Or, pour devenir propriétaire du gibier, il faut le faire passer de son état de liberté naturelle dans un état tel, qu'il soit au pouvoir de celui qui lui a fait perdre cette liberté. C'est le chasseur qui l'a réduit à cet état, il en a pris possession en le tuant, le blessant ou le fatiguant de telle manière qu'il ne peut plus lui échapper. C'est, nous le savons, ce qui a toujours été reconnu et admis sans conteste. Le chasseur propriétaire peut donc revendiquer sa chose, et le propriétaire du sol est obligé de la lui rendre, comme toute autre chose qui lui appartiendrait ; et, si elle ne peut plus lui être rendue, il lui en paiera la valeur avec dommages-intérêts (article 1142 Code civil). Il faut en dire autant, et à plus forte raison, de tout autre que le propriétaire du sol qui se serait emparé du gibier. L'action dure trente ans (art. 2262).

50. Jusqu'ici, nous avons supposé le fait de chasse qui a mis le gibier au pouvoir du chasseur, accompli sur un terrain où il avait le droit de chasse ; mais nous savons que le fait de chasse sur le fonds d'autrui, bien que constituant un délit, n'empêche pas le chasseur de devenir propriétaire du gibier qu'il y tue, puisque l'occupation qui constitue son droit s'est accomplie à son profit. Le gibier devrait donc encore lui être

rendu, sauf au propriétaire du sol à le faire poursuivre par le ministère public pour le délit de chasse, et à le poursuivre directement lui-même en dommages-intérêts pour le préjudice qu'il lui a causé en venant chasser chez lui, préjudice qui peut comprendre et dépasser la valeur du gibier tué sur son terrain, qu'il aurait pu tuer lui-même ou faire tuer. Giraudeau et Lelièvre, n° 1320 et les auteurs qu'ils citent.

Nous ne reproduirons pas ce que nous avons dit sur la séparation du droit de chasse qui n'appartient pas au chasseur sur le fonds d'autrui, de son droit de propriété sur une chose qui, n'appartenant à personne, est forcément devenue sienne en tombant en son pouvoir. Le lecteur voudra bien se rappeler que cela ne souffre pas de difficulté ni dans la doctrine, ni dans la jurisprudence. Le propriétaire qui dépouillerait le chasseur de son gibier, dit M. Duranton, t. IV, n. 283, commettrait une véritable spoliation et serait condamné à la restitution ; mais je n'admettrais pas, avec cet auteur, qu'il renoncerait ainsi aux dommages-intérêts auxquels il a droit. Il rendra le gibier, demandera des dommages-intérêts. Seulement, s'il ne pouvait plus le rendre, et qu'il fût, par conséquent, condamné à en rendre la valeur, il pourrait y avoir compensation entre les deux sommes réciproquement prétendues, jusqu'à due concurrence, nonobstant l'article 1293, n° 1, du Code civil, qui, selon moi, veut dire précisément que celui qui a injustement dépouillé le propriétaire ne peut pas retenir la chose de ce dernier, en compensation de ce qui lui serait dû ou jusqu'au paiement (1).

51. Le propriétaire pourrait-il être condamné à restituer au chasseur le gibier dont il ne se serait pas emparé, qu'il laisserait exprès sur le terrain, en défendant au chasseur d'entrer, ou à lui en payer la valeur si la restitution n'est plus possible ? Pourquoi pas ? En agissant ainsi, il prive aussi bien le chasseur propriétaire du gibier de l'exercice de son droit, que s'il s'en emparait, et tout propriétaire peut faire valoir son droit. Le propriétaire du sol n'aurait pas plus le droit de garder mon gibier sur son terrain que toute autre chose m'appartenant ; je le revendique, il faut bien me le rendre. Si le vent avait emporté mon chapeau sur votre terrain, vous pourriez m'empêcher d'y entrer pour le prendre : pourriez-vous pour autant vous dispenser de me le rendre en le laissant sur place ?

52. Le propriétaire pourrait-il s'approprier le

____

(1) V. art. 1885 du Code civil et la loi 14, § 2 au Code, _De compensationibus_, IV, 31.

gibier pris au collet ou dans tout autre engin prohibé, sur son terrain?

Oui, sans aucun doute, tant que celui qui l'a tendu ou un autre n'a pas mis la main dessus.

Nous n'avons plus, comme en droit romain (1), où le collet, ainsi que tout autre engin, était permis, à discuter la question de savoir si le fait de la chute de l'animal dans le piège caractérise suffisamment la possession, pour en attribuer dès cet instant la propriété à celui qui l'a tendu.

La chasse au collet étant prohibée chez nous (2), ce mode de prise de possession est illégal et ne saurait servir, aux yeux de la loi qui défend de l'employer, de base à un droit ; elle amène, au contraire, une condamnation pénale, la confiscation et la destruction de ces engins, même pour ceux qui n'en sont trouvés que porteurs ou détenteurs. (V. les articles de la loi de 1844, cités en note.) Il en était déjà ainsi dans notre ancienne France ; les ordonnances de nos rois avaient sévèrement prohibé l'emploi des collets et autres engins, ordonné leur confiscation et prononcé de très fortes peines contre les délinquants (3).

(1) L. 55, Dig., *De acqu. rer. dom.*, XLI, 1.
(2) L. du 3 mai 1844, art. 9 et 12, § 2 et 3.
(3) V. l'ordonnance de 1669, tit. XXX, art. 12. La prohibition était déjà portée, pour toute la France, dans une ordon-

Aussi Pothier, examinant le point qui nous occupe, n'hésite-t-il pas à dire que le tendeur de collets n'a aucun droit sur le gibier qui y est pris, ni aucune action à intenter contre ceux qui s'en seraient emparés. Il ne distingue pas si c'est le propriétaire du terrain ou tout autre (1). En effet, dès que ce mode de prise de possession, réprouvé par la loi, ne donne pas la propriété au tendeur, le gibier qui est pris reste ce qu'il était auparavant, n'appartient encore à personne, et deviendra la propriété du premier qui s'en sera emparé en mettant la main dessus.

Ceux qui se sont, depuis la loi de 1844, occupés de notre question, refusent aussi au tendeur de collets la propriété du gibier qui y est pris. MM. Lavallée et Bertrand, *Vade-Mecum du chasseur*, p. 47, M. Sorel, *Du droit de suite*, etc., n° 53 ; Dalloz, *Répert.*, n. 175, v° *Chasse* ; Giraudeau et Lelièvre, n° 1330.

M. Dalloz, tout en décidant ainsi parce que c'est la doctrine constamment admise, fait l'objection suivante : Personne ne nie que le gibier tué sur la propriété d'autrui, sans le consentement du propriétaire, n'appartienne au chasseur, auquel il doit être rendu ; il l'acquiert cependant

---

nance de janvier 1396, et a été continuellement répétée dans celles qui l'ont suivie.

(1) *Traité du domaine de propriété*, n° 25.

par un délit, et on refuse au tendeur de collets ce droit, parce qu'il a pour base un délit.

La raison de différence me paraît très sensible. La loi de 1844 autorise la chasse à tir et à courre, elle autorise, par conséquent, la prise de possession du gibier par l'un de ces deux moyens qui mèneront *légalement* à la propriété. Lorsque ce mode d'appropriation s'opère sur le terrain d'autrui, sans le consentement du propriétaire, le délit ne consiste pas dans la nature même du mode d'appropriation employé, mais dans la seule absence du consentement du propriétaire à l'entrée du chasseur sur son terrain; ce consentement donné fera disparaître toute trace de délit: il suffit même que le propriétaire ne dise rien pour qu'il n'y ait pas de poursuites, si le terrain n'est pas chargé de récoltes (art. 26). En d'autres termes, c'est dans l'intérêt seul du propriétaire et à son gré, que la loi verra un délit dans le fait du chasseur qui a tiré ou forcé une bête sur son terrain, pour protéger sa propriété s'il le désire ; mais ces modes d'appropriation avec le fusil ou les chiens sont très licites; ce sont même les deux seuls modes légaux reconnus en principe par l'article 9, tandis que le mode d'appropriation avec les collets est par lui-même, par sa nature, repoussé par la loi, constitue à lui seul un premier délit; dans quel intérêt? dans un intérêt général de conservation du gibier, parce qu'il est trop destructif; il y en aura un second, si le collet est tendu sur le terrain d'autrui. Il y aura délit dans son seul emploi, malgré le consentement du propriétaire, délit du propriétaire lui-même qui le tendrait sur son propre terrain (1).

(1) Même dans un enclos attenant à une habitation, ainsi que l'a décidé la Cour de cassation en annulant un arrêt de la cour de Besançon. Il n'est guère possible, en effet, de supposer que la loi de 1844 qui voit un délit dans la simple détention de ces engins, art. 12, permette de les tendre dans un enclos où l'on pourrait très facilement attirer le gibier. L'arrêt est du 26 avril 1845. (Sirey, 45, 1, 389, Baud.) La jurisprudence est aujourd'hui fixée dans ce sens Limoges, 5 mars 1857. S. 57, 2, 282. Brock. trib. de Lyon, 13 déc. 1 58, et 28 nov. 1859. *J. des ch.*, 23e an , p. 210 et 24e au., p. 383. Montpellier, 23 janv. 1867. S. 67, 2, 131. Trib. de Vesoul. 2 av. 1874. *R. des E. et F.* 1874-75, p. 173. Cass. 16 juin, 1866. S. 67, 1, 226. Trib. de Melun, 10 mars 1874. *G. des T.*, 3 av. 1874. Trib. de Montbrison, 10 janv. 1876. *R. des E. et F.*, 1878, p. 162. Aix, 2 mars 1876, *ibid*, p. 353. V. les observations de son savant rédacteur, M. Meaume, et le jugement du Trib. de Vesoul du 30 mars 1867. Giraudeau et Lelièvre, no 846. Leblond, no 47 et les auteurs qu'ils citent. Cass, 7 mars et 1 mai 1868, S. 68, 1, 273.

Dans son arrêt du 7 mars 1868, la cour de cassation fait une distinction entre les engins dont la seule détention est prohibée par l'art. 12, § 3, de la loi du 3 mai 1844 et les appeaux appelants ou chanterelles dont il est seulement défendu de se servir sous les mêmes peines par le § 6, du même article; l'emploi en serait permis dans un terrain clos attenant à l'habitation. S'il y avait une distinction à faire, elle devrait être faite en sens inverse, car les collets filets et engins employés sans appeaux, appelants ou chanterelles ne

Bien plus, la loi de 1844, article 12, n. 3, voit un délit dans le seul fait d'être détenteur chez soi ou porteur de collets hors de son domicile, et

détruiront que le gibier qui se trouvera dans le clos, les collets notamment n'auront aucun effet sur les lièvres qui n'y peuvent pénétrer, tandis que avec une chanterelle, un canton entier sera dépeuplé de perdrix en très peu de temps. J'ai pu constater ce fait de la part d'un particulier qui pendait la cage de sa chanterelle à côté de la fenêtre de sa chambre, depuis laquelle il tirait sur des compagnies entières qui laissaient souvent plusieurs morts sur la place.

Il n'y a pas de distinction à faire. Il n'est pas permis de se servir d'appeaux, appelants ou chanterelles dans un enclos plus qu'ailleurs. Les deux exceptions faites en faveur du propriétaire d'enclos attenant à l'habitation dans l'art. 2 de la loi de 1844, n'ont trait qu'au permis de chasse et au temps d'ouverture et nullement aux modes de chasse. Il suffit, pour s'en convaincre, de lire l'art. 1er qui pose la règle et les annonce et l'art. 2 qui les contient ; elles ne peuvent être prises que dans la règle et leurs limites y sont d'ailleurs parfaitement indiquées. « Nul ne pourra chasser *sauf les exceptions ci-après*, si la chasse n'est pas ouverte et s'il ne lui a pas été délivré de permis de chasse par l'autorité compétente. » Voilà la règle posée dans l'art. 1er. Voici les exceptions ci-après énumérées dans l'art. 2. Le propriétaire peut faire chasser *en tout temps* et *sans permis de chasse*, etc. Par un mot du mode de chasse. Pour le propriétaire, la chasse est toujours ouverte dans son enclos et il y a un permis de chasse perpétuel. Comment peuvent chasser ceux qui sont dans cette position. Ce point est réglé dans l'art. 9. Pour prévenir la trop grande destruction du gibier, les chasses à tir et à courre sont seules permises, même au propriétaire *sur ses propres terres*, sans distinction. Les deux seules exceptions faites aussi sans distinction, comprennent l'emploi du furet et des bourses pour les lapins dont la trop grande multiplication deviendrait nuisible.

applique la même peine que si le collet avait été tendu.

Le collet, que la loi ne permet pas d'employer,

et la chasse des oiseaux de passage autres que la caille dont la réglementation quant aux modes est laissée aux préfets. *Tous autres moyens de chasse sont formellement prohibés.* Arrive maintenant la sanction pénale dans l'article 12. Elle est exactement la même, sans aucune distinction non plus, qu'il y ait un emploi d'engins prohibés, d'appelants, appeaux ou chanterelles. Si on avait voulu faire une exception pour le propriétaire chassant dans l'enclos attenant à son habitation, il était bien facile de le dire, et il ne faut pas se rejeter sur un oubli du législateur qui fait immédiatement cette distinction dans l'article suivant pour le tiers qui y chasserait. Il n'y avait pas à en faire, car la chasse faite dans un enclos avec appeaux appelants ou chanterelles, est tout aussi destructive que celle faite en pleine campagne, puisqu'elle y attire les volatiles de l'extérieur auxquels elle s'adresse particulièrement. Il suffit de lire le rapport fait au nom de la commission de la Chambre des pairs qui fit ajouter, dans notre article 12, la défense de l'emploi des appeaux, appelants ou chanterelles, comme procédé de braconnage aussi destructeur que les engins prohibés et permettant de plus d'attirer le gibier chez soi et de détruire ainsi le gibier dans des contrées entières. *Monit.*, 23 mars 1844.

Qu'importe que l'article 12 n'ait pas dit que les appeaux, appelants ou chanterelles pouvaient, comme les engins prohibés, être saisis chez leur détenteur au moment même où il ne s'en servirait pas ! Vu qu'il est légalement constaté qu'il a chassé avec, il a commis le délit prévu par la loi qui ne distingue pas s'il a eu lieu ou non dans un enclos. Ainsi jugé par la Cour d'Aix, 1 nov. 1867, l'arrêt confirmant le jugement du tribunal de Toulon est suivi des remarquables conclusions de M. l'avocat général Boissard. Sirey. 68,1, 273. Limoges, 24 janv. 1858. D. 59, 2, 146. Orléans, 9 mai 1859. Desjardins, *Revue crit.*, prohibé comme moyen d'appropriation, sera toujours saisi et confisqué ; le fusil ou les chiens de celui qui chasse sur le terrain d'autrui, le seront-ils ? Non, le fusil ne le sera que si le chasseur n'est pas muni d'un permis de chasse ou chasse en temps prohibé ; mais ce n'est pas parce qu'il chasse sur le terrain d'autrui, car il en serait de même s'il chassait sur le sien propre, à moins qu'il ne fût clos et attenant à une habitation ; ce n'est pas non plus parce que le fusil est prohibé, puisque la loi en autorise l'emploi, c'est comme supplément de peine, aggravation qui se comprend par le poids que donne au délit la prohibition absolue de la chasse ou le défaut de permis.

Il n'y a jamais de délit dans le fait de s'être servi d'un fusil ; c'est le temps prohibé, le défaut de permis, la chasse sur le terrain d'autrui qui constituent le délit. Il y a toujours délit dans le seul fait de se servir ou de chercher à se servir du collet pour prendre le gibier, en quelque temps que ce soit et où que ce soit.

L'objection que M. Dalloz laisse sans solution est bien facile à réfuter, et la jurisprudence se justifie parfaitement.

1861, t. XIX, p. 352. Aix, 2 mars 1876, confirmant un jugement du Trib. de Marseille et les judicieuses observations de M. Meaume qui le suivent dans la *Rev. des E. et F.*, 1878-79, p. 353.

La cour de cassation, déjà avant la loi de 1844, avait bien reconnu que le délit de chasse résultant de l'absence du consentement de celui sur le terrain duquel il était accompli, avait quelque chose de particulier. « Attendu, que si Liot a » chassé sur le terrain d'autrui, c'est un délit » *particulier* dont le propriétaire seul avait droit » de se plaindre et d'en demander réparation, et » que le propriétaire ne s'étant pas plaint et » n'ayant manifesté aucune intention de pour- » suivre, il n'y avait pas lieu à condamnation... » (Cass., 12 mars 1808, Sirey, 8, 1, 258.) Quand il s'agit au contraire d'engins prohibés, la poursuite a lieu d'office, même malgré le propriétaire. Un arrêt de la cour d'Amiens, qui avait assimilé les deux cas, fut déféré par le ministère public à la cour suprême qui l'a cassé le 3 novembre 1831. « Attendu, qu'aux termes de » l'article 8 de la loi de 1790, la plainte du pro- » priétaire n'est nécessaire (comme aujourd'hui » encore, d'après la loi du 3 mai 1844, art. 26) » pour fonder la poursuite que lorsque le fait de » chasse a eu lieu en temps permis, et que » c'est à tort que l'arrêt attaqué a assimilé à ce » cas celui où il a été fait emploi de filets ou en- » gins dans le temps même où la chasse n'est » pas ouverte ; en quoi ont été violés les susdits » articles 22 du Code d'instruction criminelle

» et 8 de la loi du 30 avril 1790... casse et an-
» nule l'arrêt de la cour royale d'Amiens du
» 30 juin dernier. » (Sirey, 31, 1, 428. *Joly*.)

53. Ainsi donc, l'emploi des collets étant réprouvé en lui-même comme moyen d'occupation,
par la loi, le gibier qui y est pris n'appartient pas
plus à celui qui l'a tendu qu'à tout autre, quand
même le collet aurait été tendu par le propriétaire sur son propre terrain non clos de manière
à empêcher le gibier de s'échapper ; car, autrement, le gibier enfermé appartient, avant même
d'être pris, au propriétaire de l'enclos. Au cas
contraire, le gibier pris au collet, n'appartenant
encore à personne, deviendra la propriété du
premier qui s'en emparera, car, en s'en emparant, il ne commet pas de délit : le délit consiste
à tendre le collet ; celui qui prend le gibier qui
est dedans ne commet pas plus de délit que
celui qui ramasserait un autre objet n'appartenant encore à personne. Si le tendeur de collet
est puni, ce n'est pas pour avoir mis la main sur
un lièvre qu'il pourrait prendre aussi dans un
collet tendu par un autre, mais pour avoir tendu
le collet, il n'y a pas de délit à mettre la main
sur un lièvre mort, sur une chose qui n'appartient à personne (Rouen, 5 mai 1883, arrêt rapporté dans *la Chasse illustrée*, 1883, p. 212). En
conséquence, le propriétaire du fonds ou le fer-

mier des chasses dans les bois ou autre terrain sur lequel le collet aurait été tendu, n'aurait pas le droit de revendiquer ce gibier, puisqu'il n'en a jamais été propriétaire ; il n'a que le droit de se porter partie civile, de demander des dommages-intérêts au braconnier qui sera, en outre, poursuivi comme délinquant par le ministère public, et puni des peines portées par l'article 12 ; s'il est en état de récidive, par l'article 14 de la loi du 3 mai 1844 (1).

54. Le gibier peut-il être confisqué sur lui ? Oui, sans aucun doute, s'il a été pris quand la chasse n'est pas ouverte, puisqu'il serait confisqué sur tout autre qui en serait porteur, chez les aubergistes ou autres marchands ; mais cette confiscation, prononcée d'une manière générale par l'article 4 de la loi du 3 mai 1844, pour tout gibier, quelle que soit sa provenance, en temps prohibé, ne tient pas à ce qu'il a été pris au collet.

Supposons donc la chasse ouverte ; le gibier

(1) Sorel, n° 53. Lavallée et Bertrand, p. 47 ; Dalloz, rep. v° chasse, n° 175 ; Rogron, p. 25 ; de Neyremand, p. 139 ; Giraudeau et Lelièvre, n° 1330. Celui qui achète sciemment du gibier pris au collet ou dans d'autres engins prohibés est puni comme complice. Paris, 8 fév. 1862. Metz, le 29 déc. 1864. S. 65, 2, 344. Trib. de Vesoul, 27 fév. 1868. Trib. de Nantes, 27 déc. 1866. *J. des chasseurs*, 31e année, 1866, p. 159. Giraudeau et Lelièvre, n° 851.

pris par le tendeur de collet condamné comme tel, sera-t-il confisqué sur lui ? L'affirmative, qui n'a jamais fait doute dans l'ancien droit, serait bien logique et dans l'esprit de la loi, puisque le collet lui-même est confisqué, et que la défense de la vente et du colportage du gibier n'a d'autre but que d'atteindre dans sa racine l'industrie coupable du braconnier. Néanmoins la loi de 1844 ne prononce dans son article 16 que la confiscation des engins ; celle du gibier n'est prononcée par l'article 4 qu'en temps prohibé, et il n'est pas possible d'établir des peines par analogie. C'est la règle constante en matière pénale, c'est aussi ce que décide M. Petit, n° 706. La saisie du gibier admise dans le projet fut retranchée à la chambre des Pairs. Berriat, p. 175.

CHAPITRE IV.

DU DROIT DU CHASSEUR SUR LE GIBIER CHASSÉ PAR SES CHIENS.

Peut-on tirer ou prendre le gibier devant les chiens d'autrui ?

55. Jusqu'ici, nous avons, en nous occupant du droit du chasseur sur le gibier, supposé le gi-

bier tué ou blessé si gravement qu'il n'y avait plus qu'à l'aller prendre. Il appartient au chasseur, du moment où il a reçu le coup qui le met en son pouvoir, qu'il est sous la dent de ses chiens, ou forcé de manière à être pris par eux en très peu de temps. On a été toujours d'accord à cet égard.

56. Nous allons supposer maintenant le gibier non encore blessé ou au moins pas assez gravement pour qu'il soit immédiatement au pouvoir du chasseur qui est à sa suite. Nous discuterons d'abord le principe général, en nous occupant du cas le plus fréquent, celui où le gibier est chassé par des chiens courants : puis nous passerons en revue les différentes autres hypothèses qui peuvent se présenter.

Je formule ainsi la question :

Peut-on tirer ou prendre le gibier devant les chiens d'autrui ?

Question très claire et très simple pour tous les chasseurs qui ne comprennent pas, et avec raison, qu'il soit possible d'y répondre affirmativement : question que le bon sens seul doit faire résoudre en faveur du chasseur, qui a toujours été ainsi résolue par le texte formel de nos anciennes lois françaises, et de celles des pays voisins, par la jurisprudence des parlements, par tous nos anciens auteurs, par usage constant

qui date du jour où la chasse aux chiens courants
a été pour la première fois pratiquée.

Comment donc des jurisconsultes modernes
du plus grand poids ont-ils pu décider le contraire? Il est vrai qu'ils tranchent la question
sans la discuter. Est-ce parce que c'est une question de chasse, qui, à ce titre, ne mérite pas leur
attention, ou parce que, n'étant pas chasseurs,
ils n'ont pu déterminer les effets de la suite
donnée par des chiens courants, au point de
vue de la possession de la bête qu'ils chassent?
Je n'en sais rien. Toujours est-il qu'ils renvoient
pour toute raison au paragraphe 13 des Institutes,
Titre *De divisione rerum et qualitate*, qui n'a jamais été et n'a jamais pu être appliqué en
France, où la question était tranchée par des
textes formels, antérieurs même à la rédaction
des Institutes, et dans une foule d'autres documents dont ils ne font aucune mention.

Dans la jurisprudence moderne, les juges de
paix sont ceux qui ont le plus approfondi et le
mieux résolu la question, très souvent confon-
due par les tribunaux supérieurs avec celle du
droit de chasse ou du droit de suite, qui n'a
rien, nous le savons, à faire avec elle, à coup
sûr au moins, quand le chasseur est sur un terrain où il a le droit de chasse, et par conséquent
le droit de suite ; nous verrons s'il n'en serait pas

de même encore quand il ne serait pas sur son terrain.

Je regarde, je l'ai déjà dit, la question comme très sérieuse ; elle donne lieu à des conflits quotidiens ; le plaisir de la chasse coûte assez cher aujourd'hui, grâce aux cahiers des charges de l'administration sur lesquels j'aurai peut-être à m'expliquer plus tard, et aux entraves de toute nature suscitées aux chasseurs, pour ne pas leur laisser voler impunément le gibier qu'ils ont payé peut-être cent fois sa valeur. C'est encourager le braconnage, donner naissance aux haines et carrière aux mauvaises passions, provoquer des rixes qui ne peuvent avoir que la plus malheureuse issue.

Pour moi, la question ne saurait faire l'ombre d'un doute : non, on ne peut ni tirer ni prendre le gibier devant les chiens d'autrui.

Pour ne pas la compliquer du droit de chasse ou du droit de suite, je vais supposer d'abord le chasseur chassant sur un terrain où il a le droit de chasse : un autre peut-il tirer ou prendre le gibier qui est devant ses chiens courants, blessé ou non, tant qu'ils sont à sa suite ?

57. La raison et le bon sens se révoltent à une pareille idée, que la justice et l'équité réprouvent. Le premier venu pourra donc s'emparer du fruit de mon travail, de ma fatigue, au moment où

j'allais en jouir, et m'empêcher, en arrêtant ma chasse, d'exercer un droit que j'ai payé très cher. Ce droit, en tout cas, m'appartient et m'est accordé par la loi, qui, nécessairement, ne peut pas permettre de m'en priver ni de l'entraver. Autant vaudrait dire que le premier venu peut récolter le champ que j'ai acheté, loué, défriché, labouré et semé. Dira-t-on : Mais le champ vous appartient, vous le possédez, les fruits qu'il porte en font partie et vous les possédez aussi ; tandis que vous ne possédez pas le gibier qui est devant vos chiens. Si, je le possède, tant que mes chiens sont à sa suite, comme je le démontrerai tout à l'heure. Et si le terrain n'appartenait à personne et devait même être abandonné après la récolte, comme dans certaines parties de l'Afrique ou dans d'autres pays habités par des tribus nomades, par celui qui l'a cultivé ou ensemencé, serait-il plus juste qu'un tiers s'emparât de cette récolte ? Le premier champ qui a été ensemencé par un homme ne lui appartenait pas avant qu'il eût mis le pied dessus : en avait-il un droit moins légitime à la récolte ?

Tout à l'heure je discuterai la question en droit ; mais en fait, nier le droit du chasseur sur le gibier qu'il a cherché, découvert, que ses chiens suivent et dont il va s'emparer en le forçant ou l'abattant d'un coup de fusil après beaucoup d'ef-

forts et de fatigue ; permettre au premier venu
de se l'approprier, c'est aller contre une idée de
justice que le sens intime révèle à tout le monde,
à ceux mêmes qui se croient, pour le décider,
obligés d'appliquer au gibier une théorie pro-
fessée par une secte rigoriste de jurisconsultes
romains, qui exigeait pour l'acquisition de la possession la mainmise matérielle sur la chose,
qui n'était pas exigée du tout par les autres jurisconsultes et n'a jamais été exigée en France
dans la question qui nous occupe.

Aussi se hâtent-ils de dire que celui qui
prend ainsi le gibier se rend coupable *d'un
grave manquement aux convenances et politesses
que les chasseurs se doivent* (1), ou qu'ils *n'entendent pas, d'ailleurs, trancher ici une question de
convenance, de bons procédés ou de savoir-vivre,
mais seulement une question de droit* (2) *que ce
procédé est contraire aux usages généralement
suivis en matière de chasse* (3). Oui, certainement, un honnête homme, un homme simplement convenable, ne se rendra jamais coupable
d'un pareil fait. « Si la question, dit Pasquier,

(1) Jugement du tribunal de Charolles rapporté au n° 3.

(2) M. Demolombe, *Traité des successions*, dispositions générales, n° 25.

(3) Jugement du tribunal de Libourne, du 10 juillet 1862. Sirey-Devill., 1863, 1, 238.

» sur le § 13 des Institutes (que l'on donne
» comme seule raison), s'élevait entre gen-
» tilshommes, elle se viderait à coups d'épée. »

Le droit serait donc contraire aux convenances,
à la raison, à la justice ; la loi donnerait gain de
cause à celui dont vous considérez la conduite
comme si répréhensible ! La morale et la justice
doivent ici, comme toujours, servir de base au
droit ; dire le contraire serait faire injure au législateur. Où est-elle donc, cette loi qui permet
de prendre le gibier devant les chiens d'autrui ?
Elle est, répond-on, dans le § 13 aux Institutes,
De divisione rerum. Si elle est quelque part, elle
est là ; accusez Justinien, qui peut être justifié,
parce que de son temps la chasse à courre, qui
met le gibier sous la dépendance du chasseur
tant que ses chiens le suivent, n'était pratiquée
ni à Rome ni à Constantinople, et encore moins
la chasse à tir, qui lui permet de l'arrêter si facilement devant ses chiens ; mais n'accusez pas le
législateur français, qui avait décidé la question en faveur du chasseur avant Justinien,
et qui l'a toujours décidée ainsi, comme nous
le verrons. Mais continuons à raisonner en
fait.

L'injustice du procédé est plus flagrante aujourd'hui que jamais. J'aurai à grands frais loué
les chasses dans les bois de l'État ou des com-

munes, élevé, nourri, acheté, entretenu des chiens, payé un permis de chasse, et quand je voudrai user du droit qui m'appartient exclusivement dans ces bois, les premiers venus, ceux-là mêmes, si vous voulez, qui me les ont fait payer si cher, pourront tuer ou prendre le gibier devant mes chiens? Non seulement je chasserai pour eux, mais je ne pourrai plus chasser pour moi-même, car ils ne manqueront pas d'user du droit que vous leur reconnaissez ; je serai un peu moins que leur piqueur ou leur valet de chiens ; en effet, si un piqueur ou un valet de chiens donne le gibier qu'il prend ou tue à son maître, il a le plaisir de le chasser, de le tuer ou de le prendre, souvent aussi il en mange, et loin d'entretenir la meute, de payer chasses et permis, il est logé, nourri et touche des gages. Peut-on soutenir une pareille théorie?

Parlerai-je des vexations sans nombre et des querelles qu'elle engendrerait? Ceux qui la soutiennent n'ont, à coup sûr, jamais chassé, au moins aux chiens courants, pour leur propre compte. Elle tarirait de plus pour l'État, les communes, les établissements publics et les particuliers qui louent leurs chasses, une branche de revenu dont les amodiations récentes attestent l'accroissement. Qui voudrait louer des chasses avec une pareille perspective? Et notez bien [que cette théorie ne s'appuyant et ne pouvant s'appuyer que sur cette unique raison-ci : Tant que l'animal n'est pas sous la main du chasseur, il ne le possède pas, n'a, par conséquent. sur lui aucun droit, il appartient au premier occupant ; un tiers pourrait le tirer ou le prendre, même sur le terrain appartenant ou loué au chasseur, sauf le procès-verbal pour délit de chasse, qui suppose que le braconnier peut être toujours pris sur le coup, et que le garde se trouve là ; mais il n'en serait pas moins propriétaire du gibier que le chasseur ne pourrait réclamer, ni sa valeur.

Un procès-verbal ne pourrait, du reste, être fait à celui qui aurait aussi le droit de chasse dans le bois ou sur le terrain où il tire ; par exemple, sur un terrain dont le propriétaire ne loue pas la chasse et ne la défend pas, comme dans nos provinces de l'Est, où le morcellement de la propriété et le bon esprit des propriétaires qui chassent eux-mêmes sur le territoire de la commune, font laisser la chasse libre en plaine, à de très rares exceptions près. Celui qui voudra ainsi se donner le plaisir de la chasse aux chiens courants, sans aucune dépense, crainte, travail, ni fatigue, et, de plus, empêcher le localaire des chasses d'user de son droit, n'aura qu'à se tenir sur la lisière du bois, ou même, si on admet la jurisprudence du tribunal de Charolles, qu'à se placer sur les chemins qui le traversent, chemins publics dont l'usage est commun à tous et particulier aux lièvres, et attendre tranquillement. Les *passages* des animaux chassés dans telle direction sont d'ordinaire très connus : il n'aura qu'à s'asseoir pendant que le chasseur se donnera une peine énorme pour lui trouver et lui lancer du gibier ; la musique des chiens l'empêchera de trouver le temps long, en frappant agréablement son oreille, lui permettra de suivre sans fatigue toutes les péripéties de la chasse et sa direction ; et, comme il est en tête, il se trouvera toujours placé pour tirer, aura le plaisir de tuer, emportera tranquillement la bête à la barbe du chasseur, qui arrivera essoufflé, fatigué, après un travail très long, derrière ses chiens, qu'il a, en bon chasseur, continuellement suivis, fait reprendre et maintenus dans la voie. Ceux-ci, arrivant sur leur bête, qu'ils ont bien menée, qu'ils allaient prendre, qu'ils ne quittent pas morte ou vive, recevront comme récompense et encouragement des coups de pied ou de crosse de fusil ; le maître, des injures pour le moins, s'il fait la moindre réflexion. Et il y aurait une loi qui non seulement tolérerait, mais approuverait et encouragerait une pareille conduite ? Je suis bien sûr, comme je le disais, que ceux qui aujourd'hui, car cela ne s'est jamais vu dans l'ancienne France, donnent gain de cause au braconnier, n'ont jamais joué le rôle du chasseur ; ils auraient bien vite, en fait, donné un démenti à leurs principes de droit. Il n'y a pas de patience qui puisse y tenir ; j'en appelle à tous ceux qui s'y sont trouvés. Un pareil système, outre son immoralité, ou plutôt à cause de son immoralité flagrante, aurait pour effet certain d'amener le chasseur à se rendre lui-même une justice que lui refuseraient les tribunaux. Le braconnier ne l'attend pas d'ordinaire, et donne, par sa fuite, un démenti au prétendu droit qui existerait en sa faveur.

Voilà des considérations de fait qui, à elles seules, suffiraient pour le repousser. La loi de 1844 suppose la chasse à courre possible, puisqu'elle ne permet plus que celle-là et la chasse à tir ; elle ne le serait plus, si une pareille jurisprudence s'établissait, la chasse à tir aux chiens courants serait tout aussi impossible.

58. Raisonnons maintenant en droit et faisons d'abord abstraction des lois et de leurs interprètes, qui nous donnent, comme nous le verrons, gain de cause.

Le chasseur qui a employé son temps, sa peine, à chercher, mettre sur pied, lancer et suivre avec ses chiens une bête qu'ils pressent, qu'ils vont prendre, s'il n'aime mieux la tuer devant eux,

ce que ceux qui chassent correctement ne doivent pas faire quand la chasse va bien et qu'ils
veulent faire de bons chiens, n'a-t-il pas plus de
droit sur cette bête, quelle que soit la nature du
droit que vous lui reconnaîtrez, que celui qui ne
la chasse pas et se trouve par hasard ou autrement
sur son passage? Le nier serait nier l'évidence.

S'il ne la tue ou ne la prend pas, ce n'est qu'au
moment où ses chiens, qu'il n'aura pu faire reprendre, l'abandonneront et qu'il l'abandonnera
lui-même, que son droit cessera. Obligée jusque-là de fuir devant les chiens qui suivent sa
voie à grands cris et à fond de train, la bête ne
reprend qu'à ce moment sa liberté naturelle,
rentre dans l'état où elle était avant d'être chassée. Jusque-là, le chasseur a un droit qui doit
être respecté. Quelle est la nature de ce droit ?
C'est un droit de possession qui lui confère même
un droit conditionnel de propriété tant qu'il est à
sa suite. Nous verrons nos anciennes lois et nos
jurisconsultes déclarer nettement que la bête
lui appartient tant que ses chiens la suivent, qu'il
les accompagne ou non. Mais laissons pour le
moment les textes et leurs commentateurs, raisonnons en droit pur. Je dis que du moment où
ses chiens ont lancé la bête, et tant qu'ils sont à
sa suite, leur maître en a la possession. Nous verrons s'il ne faut pas la faire commencer même du

moment où ils la rapprochent ; supposons-la lancée. On objecte à cela que nous ne possédons que les choses que nous avons en notre pouvoir ; or, tant que le chasseur n'a pas mis matériellement la main sur la bête, ou au moins tant qu'elle n'est pas tuée, elle n'est pas en son pouvoir : donc il n'en a pas la possession.

A cela deux réponses : 1° la prise de possession d'un objet inanimé, d'une pierre, par exemple, peut s'opérer par un fait unique, la mainmise matérielle de la part de celui qui la ramasse ; mais la prise de possession d'un animal sauvage se compose nécessairement de faits complexes et commence avec le premier de ces faits ; 2° la bête suivie par des chiens *courants*, est *réellement* au pouvoir du chasseur dès qu'ils la suivent et tant qu'ils la suivent. Je vais démontrer ces deux propositions.

Quand il s'agit d'une chose inanimée, la prise de possession s'opère ordinairement au moyen d'un fait unique, sans trait de temps, s'exécute *uno momento*. Je m'en empare en mettant la main dessus et l'enlevant ; c'est ainsi que je prendrai possession de l'eau que je puiserai à la rivière, de la pierre ou du coquillage que je ramasserai sur ses bords. Mais il est possible que la prise de possession, même d'une chose inanimée, ne puisse s'opérer qu'au moyen de plusieurs faits successifs qui demandent l'emploi d'un certain laps de temps. Ainsi, ces pierres, coquillages ou autres objets que nous supposions tout à l'heure sur les bords de la rivière ou de la mer, sont au fond de l'eau ; il faut exécuter un travail pour s'en emparer, et l'emploi de certains instruments est nécessaire ; il faut une barque, un bateau, un filet, une drague, un crochet, des cordes, une cloche à plongeur ou tout autre ustensile. Je suis sur le lieu où je vais opérer avec ma barque, mon bateau ; j'ai commencé mon travail, je suis en train de retirer l'objet que j'ai aperçu ou dont je soupçonne la présence au fond de l'eau, il est enveloppé par mes filets, accroché après un autre instrument : n'ai-je pas commencé à en prendre possession ? Il peut encore m'échapper ; un autre pourrait-il venir profiter de mon travail pour s'en emparer, bien que je n'aie pas encore mis la main dessus ? Certainement non. Tant que je ne l'aurai pas abandonné, que je continuerai mon travail pour le ramener à la surface ou sur le terrain, mon droit doit être respecté. Le tiers ne serait pas bien venu à dire : vous n'avez pas encore mis la main sur cet objet, qui peut vous échapper, retomber à l'eau, être entraîné par le courant, etc. ; pas plus qu'il ne serait autorisé, sous le même prétexte, à venir prendre le poisson qui est entouré par le filet du pêcheur qui le tire à bord.

La prise de possession d'un animal sauvage ne peut aussi s'opérer qu'au moyen d'actes successifs et complexes. On ne s'empare pas d'un lièvre, même au gîte, comme d'une pierre, en allant mettre la main dessus : il a des jambes, et de bonnes, dont il faut d'abord paralyser le mouvement. La loi de 1844, dans son article 9, ne nous laisse plus que deux moyens d'arriver à ce résultat : le fusil dans la chasse à tir faite avec ou sans chiens (nous connaissons déjà les droits du chasseur sur le gibier qu'il a tué ou blessé), et les chiens courants dans la chasse à courre. Le rôle des chiens courants, qui s'accomplit par la puissance de leur odorat, de leurs poumons et de leurs jambes, consiste à trouver, mettre sur pied, suivre partout et à grands cris, la bête qu'ils finissent après un temps plus ou moins long, à réduire de fatigue et à prendre. Le chasseur peut l'arrêter aussi devant eux d'un coup de fusil. La possession du chasseur, dans la chasse aux chiens courants, se compose donc forcément d'actes successifs qui durent tout le temps que ses chiens suivent. Exiger la mainmise immédiate et matérielle, c'est exiger l'impossible, nier l'existence de la chasse à courre contre le texte formel de l'article 9 de la loi du 3 mai 1844.

Je vais plus loin, et je dis que la possession, dans le sens rigoureux du mot (*posse*, mise au pouvoir), commence réellement sur la bête, pour le chasseur aux chiens courants, avec la suite qu'ils lui donnent, et dure autant qu'elle, quand même elle leur échapperait. Elle est, en effet, au pouvoir du chasseur au moyen de ses chiens, qui, tant qu'ils sont dans la voie, la font, bon gré mal gré, marcher devant eux grand train, et la prendront infailliblement si elle s'arrête, forcée ou non. Si, au contraire, ils perdent la voie, ne peuvent plus la reprendre (je ne parle pas d'un défaut qui n'interrompt pas la chasse, mais d'une mise bas qui met fin à la suite), le chasseur ne l'a plus en son pouvoir, elle lui échappe, il en perd la possession, son droit cesse.

J'ajoute que, tant que la suite donnée par les chiens courants dure, et dès qu'elle commence, la première condition, pour que la bête puisse appartenir au premier occupant, condition exigée par le droit romain, sur lequel nos adversaires se fondent, manque : l'animal n'est plus dans sa liberté naturelle. Peut-on dire qu'une bête qui est menée à grands cris et à fond de train, par des chiens qui vont l'étrangler et la dévorer si elle s'arrête, est dans sa liberté naturelle ?

Aussi Justinien, en tranchant très mal, comme nous le verrons du reste, la question de propriété du chasseur, dans le § 13 aux Institutes, *De divisione rerum*, n'avait-il pas en vue la chasse à courre, que les Romains ne pratiquaient pas, et suppose-t-il que c'est le chasseur lui-même qui poursuit la bête qu'il a blessée.

Objectera-t-on qu'il est possible que la bête s'arrête et ne se laisse pas prendre par les chiens qui n'ont pas quitté sa voie ? C'est un sanglier qui fait tête, éventre ou découd tous les chiens ; il peut en faire autant au chasseur. C'est alors le sanglier qui a en son pouvoir le chasseur et les chiens qu'il a éventrés. La réponse est bien simple : S'il n'y a plus de chasseur, plus de chiens, il n'y a plus de chasse, puisque tout le monde est sur le carreau, partant plus de droit ; le sanglier est libre et parfaitement maître de sa personne et même de celle de ses agresseurs. Mais, tant qu'il restera un chasseur, blessé ou non, avec un couteau de chasse ou une balle pour le servir, un chien, décousu ou non, qui donnera au ferme pour le guider, le chasseur continuera d'avoir son droit sur le sanglier, il ne s'agira plus que de savoir lequel des deux restera sur place. C'est, à d'assez rares exceptions près, le sanglier, qui, ordinairement, à moins d'être sur ses fins ou gravement blessé, fuit à la seule approche du chasseur, si les chiens ne le tiennent pas.

59. Ainsi donc, je considère le droit du chasseur aux chiens courants, tant que ses chiens sont à la suite du gibier qu'ils ont lancé, comme un

droit de possession qui engendre un droit de propriété soumis à la condition de la prise de l'animal. Or le droit de possession et le droit conditionnel de propriété sont garantis par le droit commun, par le droit civil, à tous ceux au profit desquels ils existent, et leur violation donne ouverture à des actions tendant à obtenir la restitution de la chose qui en fait l'objet, ou sa valeur quand la restitution n'est plus possible de la part de celui qui s'en est indûment emparé.

Voyons maintenant comment la question a été résolue par les jurisconsultes et les législateurs.

60. Je prends d'abord les auteurs qui ont écrit sur le droit naturel, abstraction faite des textes législatifs. Grotius, qui n'a pas agi ainsi (1), se borne, sans discuter la question, à renvoyer au texte des Institutes, § 13, *De divisione rerum*, où Justinien la décide en exigeant que le chasseur ait mis la main sur la bête, sans supposer, bien entendu, de chasse à courre.

Pufendorf, après avoir rapporté la controverse qui s'était élevée entre les jurisconsultes romains,

(1) Grotius, *De jure belli ac pacis*, lib. II, cap. viii, n° 3. La première édition de ce livre a été donnée en 1625. Nous verrons plus loin la question décidée clairement pour les Pays-Bas, patrie de Grotius, par les chartes de 1613, données avant l'époque où il écrivait.

une décision de l'empereur Frédéric Barberousse,
une loi des Lombards que nous examinerons à
notre tour, dans leur ordre historique, finit par
dire : « Pour moi, il me semble qu'on peut éta-
» blir ici pour règle générale que si l'on a blessé
» mortellement ou considérablement harassé une
» bête, personne n'a rien à y prétendre tant
» qu'on est après à la poursuivre, pourvu que ce
» soit dans un lieu où l'on a le droit de chasser ;
» mais si la plaie n'est pas mortelle et que la bête
» n'en fuie guère moins bien, cette bête demeure
» au premier occupant. » Sur quoi son traduc-
teur et son annotateur, Barbeyrac, fait la remarque suivante : « Cette distinction n'est point
» nécessaire, l'auteur raisonne toujours sur une
» fausse idée de la nature de la prise de posses-
» sion. La vérité est que, jusqu'à ce qu'on ne
» poursuive plus la bête, et qu'on l'abandonne
» ainsi au premier occupant, elle est à nous,
» autant qu'elle peut l'être, en sorte que per-
» sonne ne saurait légitimement y prétendre (1). »
Cela est particulièrement vrai pour la chasse
aux chiens courants, où la prise de possession
commence avec la suite donnée à la bête blessée

---

(1) Le *Droit de la nature et des gens*, par Pufendorf, traduit par
Barbeyrac, Basle, 1771, liv. IV, ch. vi. § 10.

La première édition du *Systema juris naturæ et gentium* est
de 1672.

ou non. Aussi Gundling, raisonnant de même dans l'hypothèse d'une bête blessée et sans la supposer suivie par des chiens courants, pose-t-il les vrais principes de la prise de possession sur le gibier. Je le traduis. Il signale d'abord les dissidences qui s'étaient élevées entre les juris-consultes romains sur ce point. Les uns exigeaient que le chasseur eût mis matériellement la main sur la bête, quelque grave que fût la blessure ; d'autres disaient qu'elle appartenait à celui qui l'avait blessée, tant qu'il la poursuivait, solution qu'il adopte sans balancer. « Il est né-
» cessaire que la prise d'une bête commence par
» un acte ; le premier est la blessure, à laquelle
» se joint la poursuite que personne ne peut em-
» pêcher sans aller contre le droit et la raison,
» ainsi que je l'ai expliqué tout au long dans une
» dissertation écrite en allemand, insérée dans
» les *Gundlingiana*, part. xxxı, obs. 1. Le juris-
» consulte Gaius, qui, pour la donner au pre-
» mier occupant, se fonde sur ce qu'il est pos-
» sible que je ne la prenne pas, donne une
» raison qui mérite à peine d'être réfutée ; c'est
» argumenter du hasard qui la fait passer à
» portée d'un tiers. Il suffit que je poursuive la
» bête, que je ne me désiste pas de l'occupation
» qui a commencé pour moi et que je continue
» ainsi, pour que ce tiers ne puisse précisément

» m'empêcher de la réaliser complètement par
» l'appréhension corporelle, en mettant lui-même
» la main sur le gibier (1). »

Voilà pour ceux qui ont écrit sur le droit naturel.

61. Arrivons maintenant au droit positif. Et d'abord, voyons le droit romain invoqué pour toute raison par nos adversaires.

Les jurisconsultes romains ne s'étaient pas posé la question de savoir si un tiers pouvait prendre la bête suivie par les chiens courants d'un autre, dans une chasse qui consiste à la forcer et la met ainsi, au moyen des chiens qui la suivent, au pouvoir du chasseur. Il n'est jamais fait mention, dans les lois romaines, de la chasse à courre, qui est l'objet principal de toutes celles qui en France ont été rendues sur la chasse ; les Romains ne la pratiquaient pas, comme nous le verrons. L'eussent-ils pratiquée d'ailleurs, que l'absence des armes à feu, au moyen desquelles il est si facile aujourd'hui au premier venu de s'emparer du gibier chassé par un autre, quelle que soit la rapidité de sa course, aurait rendu la question très rare dans l'application ; comment s'emparer d'une bête qui détale à toute vitesse

____

(1) Gundling, *Jus naturæ et gentium*, c. xx, § 14. Genevæ, 1751, in-12.

devant des chiens! Si elle était arrêtée par les chiens ou par la mort, elle eût été dès ce moment complètement au pouvoir du chasseur. Il en eût été de même si, sans être morte ni tenue par les chiens, elle ne pouvait plus se relever.

Il s'agit, dans la question qui fait l'objet du texte invoqué, d'une bête blessée de manière à ce que l'auteur de la blessure, qui la suit *lui-même*, puisse espérer la prendre.

Voici le texte :

« *Illud quæsitum est, an fera bestia quæ ita* » *vulnerata sit ut capi possit, statim nostra intel-* » *ligitur* (1). On s'est demandé si une bête sau- » vage, blessée de manière à pouvoir être prise, » appartenait à celui qui l'avait blessée. »

Quelle était la réponse faite par les jurisconsultes romains ?

Il y en avait trois, bien que Justinien n'en mentionne que deux dans le § 13 aux Institutes, *De divisione rerum*. Théophile, l'un des rédacteurs de ce recueil, nous a fait connaître la troisième, que nous mettrons la première, parce qu'elle est la plus radicale, et s'éloigne le plus de celle donnée en dernier lieu par Justinien.

Dans cette première opinion, la bête apparte-

____

(1) L. 5, § 1, Dig., *De adq. rer. dom.*, XLI, 1, et § 13. Inst., *De div. rer.*, qui en est tiré.

nait à celui qui l'avait blessée, non seulement
tant qu'il continuait, mais encore après qu'il avait
cessé sa poursuite (1).

La seconde, qui était celle d'une des deux grandes sectes des jurisconsultes romains, des proculiens, donnait aussi la propriété au chasseur du
moment de la blessure, mais la faisait cesser avec
la poursuite de l'animal. Celui qui s'en serait
emparé pendant sa durée aurait commis un vol ;
en la cessant, le chasseur était considéré comme
abandonnant la bête et le droit qu'il avait dessus. Elle est enseignée par Trebatius, l'un des
chefs de cette école : « *Trebatio placuit statim*
» *nostram esse, et eo usque nostram videri donec*
» *eam persequamur ; quod si desierimus eam*
» *persequi, desinere nostram esse et rursus fieri*
» *occupantis. Itaque si per hoc tempus quo eam*
» *persequimur, alius eam ceperit eo animo, ut*
» *ipse lucrifaceret, furtum videri nobis eum com-*
» *misisse.* »

« Trebatius a décidé que la bête nous appar-
» tenait du moment où elle était blessée et de-
» vait être considérée comme nous appartenant
» tant que nous la poursuivions ; que si nous
» cessions de la poursuivre, elle cessait de nous
» appartenir, et rentrait de nouveau dans le do-

(1) Théophile, Paraphrase sur le § 13. Inst., *De div. rer.*

» maine du premier occupant. De sorte que si,
» pendant que nous la poursuivons, un tiers s'en
» emparait dans l'intention de se l'approprier, il
» serait considéré comme ayant commis un vol à
» notre préjudice (1). »

L'autre école des jurisconsultes, les Sabiniens,
ne donnait la propriété au chasseur qu'autant
qu'il avait mis la main sur la bête, parce que,
disaient-ils, beaucoup d'accidents peuvent l'empêcher de s'en emparer. *Plerique,* dit Gaius, l'un
d'eux, *non aliter putaverunt eam nostram esse,
quam si eam ceperimus : quia multa accidere possunt ut eam non capiamus* (2).

Tel était l'état de la question, qui resta soumise à ces diverses solutions depuis l'époque où
ces sectes se formèrent, c'est-à-dire depuis Auguste, dont le règne commence avant notre ère,
jusqu'à Justinien, qui la trancha dans le dernier
sens, plus de cinq siècles après, dans le § 13 aux
Institutes, *De divisione rerum*, invoqué aujour-
d'hui. Il n'en donne pas d'autre raison que celle
déjà donnée avant lui : « parce que beaucoup
» d'accidents peuvent empêcher le chasseur de
» prendre la bête. » *Sed posteriorem sententiam
nos confirmamus, quia multa accidere possunt ut*

____

(1) L. 5, § 1, Dig., *De adq. rer. dom.* Remarquons le droit
conditionnel de propriété reconnu tant que la poursuite dure.
(2) *Ibid.*

eam non capias. Quels sont donc ces accidents si nombreux qui peuvent empêcher le chasseur de prendre la bête qu'il a assez gravement blessée pour pouvoir mettre la main dessus ? Voici la réponse que nous donne Théophile lui-même, l'un des rédacteurs du paragraphe en question, chargé d'en développer le sens comme professeur : « C'est cette opinion que notre empereur a con-
» firmée par la raison que, dans l'intervalle, mille
» circonstances peuvent nous empêcher de pren-
» dre l'animal. Et, en effet, peut-être serai-je
» arrêté *par une bête féroce* que je rencontrerai
» sur mon passage ; peut-être encore m'enlèvera-
» t-elle l'animal que j'ai blessé ; peut-être, enfin,
» pour échapper à ma poursuite, l'animal que
» j'ai blessé est-il tombé dans des lieux inaccessi-
» bles où je ne puis aller le chercher. »

Ces mille circonstances se réduisent donc à deux assez peu pratiques, il faut en convenir, du temps de Justinien lui-même, et pour les-quelles Théophile a dû faire d'assez grands frais d'imagination. Les bêtes ne sont plus féroces en France depuis longtemps, et nous devons renon-cer absolument au genre de décès prévu par Théophile. Le gibier n'est plus assez rusé non plus pour jouer pièce au chasseur, en s'assom-mant exprès dans des précipices inaccessibles. Lorsqu'il est assez blessé pour que le chasseur

puisse le prendre lui-même, comme le supposent
les Instrtutes, celui-ci, s'il n'a pas de chien, le
ramasse et le met tout bonnement dans son carnier, s'il peut y entrer. S'il se sauve encore, le
jeune chasseur lui court après, le rejoint bientôt,
et casse assez souvent sa crosse de fusil avec laquelle il cherche à l'achever. Les vieux chasseurs,
qui appellent cela *faire un jambon*, l'étendent
tranquillement du second coup, s'il a encore assez de vie pour les faire courir, et, s'ils n'ont plus
rien dans leur arme, la rechargent, et cela est
bien vite fait, même en marchant, surtout avec
les fusils à système. Le plus mauvais chien,
quand la bête est ainsi blessée, évitera toutes ces
peines, et en quelques bonds aura la dent dessus.

Si maintenant nous rentrons dans la question
que nous examinons, c'est-à-dire si la bête ainsi
blessée est suivie par des chiens courants, elle
sera portée bas à l'instant. C'est le cas pour le
chasseur de trouver ses jambes ; car les chiens
courants ne rapportant que dans leur ventre,
s'ils sont un peu nombreux, une à deux minutes
suffisent pour qu'il ne reste plus trace d'un
lièvre. Il ne faut pas se donner la peine de courir
quand ils le tiennent à plus d'une portée de fusil ;
c'est temps perdu, à coup sûr, quand ils sont au
fort. La curée, d'ailleurs, fait les bons chiens,
surtout quand ils se la font eux-mêmes.

L'examen que nous venons de faire de l'opinion patronnée par Justinien, suffirait donc pour la faire rejeter, quand même il ne s'agirait pas d'une bête suivie par des chiens courants, mais par le chasseur seul, comme il le suppose. Et cependant, c'est sur ce texte unique que l'on se fonde aujourd'hui pour exiger que le chasseur ait mis la main sur le gibier pour y avoir un droit quelconque, et permettre par conséquent au premier venu de le tirer et de le prendre, fût-ce devant des chiens courants, blessé ou non, enfin, sans distinction aucune (1).

(1) M. Duranton, t. IV, n° 278. MM. Aubry et Rau, 3e édit., § 201, t. II, p. 212. M. Demolombe, *Traité des successions*, dispositions générales, t. I, n° 25.

Proudhon accorde au chasseur le droit de propriété sur l'animal blessé, lorsqu'il l'est assez gravement pour ne pouvoir lui échapper. *Traité du domaine privé*, t. I, n° 386. M. Dalloz se range à son avis. Ce système paraît avoir prévalu en dernier lieu devant la Cour de cassation. Un arrêt du 29 avril 1862 rejette le pourvoi formé contre un jugement du tribunal de Libourne, en exigeant la blessure mortelle, pour que le gibier ne puisse être pris au chasseur, bien qu'il soit suivi par des chiens courants. V. Dalloz, *Répert.*, v° *Chasse*, n° 173 ; Sirey 1863, 1, 238 (Cooper contre Rouchon). *V. sup.* n°s 36 et 37.

Le tribunal de Libourne avait réformé un jugement dans lequel le juge de paix de Coutras, comme beaucoup de ses collègues, avait admis que le fait seul de suite des chiens courants, tant qu'il durait, établissait un droit d'appropriation légale au profit du chasseur, que la bête fût ou non blessée.

62. Je n'amènerai pas mes lecteurs à l'école en discutant la question de savoir, en droit romain pur, si les jurisconsultes qui décidaient que le chasseur poursuivant la bête qu'il avait blessée n'en devenait propriétaire que par l'appréhension, ne lui donnaient pas néanmoins, à défaut de la revendication et de l'action de vol contre celui qui s'en serait emparé, une action en dommages-intérêts *(in factum)* que l'on pourrait parfaitement appuyer sur la loi 55, au Digeste, *De acqui-rendo rerum dominio.* J'admets qu'il n'en avait pas ; mais il ne faut pas oublier que le droit romain ne fait plus loi pour nous et ne peut être invoqué, ainsi qu'on le répète tous les jours, que comme *raison* écrite. Or, si c'est à ce titre qu'il doit être pris aujourd'hui pour guide, pourquoi donc suivre l'opinion des sabiniens adoptée par Justinien qui, menant, selon ceux mêmes qui l'enseignent, à une grave inconvenance, est par conséquent contraire à la raison, car ce qui est inconvenant n'est pas raisonnable, plutôt que celle des proculiens, qui est d'accord avec les convenances et la raison ? Elle fait aussi partie du droit romain, de la loi 5, au Digeste, *De acq. rerum dom.* Ils se condamnent donc eux-mêmes en y

V. dans le même sens, M. Sorel, *Du droit de suite,* etc., nᵒˢ 56 et suiv. Giraudeau et Lelièvre, nᵒ 1339.

prenant une opinion qu'ils déclarent n'être conforme ni aux convenances, ni aux bons procédés, ni aux usages reconnus entre chasseurs, plutôt que celle qui y est conforme.

Il n'y a rien à chercher ni à prendre dans le droit romain, pas plus comme raison écrite qu'autrement, pour la décision de la question de savoir si l'on peut tirer ou prendre le gibier, blessé ou non, suivi par les chiens courants d'un autre.

1° Parce que les Romains ne pratiquaient pas la chasse à courre telle que nous l'entendons, chasse française par excellence, qui met au pouvoir du chasseur la bête que ses chiens suivent et forcent, au moyen de cette seule suite, sans emploi d'autres moyens (1). Le fusil, qui rendrait cette chasse impraticable si on permet de s'en servir devant les chiens d'autrui, leur était aussi inconnu.

2° Parce qu'il est impossible que le droit romain soit appliqué en France sur ce point, attendu, et ceci dispenserait de tout autre argument, que la question y était prévue et décidée formellement en termes on ne peut plus clairs, par des lois rédigées avant les Institutes et les

(1) Ce point n'a pas échappé à La Vallée, dans la belle introduction historique mise en tête de son livre sur la chasse à courre en France.

Pandectes ; lois qui n'étaient que la fixation par l'écriture de coutumes déjà séculaires, reproduites plus tard dans d'autres lois qui n'ont jamais cessé d'être observées, non seulement en France, mais dans tous les pays voisins où la chasse à courre, la chasse française, s'est introduite, ainsi que l'attestent tous les commentateurs des recueils de Justinien, qui n'ont d'ailleurs été connus en France que sept siècles après la promulgation de la première des lois dont nous parlons ; lois qui n'ont été, que je sache, abrogées sur ce point par aucune autre.

3° Parce que, enfin, quand nous n'aurions aucun texte, une jurisprudence et un usage de quinze siècles conformes aux convenances, à la justice et à la raison, ont force de loi et doivent être respectés par le juge.

Reprenons chacune de ces propositions, que nous allons développer en détail.

63. Le texte des Instituts sur lequel on fonde uniquement l'opinion qui permet de tirer ou de prendre devant les chiens courants d'autrui la bête qu'ils suivent, blessée ou non, ne peut être invoqué, pas plus que celui des Pandectes duquel il est tiré, parce que les Romains ne pratiquaient pas la chasse à courre comme nous l'entendons, c'est-à-dire de manière à s'emparer au moyen des seuls chiens que leur race spéciale,

la qualité de leur odorat, la vigueur de leurs poumons et de leurs jambes portent à s'élancer à fond de train et à grands cris dans sa voie, d'une bête qu'ils suivent partout, sans la voir, des journées entières s'il le faut, et même par la nuit la plus noire, jusqu'à ce qu'ils ne l'aient forcée et abattue.

Cette chasse met véritablement, comme je l'ai dit, la bête au pouvoir du chasseur au moyen de ses chiens tant qu'ils la suivent ; car si elle s'arrête elle sera infailliblement prise. Elle n'est évidemment plus dans sa liberté naturelle qu'elle ne reprend que lorsque les chiens perdent sa voie, l'abandonnent ; le droit du chasseur cesse alors avec la suite. Les Romains n'ont donc pas pu se prononcer sur la question qui nous occupe, puisqu'ils ne pratiquaient pas cette chasse tant aimée de nos pères, chasse toute française dans laquelle ils n'avaient pas, au dire d'Éginard (1), et nous n'avons pas encore d'égaux.

Je n'ai pas à faire, pour démontrer ma proposition, un traité de la chasse chez les Romains inférieurs en ce point aux Grecs, mais surtout aux peuples qui habitaient les Gaules. Ce serait, pour les véritables chasseurs, un livre intéres-

____

(1) *Vix ulla in terris est natio quæ in hac arte Francis possit æquiparari.*

sant que je leur offrirai peut-être plus tard. Ceux qui voudront, pour le moment, prendre une idée de la chasse et des chiens chez les Romains, peuvent lire le premier appendice que j'ai mis à la fin de ce volume, pour ne pas couper la discussion. Qu'il me suffise de dire ici, qu'après avoir compulsé dans les sources tous les documents anciens que j'ai pu me procurer, émanés tant des jurisconsultes que des auteurs étrangers au droit, il en résulte pour moi que les Romains ne pratiquaient pas la chasse à courre, assez difficile du reste sous un climat comme celui de l'Italie (1).

Ils ne connaissaient pas non plus le moyen si prompt et si facile de s'emparer de toute bête chassée par un autre, et de rendre la chasse impossible à qui que ce soit en tirant devant ses chiens. Comment s'emparer sans fusil d'une bête non blessée, menée par des chiens courants, à moins qu'elle ne soit sous leur dent, cas auquel, d'après les principes du droit romain même, elle aurait appartenu au chasseur qui l'avait en son pouvoir ? Aussi, la question que nous examinons n'y était-elle pas prévue.

____

(1) J'entends la chasse à courre avec des chiens courants et non avec des lévriers ou autres chiens qui ne chassent qu'à vue et perdent vite.

Ces seules raisons devraient faire repousser l'application d'un texte qui n'est pas fait du tout pour le cas qui nous occupe, puisqu'il suppose le chasseur poursuivant lui-même la bête qu'il a blessée, dont il cherche à s'emparer, *donec eam persequaris*.

Et, quand même ce texte aurait directement prévu le cas qui nous occupe, il n'a jamais pu être et n'a jamais été appliqué en France ni dans les pays voisins, pas même en Italie, ainsi que nous allons le voir.

C'est ma seconde proposition.

Je dis donc, que jamais le paragraphe des Institutes sur lequel on veut fonder le droit de tirer ou de s'emparer de la bête chassée par les chiens d'autrui, n'a pu être appliqué en France : parce que, bien avant la rédaction des Institutes, la question, qui n'y avait jamais fait de doute, était tranchée par les lois du pays, observées constamment depuis sept siècles et renouvelées plusieurs fois, quand les Institutes et les autres recueils des lois de Justinien y furent connus ; parce que, d'un autre côté, même après qu'ils y furent connus, ils ne furent jamais appliqués à la question, qui continua toujours à être tranchée en faveur du chasseur, par des lois postérieures, par une jurisprudence et un usage constants, attestés par tous les jurisconsultes qui s'en sont occupés.

Les plus légères notions d'histoire du droit suffisent pour démontrer que jamais la solution de Justinien, ni même celle donnée par Gaius dans les Pandectes, n'ont pu être appliquées en France.

63. Les Institutes et les Pandectes furent rédigées en Orient, à Constantinople, et publiées à la fin de l'année 533 de notre ère ; elles n'ont donc pu être portées dans les Gaules au moment de la conquête que César en fit plus de cinq siècles auparavant. Les seuls fragments du droit romain qui y avaient pénétré, longtemps encore après la conquête, contenus dans le Code Théodosien, le bréviaire d'Alaric, etc., ne disaient absolument rien de la question qui nous occupe.

Lorsque Justinien fit rédiger ses recueils, les Romains n'étaient plus, depuis un assez long temps déjà, maîtres des Gaules, dont ils avaient été chassés par les peuplades venues du Nord, qui y avaient apporté leurs coutumes, rédigées plus tard par écrit et appliquées sur le territoire arraché pour toujours à la domination romaine. Quelques-unes de ces lois, connues dans l'histoire du droit sous le nom de *leges barbarorum*, loi salique, loi des Bourguignons, loi des Ripuaires, etc., etc., sont antérieures aux Institutes et aussi riches en documents sur la chasse que les recueils de Justinien en sont pauvres. Toutes les espèces de chiens dont on se servait alors y sont mentionnées, et, en tête, ceux auxquels nos pères attachaient le plus de prix, les chiens courants. La chasse à courre, la première, la seule noble pour eux, y est l'objet de dispositions nombreuses ; nous la retrouvons dans toutes les ordonnances rendues sur la chasse par nos rois, qui ne permettent à peu près que celle-là, et dans la loi de 1844, qui y ajoute la chasse à tir. Les collets, filets et tous les autres engins, en usage chez les Romains, sont sévèrement défendus dans l'ancienne France. Notre question est la première prévue et très clairement décidée, sans ambages ni arguties. Le gibier appartient au chasseur tant qu'il est devant ses chiens, nul ne peut y toucher, celui qui le prendrait serait non seulement tenu de le rendre, mais condamné de plus, comme voleur, à payer au chasseur une assez forte somme à titre de peine.

Reprenons la chaîne historique des documents législatifs qui se rapportent à notre question. Nous verrons qu'elle n'a pas été interrompue, depuis Clovis au moins, jusqu'à nos jours.

LOI SALIQUE.

64. Les Francs Saliens, établis dans le nord des Gaules depuis l'an 287, établissement con-

firmé par l'empereur Julien en 358, étendent sous Clovis, leur roi depuis 481, leur domination d'abord jusqu'à la Loire (488), ensuite jusqu'aux Pyrénées (507).

L'époque précise de la première rédaction de la loi salique qui les régissait n'est pas connue, mais il résulte de l'épilogue et du prologue de cette loi qu'elle fut rédigée avant la conversion de Clovis au christianisme, puisqu'il y est dit qu'après sa conversion elle fut soumise à une revision (1). Cette rédaction, qui n'est du reste, comme il est dit au même endroit, que la mise en écrit de coutumes très anciennement observées, se place donc avant 496, époque de cette conversion, c'est-à-dire 37 ans au moins avant la rédaction des Instituts et des Pandectes, qui ne fut terminée qu'en 533. Les Francs, chasseurs par excellence, méprisant les filets et autres engins, ne pouvaient manquer de réglementer la matière. La loi salique contient donc un titre des chasses, *De venationibus*. C'est le titre xxxvi de la rédaction de Clovis *(Pactus legis salicæ)*. Notre question y est tout naturellement prévue et très clairement décidée. Il ne s'agit plus de bête blessée, de théo-

(1) *At ubi, deo favente, Clodoeus comatus et pulcher et inclytus rex Francorum primus recepit catholicum baptismum, quidquid minus in pacto (legis salicæ) habebatur idoneum,* etc. On voit que c'est déjà une seconde rédaction.

ries plus ou moins subtiles sur la possession, mais d'une bête lancée par des chiens courants. Tant qu'elle est devant eux, elle appartient à leur maître, celui qui la prend commet un vol et est puni en conséquence.

Si quis cervum lassum quem alterius canes moverunt et adlassaverunt, involaverit, aut celaverit, DC den., qui faciunt sol. XV, culpabilis judicetur. (Pactus legis salicæ, tit. XXXVI, § 5.)

« Si quelqu'un a volé ou recélé le cerf que les » chiens d'un autre ont lancé et fatigué, qu'il soit » condamné a 600 deniers, qui font 15 sols. »

Si quis aprum quem alieni canes moverunt et adlassaverunt, occiderit vel furaverit, DC den., qui faciunt sol. XV, culpabilis judicetur. (Ibid., § 6.)

« Si quelqu'un a tué ou volé le sanglier que » les chiens d'un autre ont lancé et fatigué, » qu'il soit condamné à 600 deniers, qui font » 15 sols. »

Telle était la loi appliquée non seulement dans la France actuelle, mais dans la Belgique et une partie de l'Allemagne.

La loi salique fut successivement augmentée par Clovis et ses successeurs, jusqu'à Louis le Débonnaire. Charlemagne la soumit à une nouvelle revision générale et la publia de nouveau, ainsi revisée, à son avènement au trône (768). Des

manuscrits de la loi salique donnent à cette revision la date de 778.

Nous y retrouvons notre question très clairement encore décidée en ces termes :

*Si quis cervum, quem alterius canes move-
runt aut lassaverunt, occiderit et celaverit, DC
den., qui faciunt sol. XV, culp. jud. (Lex salica
a Car. M. emend., tit. xxxv, § 4.)*

« Si quelqu'un a tué et caché le cerf que les
» chiens d'un autre ont lancé ou fatigué, qu'il
» soit condamné à 600 deniers, qui font 15 sols. »

*Si quis aprum lassum, quem alieni canes
moverunt, occiderit vel furaverit, DC den., qui
faciunt sol. XV, culp. jud. (Ibid., § 5).*

« Si quelqu'un a tué ou volé le sanglier lancé
» par les chiens d'un autre, qu'il soit condamné
» à 600 deniers, qui font 15 sols. »

Celui qui avait enlevé un oiseau pris dans un
piège tendu par un autre était condamné à
120 deniers, qui faisaient trois sols (Tit. vii, *De
furtis avium*, § dernier.)

Il n'est jamais question dans la loi salique de
rets, collets, etc., pour les grands animaux. On
ne pratique en France que la chasse à force de
chiens ou au vol, excepté pour les petits oiseaux.

65. En Italie, nous retrouvons dans les lois des
conquérants les anciennes chasses des Romains
vaincus ; mais leurs décisions très raisonnables

sont le contrepied de celles de Justinien. Je prends la loi des Lombards, *lex Longobardorum* : c'est aussi une seconde rédaction de leurs anciennes coutumes faite sous le règne de Rotharis, en 643 ; il la date de son palais de Pavie (1).

On distinguait si celui qui avait tué, pris ou trouvé morte une bête chassée, blessée par un autre, ou prise dans des filets, toiles, collets, avait agi dans un bon sentiment, sans vouloir se l'approprier, mais pour la donner au chasseur auquel il l'offrait ; il avait droit, dans ce cas, à l'épaule droite avec sept côtes ; si au contraire il la cachait, il était condamné à six sols au profit du chasseur :

« *Si quis feram ab alio vulneratam, aut in taliola tentam aut a canibus circumdatam invenerit, aut forsitan mortuam, aut ipse occiderit et salvaverit, et bono animo manifestaverit, liceat de ipsa fera tollere dextrum armum, cum septem costis.* » (*Rotharis leges*, § cccxvii, l. I, tit. xxii, § 4.)

Si quis feram ab alio plagatam aut forsitan mortuam invenerit et celaverit, componat solidos VI illi qui eam plagavit. (Ibid., § cccxviii, l. I, tit. 22, § 5.)

« Si quelqu'un a trouvé une bête blessée par

---

(1) V. le prologue et Paul Diacre, IV, 44.

» un autre, prise dans un piège ou entourée par
» les chiens, ou peut-être morte, ou l'a tuée lui-
» même et sauvée (empêché qu'elle ne fût per-
« due), s'il a manifesté une bonne intention,
» qu'il lui soit permis d'enlever de la bête l'é-
» paule droite avec sept côtes. »

« Si quelqu'un a trouvé une bête prise dans un
» piège tendu par un autre, ou morte et l'a
» cachée, qu'il donne 6 sols à celui qui a tendu
» le piège. »

Cette loi avait une disposition bien éloignée
de celle des Institutes et bien raisonnable à l'endroit de la bête blessée. Elle appartenait au chasseur qui la suivait même sans chiens, et, comme
il se pouvait qu'il ne pût la prendre dans la
journée même et fût obligé de remettre au lendemain la continuation de sa poursuite, elle était
considérée comme lui appartenant encore pendant vingt-quatre heures à partir du moment
où il l'avait quittée; disposition bien équitable
et qui recevrait aujourd'hui une fréquente et
bien juste application, pour les sangliers surtout.

« *Si cervus aut quælibet fera ab aliquo homine*
sagittata fuerit, tam diu illius esse intelligatur
qui eam sagittaverit, aut vulneraverit, usque ad
aliam talem horam diei aut noctis, quæ sunt
horæ XXIV, *quando eam postposuerit et se ab ea*

tornaverit : nam qui eam post transactas horas præedictas invenerit, non sit culpabilis, sed sibi habeat ipsam feram. (Ibid., § cccxix, l. I, tit. 22, § 6.)

« Si un cerf ou toute autre bête sauvage a reçu
» une flèche ou a été blessée par quelqu'un, qu'elle
» soit considérée comme lui appartenant jusqu'à
» pareille heure du jour ou de la nuit suivante,
» ce qui fait vingt-quatre heures à partir du mo-
» ment où il l'a quittée et s'en est retourné. Que
» celui qui l'aura trouvée après l'heure susdite
» ne soit pas coupable, mais prenne pour lui la
» bête. »

Il faut voir avec quel soin le vol des chiens ou autres animaux employés à la chasse est réprimé dans les lois de nos pères. Toutes les espèces de chiens dont ils se servaient y sont passées en revue et tarifées selon leur mérite, les chiens courants toujours en tête. Je donne un aperçu de la chasse et des chiens chez les Francs dans le second appendice à la fin du volume. On y retrouvera notre manière actuelle de chasser à courre sans aucun changement.

Voilà donc la question parfaitement tranchée par nos lois nationales ; elles ne font que consacrer un usage constant qui n'a jamais cessé d'être observé. La question n'a jamais été décidée autrement en France, même après l'introduction des recueils de Justinien, ainsi que tous leurs interprètes ont soin de nous en prévenir. Elle fut du reste, après cette introduction, décidée toujours dans le même sens, par d'autres lois et par une jurisprudence invariable, attestée par les arrêts des parlements et par tous les jurisconsultes français qui ont écrit sur la matière.

Il était défendu aussi bien au propriétaire du terrain sur lequel se trouvait la bête blessée ou non, chassée par des chiens courants, fût-il haut-justicier, qu'à tout autre, de s'en emparer, puisqu'elle appartenait au chasseur qui en avait la possession tant que les chiens la suivaient, et qu'une chose qui nous appartient ne peut cesser de nous appartenir pour être sur un terrain qui n'est pas le nôtre.

Comme je tiens à prouver jusqu'à la dernière évidence la proposition que j'avance, parce qu'elle est contraire à la décision que les jurisconsultes donnent généralement aujourd'hui de la question qui nous occupe, le lecteur me pardonnera les nombreuses citations que je vais faire *in extenso*, tant pour lui éviter de longues et difficiles recherches, que pour établir d'une manière incontestable le droit du chasseur. Je suivrai le fil historique que je reprends à l'introduction en France des recueils de Justinien.

66. C'est au XIIe siècle ou tout au plus sur la fin du XIe que les Pandectes et les Institutes commencèrent à être connues et divulguées en France. Les jurisconsultes de l'école de Bologne, les glossateurs, les commentèrent les premiers. La glose avait une telle autorité sur les juges, qu'elle l'emportait sur le texte même de la loi. Que nous disent les glossateurs sur notre question? Ils nous disent, on ne peut plus clairement, que la décision de Justinien n'est point suivie, que la solution contraire est toujours appliquée. Voici cette glose sur la loi 5, § 1, au Digeste, *De acquirendo rerum dominio*, qui contient, comme nous savons, les deux opinions : celle de Trebatius qui est la nôtre, et celle de Gaius adoptée par Justinien. « *Sed de consuetudine Trebatii sen-* » *tentia servatur*. Mais dans l'usage, on suit l'opi- » nion de Trebatius. » Voilà comme on jugeait au temps des glossateurs qui citent la loi des Lombards, mise plus haut sous les yeux du lecteur ; nous savons qu'elle décidait même que la bête appartient encore pendant vingt-quatre heures au chasseur qui l'a quittée.

67. Après les glossateurs arrivent les Bartholistes, du nom de Barthole leur chef, dont l'autorité était si grande que ses contemporains lui décernèrent l'épithète de *lucernà juris*, flambeau du droit. Barthole et ses disciples dominèrent en maîtres au barreau et à l'école pendant près de deux siècles (1339 à 1518).

Il commence, sur la loi 5, § 1, Dig., *De acq. rer. dom.*, à citer la loi des Lombards et ajoute simplement : « *A liud de jure isto, aliud de jure illo,* » *sed de consuetudine approbatur opinio Trebatii.* » Il en est autrement dans notre droit que dans » le droit romain, l'opinion de Trebatius est passée dans l'usage. » De même Alciat (*Parerga,* l. XI, cap. 2.)

Au XVIe siècle, l'étude du droit romain fut portée en France à un degré qui n'a pas été dépassé. Il serait trop long de rapporter ici les passages des romanistes de cette époque ; je me contenterai de citer Godefroy qui résume leurs doctrines dans les célèbres notes qui ont fait des très nombreuses éditions données jusqu'à la fin du siècle dernier, de son *Corpus juris,* le livre usuel, le manuel du droit romain pour la pratique. Il constate que les princes et les jurisconsultes postérieurs aux Romains et à Justinien ont beaucoup mieux traité la question, et cite une loi de Frédéric Barberousse qui la décide très judicieusement, ainsi que la loi des Lombards.

« *Trebatii sententia, fera vulnerata fit ejus qui* » *vulneravit ; Gaii sententia, occupantis, hac* » *lege. Sed aliter Fridericus distinguit apud Ra-* » *devicum,* I, c. 26, *De gestis Friderici. Si quis,*

» *inquit, cum canibus venatoriis, sive molossis,*
» *feram invenerit, et persecutus fuerit, ut ei po-*
» *tius quam occupanti cedat ; si cum canibus*
» *leporariis, sive laconicis, ut occupanti cedat; si*
» *lancea vel gladio vulneraverit, aut occiderit*
» *nondum ceperit ut ejus fit non occupantis ; si*
» *telo, balista aut arcu emisso occiderit, ut æque*
» *ejus sit, non occupantis, eo usque tamen donec*
» *eam persequatur, quod et lex 6 Cod. Longo-*
» *bard. admittit. Ita constat posteriores juriscon-*
» *sultos et imperatores diligentius quædam trac-*
» *tasse quam priores : mediis sententiis quibusdam,*
» *et novis distinctionibus introductis.* » (Gothofre-
dus, *Nota ad leg. 5, § 1, Dig., De acq. rer. dom.*)

« La bête blessée appartient à celui qui l'a
» blessée, suivant Trebatius ; au premier occu-
» pant, selon Gaius, dans cette loi. Mais Frédéric,
» d'après ce que Radevic a écrit de son règne, l. Ier,
» ch. xxvi, décide autrement la question par les
» distinctions suivantes. Si quelqu'un, dit-il, a
» trouvé et suit une bête avec des chiens cou-
» rants ou des chiens de force, qu'elle lui ap-
» partienne plutôt qu'au premier occupant ; si
» c'est avec des lévriers, ou des chiens laco-
» niens, qu'elle appartienne au premier occu-
» pant. S'il l'a blessée ou tuée avec la lance ou
» le glaive, l'épieu, l'arbalète ou l'arc, qu'elle lui
» appartienne, et non à celui qui s'en emparera,

» au moins tant qu'il sera à sa poursuite, ce que
» la loi des Lombards décide aussi.

» Il est ainsi constant, ajoute Godefroy, que
» les princes et jurisconsultes qui ont suivi les
» Romains, ont beaucoup mieux traité la ques-
» tion en y introduisant des distinctions. »

68. Celles de Frédéric Barberousse sont en
effet très judicieuses : il s'occupe en premier lieu
de la bête qui n'est pas blessée, mais seulement
suivie par des chiens. S'agit-il de chiens courants
ou de chiens de force destinés à l'abattre, elle
appartient, tant qu'ils la suivent, au chasseur.
S'agit-il, au contraire, de lévriers, dont quelques-
uns venaient de Grèce (*laconicis*, de Laconie,
province de Grèce déjà citée par les anciens pour
la rapidité de ses chiens), comme ils ne chassent
qu'à vue, perdent le lièvre dès qu'ils ne l'aperçoivent plus, et ne le tiennent plus au pouvoir
de leur maître comme les chiens courants, avant
de l'avoir pris, il appartiendra au premier occupant. Si une bête est blessée ou tuée avec ou sans
chiens, elle appartient au chasseur tant qu'il la
poursuit. Frédéric Barberousse vivait de 1121 à
1190. N'oublions pas que son vaste empire comprenait des provinces de notre France, la Franche-
Comté entre autres.

Voilà donc, au XII° siècle, encore une loi formelle qui consacre de nouveau les principes po-

sés par les lois antérieures appliquées dans l'empire de Charlemagne, en France, en Belgique, en Allemagne, en Italie, principes qui n'ont jamais cessé d'y être suivis, comme nous allons le voir.

Restons en France pour le moment. Le chasseur y est propriétaire du gibier chassé par ses chiens tant qu'ils le suivent non seulement sur le terrain où il a le droit de chasse, mais sur celui d'autrui, fût-ce même celui du roi. Non seulement le propriétaire ne peut le lui prendre, mais ne peut l'empêcher de l'y suivre.

69. Pour le XIIIe siècle, nous avons un document précieux conservé par Choppin et Automne qui le rapportent dans son entier. C'est un arrêt du parlement de Paris, rendu à la Pentecôte de l'année 1290, qui condamne le maire et les jurats de la ville de Crespy-en-Laonnais à rendre au sieur de Coucy un cerf chassé par lui, que les habitants de Crespy avaient pris sur leur territoire. En voici la teneur :

« *Inter dominum Couciaci ex una parte et ma-*
» *jorem et juratos villæ de Crispeio in Lauduno*
» *ex altera, controversia mota super eo, quod*
» *idem dominus petebat, sibi restitui quemdam*
» *cervum captum prope Crispeium per homines*
» *dictæ villæ, ratione quia dicebat venatores*
» *suos dictum cervum sufficienter persecutos fuisse:*

— 173 —

» *auditis rationibus et confessionibus hinc inde,*
» *pronunciatum fuit per curiæ nostræ judicium,*
» *dictum dominum Couciaci dictam persecutio-*
» *nem dicti cervi sufficienter probasse, et dictos*
» *majorem et juratos teneri ad restitutionem dicti*
» *cervi dicto domino faciendam. (In parlamento,*
» *Pentecostes anni 1290.) (1).*

  « Entre le sire de Coucy, d'une part, le maire
» et les jurats de la ville de Crespy-en-Laonnais,
» de l'autre, au procès mû sur ce que ledit sei-
» gneur demandait la restitution d'un cerf pris
» près de Crespy, par des habitants de ladite
» ville, par la raison que les chasseurs avaient
» donné suite suffisante audit cerf. Parties ouïes
» en leurs raisons et aveux, fut rendu par la
» Cour arrêt reconnaissant que ledit seigneur
» de Coucy avait suffisamment prouvé la suite
» donnée audit cerf, et condamnant lesdits maire
» et jurats à le lui restituer. »

  70. Au XIVᵉ siècle et au commencement du
XVᵉ, nous avons le témoignage de Bouteiller,
conseiller au parlement de Paris, qui écrivait le
livre le meilleur et le plus complet sur la pratique
de son temps, *le grand Coustumier de practique,*

----

(1) Automne, *La Conférence du droit français avec le
droit romain* sur la loi 5, § 1, Dig., *De acq. rer. dom.;* Choppin, *De moribus, Andium,* l. Iᵉʳ, cap. xxii, *in fine* ; M. Sorel,
Droit de suite, no 5.

aultrement appelé Somme rurale. Après avoir dit, en suivant les Institutes, que les bêtes sauvages appartiennent à celui qui les prend, même sur le fonds d'autrui, il fait exception pour les bêtes chassées par un autre, dont personne ne peut s'emparer, même le propriétaire du fonds.

« Mais toutefois, aucuns font différence de
» lever sa proye sur sa terre et la chasser jus-
» ques sur l'autre à veue d'ueil, à celuy appar-
» tient pour rayson de sa suyte, et ainsi le veu-
» lent les coustumiers de présent. » Le para-
graphe est intitulé : *De chasser proye sur terre d'autrui;* c'est le sixième du titre XXXVI, livre Ier.

Bouteiller atteste le droit de son temps, con-traire, ainsi qu'il le remarque, au droit romain, sans connaître la loi salique et autres qui établis-saient en loi ce qu'il dit être observé par la tra-dition et reconnu par les coutumiers, c'est-à-dire par ceux qui écrivaient sur les coutumes de France ou les appliquaient de son temps.

71. Arrive la rédaction par écrit de ces cou-tumes, et nous allons trouver au XVe siècle, dans l'une des premières rédigées, notre question dé-cidée conformément à l'usage général antérieu-rement suivi. La bête qui est devant les chiens appartient à leur maître tant qu'ils sont à sa suite, ne peut être prise par personne, pas même par le seigneur sur la terre duquel elle passerait et sur

laquelle le chasseur a le droit de la suivre. Si elle y est prise par les chiens sans que le chasseur soit là, elle doit être gardée vingt-quatre heures pour lui être rendue ; quand il est noble, il ne doit rien au seigneur ; s'il ne l'est pas, il lui doit le morceau d'honneur.

Voici le texte de la coutume de Franche-Comté, rédigée en 1459 :

« *La beste meute* (1) *de la chasse d'aucun ayant droit et pouvoir de faire chasser, se peut poursuivir en autre justice ou seigneurie, et s'elle y est prinse et abattuë, elle doit estre renduë au premier de qui la chasse est meute, s'elle est poursuivie par les chasseurs ou par les chiens, dedans vingt-quatre heures après qu'elle sera abbattuë, et doit estre gardée la ditte beste sans desmembrer les dittes vingt-quatre heures durant.*

Des bestes chassées par communes gens (2) *en aucune seigneurie, où ils auront congé et privilége de ce faire, qui seront prinses et abbattuës en autre seigneurie, sera baillé au seigneur de la haute justice du lieu où elle sera abbattuë le droit*

______

(1) De *mo'a*, lancée.

(2) Dans beaucoup de provinces, le droit de chasse avait été accordé aux bourgeois de certaines villes. Il appartenait, en Franche-Comté, d'après les anciennes ordonnances, à ceux de Gray, Salins, Ornans, Arbois, Poligny, Vesoul, Pontarlier, Besançon et Dôle. Le seigneur pouvait donner la permission à ses vassaux (art. 2, lit. XIX de la Cout.).

et treu (1) *accoustumé, si la dite chasse n'est faite par seigneur ou noble homme qui soit en icelle chasse en personne, ou aucun de ses serviteurs de son hostel, et sera porté le dit droit au dit seigneur s'il est au lieu ou à ses officiers.* » (*Coutume du comté de Bourgogne,* titre XIX, art. 1 et 3.)

Voilà donc encore notre question résolue par un texte de loi qui n'a été, que je sache, abrogé par aucun autre jusqu'à ce jour. Il ne faudrait pas croire que l'usage consacré par la coutume fût particulier à la Franche-Comté ; c'était celui de la France et même des pays voisins, ainsi que nous en préviennent, non seulement les commentateurs de cette coutume, mais tous ceux qui ont écrit sur la question, même les auteurs de livres de chasse étrangers au droit. Consultons d'abord ceux qui ont écrit sur les articles que nous venons de citer.

Boguet, le premier d'entre eux (2), après avoir rapporté les décisions de Gaius et de Trebatius, données dans la loi 5, § 1, Dig., *De acq. rer. do-minio,* dit que la coutume de Franche-Comté a décidé que la bête appartenait à celui qui la sui-

______

(1) Treu, tribut, de *tributum.* Ce droit consistait dans l'offre du pied, de la tête de l'animal, quelquefois d'un autre morceau, suivant l'usage du lieu (voir Boguet sur cet article).

(2) *In consuetudines generales comitatus Burgundiæ observationes.* Vesontione, editio nova, 1725. 1 vol. in-4°.

vait, d'après l'usage très ancien mentionné déjà par Accurse ; puis il ajoute : « *Rursus quod eodem § dicitur licere feram persequi in alterius territorium et juridictionem, id jure communi videtur consentaneum.* — « De même pour ce qu'il est dit
» dans cet article que le chasseur peut suivre la
» bête sur un autre territoire, dans une autre
» justice, cela n'est que conforme au droit com-
» mun. »

L'équité de l'opinion de Trebatius nous la fait admettre, dit Dunod (*Observations sur la coutume de Franche-Comté*, p. 69). Ce droit commun nous est attesté aussi par Chasseneux, qui écrivait sous Louis XII, par conséquent avant 1515, sur la coutume du duché de Bourgogne qui n'avait pas de dispositions sur la chasse, et sur le droit français en général, ainsi qu'il nous en prévient dans son titre et sa préface :

« *In feris vulneratis quas vulnerans sequitur, servat consuetudo dictum Trebatii in leg. naturalem 5, De adq. rer. dom. Si tamen in aliena justicia capiant, debentur caput et pedes domino justiciæ ; idem etiam servant in feris non vulneratis, dummodo sint canes alicujus eam persequentes, quia tunc si alius eam capiat, potest agi contra eum ad restitutionem feræ bestiæ, et vidi semel in facto, inter quondam dominum priorem Sancti Symphoriani, qui convenire fecit Thomam*

Garnier ad ei restituendum quemdam cervum aut æstimationem, quem abstulit a conibus illius prioris, qui illum ita cægerant ut se ex summitate montis in profundum projecit, ita quod seipsum interfecit. Non fuit decisa quæstio, eo quod dictus prior statim ab humanis decessit. » (*Barthol. a Chassaneo, jurisconsulti clarissimi, commentarii in consuetudines ducatus Burgundiæ fereque totius Galliæ,* litre *des Forestz, pasturages,* etc., art. 7, n° 9) (1).

« Pour les bêtes blessées, nous suivons, d'a-
» près la coutume, l'opinion de Trebatius dans
» la loi 5, *De acq. rer. dom.* Si elles sont prises
» dans une autre justice, la tête et les pieds sont
» dus au seigneur haut-justicier ; on l'observe
» de même pour les bêtes qui ne sont pas bles-
» sées, quand elles sont suivies par les chiens
» de quelqu'un, parce qu'alors, si un autre s'en
» emparait, on pourrait agir contre lui en resti-
» tution de la bête. Je l'ai vu une fois faire en
» pratique par l'ancien prieur de Saint-Sympho-
» rien, qui fit assigner Thomas Garnier pour avoir
» à lui rendre un cerf ou sa valeur, cerf qu'il

(1) Barthélemy de Chasseneux, né en 1480, avait travaillé à la rédaction de l'ordonnance rendue en 1535 à Is-sur-Tille par François Ier. Son grand savoir comme jurisconsulte le fit nommer premier président du parlement d'Aix, où il mourut en 1541.

» avait pris devant les chiens dudit prieur qui le
» menaient si rudement qu'il s'était jeté du haut
» d'un mont et tué sur le coup. L'affaire n'eut
» pas de suite à cause de la mort subite du
» prieur. »

72. — Le XVIe siècle, auquel appartient Chasseneux, déjà si fécond en grands jurisconsultes,
nous offre une masse de documents sur notre
question, toujours résolue dans le même sens.
Nous n'avons que l'embarras du choix.

Mornac, qui recueille sous chaque loi romaine
les arrêts qu'il a entendu rendre au palais pendant 35 ans, dit sur la loi 5, § 1, Dig., *De adq.
rer. dom.*, sous le mot *Quod verius est* : « *Secus*
» *id ex usu gallico ; servatur enim ut quandiu*
» *gentilis dominus eam persequitur, nemo debeat*
» *oblatam venationis prædam eripere.* — Il en
» est autrement dans l'usage de France, où il est
» en effet de règle que tant qu'un gentilhomme
» suit la bête, personne ne doit l'enlever. » (Mor-
» nacii *Observationes in Digest.*) (1).

Bacquet, autre praticien célèbre, qui avait aussi
suivi le palais pendant trente-six ans déjà quand
il écrivait sur notre question, ainsi qu'il nous le dit

____

(1) Mornac, avocat au Parlement de Paris, fils et petit-fils
d'avocats, né en 1554, mort en 1619.

lui-même (1), remarque que l'usance et commune
observance du royaume est que non seulement
personne ne peut prendre la bête chassée par
autrui, mais qu'elle continue à appartenir au chasseur, même quand elle passe dans une autre justice où il peut la suivre et prendre. Il vise un
arrêt de 1573 et dit, après en avoir cité encore
d'autres, qu'il ne parle que de ceux qu'il a vu
rendre, mais qu'on peut en trouver beaucoup dans
les auteurs auxquels il renvoie. *Des Droits de
justice*, ch. 34.)

Choppin, sur les coutumes d'Anjou *(De legibus
Andium)*, atteste aussi ces usages que le parlement maintint par un arrêt d'octobre 1539, rendu
aux grands jours d'Anjou ; il rapporte à ce propos
l'arrêt de 1290 que nous connaissons. (Lib. I,
c. XXII, *in fine*. (2).

Pasquier, dans son *Interprétation des Instituts
de Justinien*, sous le § 13, *De div. rer.* nous dit
bien clairement qu'il n'a jamais été reçu en
France :

« Toutefois, Justinian est démenti par Accurse

______

(1) Précisément à propos de notre question. Avocat au Parlement de Paris, conseiler et avocat du roi à la chambre du trésor, Bacquet mourut en 1597 du chagrin d'avoir vu supplicier
son gendre comme ligueur.

(2) René Choppin, né en 1537, mort le 2 février 1606. La
première édition du commentaire sur la Coutume d'Anjou a
été donnée en 1681.

» en la glose de ladite loi (5, Dig., *De adq. rer.*
» *dom.*), où il dit : *quod de consuetudine Trebatii*
» *sententia servatur*, que, dans l'usage, l'opinion
» de Trebatius est suivie. Chose très vraye,
» ajoute-t-il, et spécialement en cette France où
» s'il advenait qu'un chasseur voulût entre-
» prendre sur la chasse d'un autre, cela se vide-
» rait, entre gentilshommes, à coups d'épée (1).»

Coquille rapporte également la loi romaine.
« Mais on observe, ajoute-t-il, que si le seigneur
» est à la poursuite, nul autre ne doit entre-
» prendre sur lui, la raison de civilité y est. »
(Sur l'article 16 du titre *Des Bois et Forêts*, de la
coutume de Nivernais) (2).

Automne, avocat au parlement de Bordeaux,
publie une conférence du droit romain avec le
droit français, et toujours à propos de la même
loi 5, § 1, Dig., *De adq. rer. dom.*, dit qu'en
France, la bête appartient toujours à celui qui la
chasse, même sur le fonds d'autrui, fût-il celui
du seigneur dominant. Il cite les mêmes arrêts
que Bacquet, celui de 1290 en entier, et ajoute
celui-ci : « Le seigneur-justicier avait chassé au

_____

(1) Étienne Pasquier, le célèbre auteur des *Recherches*, né en
1529, mort en 1615.

(2) Guy Coquille, né en 1523, mort en 1603, est trop connu
comme publiciste et comme jurisconsulte pour que nous nous
étendions sur son compte.

» dedans de sa justice un sanglier qui, étant
» blessé, fut poursuivi et n'échappa qu'à cause
» de la nuit et fut pris par le seigneur du fief où
» il se trouvait. (On voit que la poursuite avait
» même cessé.) Par arrêt prononcé en robes
» rouges par M. le premier président Daffis, à
» Bordeaux, le 7 septembre 1594, il fut remon-
» tré par ledit sieur président, que, par nos
» mœurs de France, celui qui a battu d'une
» lance la proye en ses terres, la peut poursuivre
» dans le fief d'un autre, pourvu qu'il n'intermette
» point vingt-quatre heures, suivant la décision
» de Franciscus Marcus. » (V. Pithou, sur Troyes,
titre des *Eaux et forêts*; Benedict, *in cap. Ray-
nut. in verbo et uxorem nomine Adelasiam, de
testam.*; Guy Pape, *quæst.* 218, 219. (Bugnyon,
De legibus abrogatis, L. V, n° 36.

J'ai cité Automne pour le XVI° siècle, bien que
la première édition de la conférence soit de 1610,
parce que l'arrêt qu'il cite est de 1594.

73. J'en dis autant de Larocheflavin, président
au parlement de Toulouse, dans son recueil des
arrêts notables de ce parlement. Il en cite aussi
du XVI° siècle, mais commence le XVII° par un
autre du 2 juin 1608, qui, non seulement déclare
le chasseur propriétaire du gibier tant qu'il est
devant ses chiens, mais lui accorde en outre le
droit de le suivre sur le terrain d'autrui, droit

que son annotateur Graverol et lui constatent être le droit commun continuellement observé en France. *(Des droits seigneuriaux*, à la suite des arrêts notables, chap. 27, art. 6 et 8.)

On peut voir encore dans le même sens un autre arrêtiste, Leprêtre, conseiller au parlement de Paris, qui rapporte aussi des arrêts du XVI⁰ siècle, bien que son livre soit imprimé au XVII⁰; il a pour titre : *Questions notables de droit, décidées par plusieurs arrêts de la cour du parlement.* Centurie III, ch. 54.

74. Le XVII⁰ et le XVIII⁰ siècles ne nous offrent pas moins de documents sur la question que les précédents ; je me contenterai de citer les auteurs les plus accrédités.

« La bête farouche n'appartient pas à celui
» qui l'a prise, lorsqu'un autre l'avait aupara-
» vant levée et poursuivie et la poursuivait en-
» core lorsqu'elle a été prise, non seulement
» lorsqu'il est question des lièvres, comme il a
» été jugé plusieurs fois au parlement de Paris
» (Lebret, *De la souveraineté*, liv. III, ch. 4),
» mais aussi lorsqu'il s'agit des autres bêtes fa-
» rouches qu'on appelle bêtes noires, comme
» d'un sanglier ou d'un cerf, comme il a été jugé
» au parlement de Paris, par divers arrêts,
» contre la loi 5, § 1, Dig., *De adq. rer. dom.,* et
» le § 13 aux Instituts, *De divisione rerum.* Il

» n'est pas juste qu'un tiers jouisse du fruit qui
» n'est dû qu'au labeur de celui qui avait pour-
» suivi et lassé la bête. La tête de la bête qui a
» été chassée et prise n'appartient pas à celui
» qui l'a prise, mais au haut-justicier dans la jus-
» tice duquel elle a été prise (Ferrerius, *in quæst.*
» 218; *Guid. Pap.*). Ainsi la hure du sanglier ap-
» partient au haut-justicier. » (Despeisses, tit. VI,
Des droits seigneuriaux, section VII, n°ˢ 10 et
11) (1).

Toujours les mêmes solutions, contraires à
celle de Justinien sans cesse repoussée. L'auteur accorde non seulement le droit de propriété
au chasseur qui suit la bête, mais lui donne,
comme les auteurs précédents, le droit de la
suivre dans une seigneurie où il n'a pas le droit
de chasse, elle y reste sa propriété à la condition
d'offrir le morceau d'honneur au seigneur haut-
justicier sur la terre duquel elle est prise.

On peut voir, dans le même sens, Lhommeau
et Dupineau, sur la coutume d'Anjou, art. 36 ;
Lalande, sur Orléans, art. 167, n° 9 ; Legrand,
sur Troyes, art. 179, glose 2, n°ˢ 3 et 4 ; Pallu,
sur Tours, art. 37 ; Perchambault, sur Bretagne,

---

(1) Antoine Despeisses, né en 1594, mort en 1658, a écrit
sur l'ensemble du droit civil. La meilleure édition de ses
œuvres plusieurs fois réimprimées est celle de 1750, 3 vol. fol.
Ce passage cité s'y trouve, 3ᵉ vol., p. 241.

et *Instit. au droit français*, § 442. *Le code des chasses*, 3ᵉ édit. Paris 1753, p. 124.

Au XVIIIᵉ siècle, le droit de suite a trouvé dans le président Bouhier son plus ardent et en même temps son plus savant champion. Que la bête suivie par les chiens du chasseur lui appartienne, cela ne fait pas question pour lui ; il n'examine que celle de savoir s'il peut la suivre dans une autre seigneurie que celle où il l'a lancée, et lui reconnaît sans conteste ce droit, qui commençait à être attaqué, comme un usage constant de toute ancienneté dans le royaume de France. Sa dissertation, qu'il serait trop long de rapporter ici, se trouve au tome II de ses *Observations sur la Coutume du duché de Bourgogne*, chapitre 63, nᵒˢ 20 et suiv.

Bourjon, si versé dans la pratique, n'hésite pas non plus :

« Tous ceux qui ont le droit de chasse peu-
» vent poursuivre et prendre sur les terres d'au-
» trui la bête qu'ils ont fait lever dessus leur
» terre, c'est suite de leur droit ; en effet, sans
» cela le droit de chasse serait presque inutile
» par le peu d'étendue de toutes les terres ; ainsi,
» c'est l'avantage commun des seigneurs qui a
» fait établir cette tolérance ou cette suite inévi-
» table d'un droit constant en soi. » (Bourjon,
Droit commun de la France, livre II, des fiefs,

4ᵉ partie, chap. Iᵉʳ, nº 5, t. I, p. 257 de l'édition de 1770.)

« Lorsqu'une personne ayant droit de chasse
» a levé une bête sur son fief, elle peut la pour-
» suivre sur le territoire d'un autre seigneur voi-
» sin, même sur celui de son seigneur domi-
» nant, sans que ceux-ci puissent s'en plaindre,
» comme il a été jugé par arrêt du 17 mars 1573,
» etc. » (Pocquet de Livonière, *Traité des fiefs*,
chap. 8.)

Voir, dans le même sens, Lefèvre de Laplanche, *Traité du domaine*, liv. X, chap. VIII, nº 6 ; Pecquet, *Lois forestières de France*, t. II, p. 90 ; il cite un arrêt du 11 août 1711.

Terminons cette liste, bien longue déjà quoique incomplète, par la citation de deux auteurs qui, à la fin du siècle dernier, attestent que jamais la décision de Justinien n'a été suivie en France. Le premier est Ferrière; suivant précisément le texte des Institutes, il compare leurs dispositions avec celles du droit français ; voici ce qu'il dit sous le § 13, *De divisione rerum :* « La
» décision de ce paragraphe n'est point observée
» en France, et, dans notre usage, la bête appar-
» tient à celui qui l'a blessée quand il continue
» de la poursuivre, et non pas à celui qui la prend
» nonobstant cette poursuite.

» Nous avons même une ordonnance des

» chasses du roi Henry IV, qui permet à ceux qui
» ont droit de chasse de suivre le gibier qu'ils
» ont fait lever sur leurs terres, et de prendre la
» bête dans le fief, terre ou seigneurie d'autrui,
» parce que, autrement, le plaisir de la chasse
» serait fort imparfait.

» Au reste, cette poursuite est permise sur les
» terres d'autrui jusqu'à ce que la bête que l'on
» poursuit soit prise ou entièrement échappée ;
» et hors ce cas, il n'est pas permis d'entrer sur
» les terres d'autrui pour y chasser sans le con-
» sentement du propriétaire. » (Ferrière, *Nouvelle traduction des Institutes de Justinien avec
observations* ; v. aussi de Launay, *Traité du droit
de chasse*, p. 67, et l'ordonnance pour la Lorraine
de 1729, tit. II, art. 16 ; *Nouv. code des chasses,*
par Henriquez. Paris, 1784, tome II, p. 397.)

Pothier a traité aussi la question avec sa luci-
dité ordinaire. Après avoir passé en revue le droit
romain, rapporté la distinction faite par Pufendorf
qui veut que la bête soit au moins blessée gravement pour appartenir au chasseur, il ajoute :
« Barbeyrac est d'un sentiment tout opposé ; il
» pense qu'il suffit que je sois à la poursuite d'un
» animal, quand même je ne l'aurais pas encore
» blessé, pour que je sois censé, tant que je suis
» à sa poursuite, être le premier occupant, à l'ef-
» fet qu'il ne soit pas permis à un autre de s'en

» emparer pendant ce temps. Ce sentiment plus
» civil est suivi dans l'usage ; il est conforme à
» un article des anciennes lois des Saliens, où il
» est dit : *Si quis aprum lassum quem alii canes*
» *moverunt, occiderit et furaverit, DC denarios*
» *culpabilis judicetur.* » (*Traité du domaine de*
propriété, n° 26.)

Pothier ne rattache pas du tout cela au droit de
suite, car il ne traite de ce dernier qu'au n° 48 où
il dit :

« Le droit qu'a le propriétaire de fief d'empê-
» cher que d'autres ne chassent sur son fief re-
» çoit trois exceptions : 1° à l'égard du seigneur
» haut-justicier ; 2° à l'égard du seigneur de qui
» il relève en fief ; 3° l'usage a introduit une troi-
» sième exception qui est que si mon voisin a
» levé sur son fief un gibier, je ne peux, tant
» que ses chiens sont à sa poursuite, l'empêcher
» de suivre sur mon fief. »

C'est, comme on le voit, le droit de suite qui
découlait du droit de propriété du chasseur sur le
gibier chassé par ses chiens, loin de lui servir de
base.

Enfin les derniers auteurs qui ont résumé l'ancienne jurisprudence dans un recueil justement
estimé, arrêté au milieu de sa publication par la
Révolution, Camus et Bayard disent dans le *Nou-*
veau Denisart : « Quoique le chasseur qui est à la

poursuite de son gibier n'en ait pas encore acquis la propriété, néanmoins, tant qu'il le poursuit, il serait contraire à l'équité qu'un autre chasseur vînt s'en emparer, c'est l'avis de Barbeyrac qui est suivi dans l'usage *sans contestation.* » (V. Chasse, § 1, n° 13.)

75. Voilà donc comment la question du droit du chasseur sur le gibier a été résolue en France depuis le commencement de la monarchie.

Le chasseur a toujours été considéré comme propriétaire du gibier tant qu'il était devant ses chiens dans tous les pays où la chasse à courre est pratiquée. Il ne peut pas en être autrement, sans quoi elle serait rendue impossible par le premier venu.

La bête blessée, qu'il y eût ou non des chiens à sa suite, appartenait aussi au chasseur qui l'avait blessée, contrairement à la décision de Justinien dans ce § 13 aux Institutes, *De divisione rerum,* invoqué aujourd'hui, quoique ayant été l'objet d'une réprobation universelle, inconnue bien certainement de ceux qui l'invoquent.

Pour les pays étrangers, nous avons aussi des textes positifs.

Nous en connaissons déjà : D'abord les lois de Charlemagne, dont l'immense empire comprenait, outre la France, la Belgique, la Hollande, l'Allemagne et l'Italie presque entière ; celles de Frédéric Barberousse qui régissaient aussi plus tard l'Allemagne et l'Italie septentrionale ; mais nous avons des documents bien postérieurs, desquels il résulte que jamais la décision de Justinien ne fut suivie. La bête, même non blessée, chassée par des chiens courants, appartenait au chasseur qui avait aussi le droit de la suivre sur la terre où il n'avait pas droit de chasse.

76. Ce droit, pour la Belgique, est d'abord établi dans le placard de 1575, par l'article 23 du chapitre 130 des chartes générales du Hainaut ; ensuite, dans celui du 31 août 1613 (Albert et Isabelle), art. 34 et 35, dont voici la teneur :
« Item, si quelqu'un avait lancé quelque bête
» sauvage, en lieu permis et non défendu, et
» en la pourchassant à chaude chasse, elle ga-
» gnât quelque forêt, bois, garenne ou autre lieu
» où ne serait permis au veneur de chasser, il
» mettra sa trompe au premier arbre qu'il trou-
» vera en tel bois ou lieu (1), et, ce fait, pourra
» librement poursuivre la proie : si non, il four-
» fera 60 royaux d'amende ; mais si ledit veneur
» et les chiens avaient abandonné la bête, en-
» core que le veneur la trouvât par après es lieux
» susdits, il ne la pourra poursuivre ni enlever,

(1) Pour faire voir qu'il ne chassait pas, mais ne faisait que donner suite sans appuyer.

» sous la même peine de 60 royaux d'amende,
» ne fût qu'il puisse suivre à la route sa der-
» nière brisée (1). »

Le placard de 1613 est commun à tous les Pays-Bas, Belgique et Hollande, et contient des dispositions fort curieuses pour les chasseurs. Il ne permettait de chasser que de poil à poil, c'est-à-dire les quadrupèdes à force de chiens ; et de plume à plume, les oiseaux avec d'autres oiseaux de vol (art. 29). On ne pouvait chasser qu'avec la grande trompe ; il ne pouvait y en avoir qu'une dans chaque village ou commune dont les habitants avaient droit de chasse et tous ceux qui voulaient chasser devaient aller sous la conduite de cette trompe confiée à la garde d'un préposé spécial. Il n'y avait d'exception que pour les gentilshommes ou particuliers privilégiés entretenant une meute (art. 30 et 31). Merlin, *Répert.*, vº *Chasse*, § 8, rapporte une partie de ces placards.

Les jurisconsultes de ce pays qui ont écrit sur le droit romain attestent aussi que la décision de Justinien n'y était pas suivie.

Usus hodiernus illi tribuit feram qui vulneravit et persequitur, etiam ingrediendo silvam alienam,

______

(1) La brisée indiquait l'intention de reprendre la bête à l'endroit où elle était laissée.

absque tamen flatu corniculi venatorii et incita-
tione canum. (Perez, *ad tit. Cod. de venatione*
ferarum, XI, 44, n° 11.) *Id ad* § 13, Inst., *De*
rer. div.

« Dans l'usage actuel, la bête appartient à
» celui qui la blesse et la poursuit, même lors-
» qu'il entre dans une forêt appartenant à autrui;
» il doit s'abstenir cependant de sonner de la
» trompe et d'appuyer ses chiens. »

V. aussi Zoëz, sur le § 13 aux Inst., *De div. rer.*
et dans son commentaire des Pandectes sur le
titre *De acq. rer. dom.,* n° 9 *in fine* (1).

77. Les jurisconsultes allemands ne sont pas
moins explicites et rapportent les lois de leur
pays qui décidaient la question en sens inverse
de Justinien. Celle de la Saxe, dont le texte est
cité en allemand par Schneidwein dans son commentaire sur les §§ 12 et 13 aux Inst., *De div. rer.,*
portait que celui qui chassait dans une forêt où
il en avait le droit, pouvait suivre, sans délit, sa
bête dans celle d'autrui en s'abstenant de sonner,
et la prendre, puis ensuite reprendre ses chiens
qu'il ne pouvait appuyer.

---

(1) Le commentaire de Perez sur le Code est classique.
Professeur à Louvain ainsi que Zoëz au XVIIe siècle, ils étaient
suivis dans la pratique comme les guides les plus sûrs. Leurs
ouvrages, surtout ceux de Perez, ont été très souvent réim-
primés.

Leyser, qui a écrit un traité du droit rural de l'Allemagne, dit que la solution de Justinien n'y a jamais été reçue, l'usage ayant fait admettre en règle que la bête peut être poursuivie dans la forêt d'autrui, pendant vingt-quatre heures si elle est blessée, pourvu que le chasseur s'abstienne de sonner et d'appuyer. En Bavière, il faut faire une brisée sur la voie et aller prévenir le forestier. (Leyser, *Jus georgicum,* lib. III, cap. 12, nᵒˢ 51 et 52.)

Nous trouvons la même décision dans le *Corpus juris venatorio forestalis* de Fritschius; *Tractatus de jure venandi,* pars 1ᵃ, cap. 8, nⁱˢ 5-14 ; dans le commentaire de Hoppius sur les Institutes, *Ad § 13, De div. rer. Hodie si quis feram bestiam in suo vulneraverit, ex consuetudine multorum locorum hoc juris consequitnr, ut possit eamdem persequi, etiam si in aliud territorium se conferat, modo sine ulteriori sclopeti explosione, sine inflatu corniculi venatorii et sine excitatione canum id fiat* (1).

(1) Schneidwein compare le droit allemand au droit romain. Son livre a eu de très nombreuses éditions ; j'ai la onzième. Il écrivait dans la seconde moitié du XVIᵉ siècle et achevait son livre en 1588, année de sa mort. Leyser était professeur comme lui à Vittenberg, où il est mort en 175?. Ses opinions en jurisprudence étaient regardées comme des oracles. Fritsch est mort, en 1701, chancelier de Schwarzbourg. Hoppius, *Commentatio succincta ad Instit.,* 1746, au point de vue de

« Si quelqu'un aujourd'hui a blessé une bête
» sauvage sur son terrain, il peut, d'après l'u-
» sage de beaucoup de lieux, la suivre sur un
» autre, pourvu qu'il s'abstienne de nouveaux
» coups de fusil, de sonner et d'appuyer ses
» chiens. »

78. Pour l'Italie, nous avons vu ce que disaient
les glossateurs et ceux qui ont écrit après eux.

79. En Angleterre, la question était déjà dé-
cidée dans les lois des successeurs d'Henri Ier, fils
du conquérant. Non seulement personne ne pou-
vait entreprendre sur la chasse d'autrui, mais le
chasseur pouvait suivre en armes son gibier s'il
passait dans la forêt du roi, aussi loin qu'il
pouvait jeter son cornet; à cette distance, il était
obligé de lier ses flèches avec la corde de son arc
et de laisser ses chiens suivre seuls; s'ils prenaient la bête, il pouvait l'enlever sans amende.
(*Leg. forest.*, c. 17 ; Houard, *Anciennes lois des
Français conservées dans les coutumes anglaises,*
recueillies par Littleton, t. I, p. 449.)

80. Il est suffisamment établi, je pense, que
non seulement en France, mais dans tous les pays
où la chasse aux chiens courants a été prati-

la pratique allemande. Le commentaire de Schneidwein a été
publié quelquefois sous le nom de Oynotomus qui n'est que
la traduction grecque latinisée selon la mode du temps, du
nom allemand de l'auteur qui veut dire coupe vin.

tiquée, la bête a toujours été considérée comme
appartenant au chasseur dont les chiens la suivaient tant que durait cette suite ; que jamais la
décision de Justinien n'y a été appliquée, repoussée qu'elle y était par l'usage, les lois, la
jurisprudence et les jurisconsultes, qui ne la citent tous précisément que pour dire qu'elle n'a
jamais été admise. Comment donc les commentateurs du Code civil, qui se sont occupés de la
question, et c'est le plus petit nombre, ont-ils pu
soutenir que la bête appartenait à celui qui la prenait au chasseur, en donnant pour unique raison
ce paragraphe des Institutes qu'ils reconnaissent
du reste constituer dans son application une grave
inconvenance ? Où est donc, dans les lois nou-
velles sur la chasse ou dans le Code, l'article qui
abroge ces lois constamment renouvelées et
observées en France depuis quinze siècles, cette
jurisprudence tout aussi ancienne, et cet usage
qui n'a jamais cessé d'être observé entre les
chasseurs ? Dira-t-on, en s'appuyant sur la loi du
30 ventôse an XII, qui porte — « qu'à compter
du jour où les lois qui forment le Code civil sont
exécutoires, les lois romaines, les ordonnances,
les coutumes générales ou locales, les statuts, les
règlements cessent d'avoir force de loi générale
ou particulière dans les matières qui sont l'objet
desdites lois composant le présent Code, » —

que la seule promulgation du Code a emporté
l'abrogation tacite des anciennes lois françaises
qui décidaient notre question? D'abord, si elles
étaient abrogées, le § 13 aux Instilutes, *De div.
rer.*, le serait tout aussi textuellement, et même
n'aurait pas besoin pour l'être de cette loi, puisqu'il n'a jamais été reçu en France. Ensuite,
l'ancien droit français sur ce point n'a nullement
été abrogé par la loi de ventôse an XII, puisqu'il
n'est pas réglé par le Code civil, dont les rédacteurs n'ont pas même prononcé le mot d'occupation. La manière d'acquérir le gibier par cette
voie reste donc soumise aux règles qui ont toujours été suivies en matière de chasse, c'est-à-
dire aux lois antérieures, à l'usage constant et
quinze fois séculaire, conforme à la raison, à la
justice et à l'honnêteté.

81. Loin d'avoir voulu l'abolir, et c'est ici le
troisième argument que nous avons placé en
tête de notre discussion, les rédacteurs du Code,
à supposer qu'il n'y eût pas de lois qui décidas-
sent la question, feraient aux juges une obligation de s'y conformer. Écoutons Portalis, le plus
éminent d'entre eux, dans son magnifique discours préliminaire, qui restera comme un monu-
ment de grande sagesse et de haute raison.

« Il serait sans doute désirable que toutes les
» matières pussent être réglées par des lois.

» Mais, à défaut de textes précis sur chaque
» matière, un usage ancien, constant, bien éta-
» bli, une suite non interrompue de décisions
» semblables, une opinion ou une maxime reçue,
» tiennent lieu de loi. »

Nous avons non seulement l'usage constant
bien établi, une suite non interrompue de décisions semblables, mais des textes précis qui n'ont
pas été abrogés. Et, quand il n'y aurait ni lois, ni
usages, ni décisions, que la question se présenterait pour la première fois, c'est, dit encore
Portalis, aux lumières de la raison naturelle, à
l'équité, à la justice, qu'il faut recourir pour la
décider. Or, ici, de l'aveu même de ceux qui nous
combattent, les convenances et les bons procédés
sont offensés par celui qui s'empare du gibier
blessé ou suivi par un autre. Il est sûr que la
question posée à un homme qui ne connaîtrait
pas le paragraphe des Institutes, comme Clovis et
ses Francs et tant d'autres aujourd'hui, sera
toujours décidée en faveur du chasseur, même
par celui qui ne connaîtrait pas non plus la
chasse.

82. Ne nous laissons donc pas dévoyer par
une décision que l'on ne peut expliquer, même
en droit romain pur, que par l'antagonisme de
deux sectes de jurisconsultes, dont l'une sacrifiait
la justice au rigorisme des mots et ne voyait de

possession que dans la mainmise matérielle sur la chose qui en faisait l'objet (1).

Ces mêmes jurisconsultes décidaient que l'on retenait la possession, par l'intention seule sur ce même animal pris vivant, quand il s'échappait, tant qu'on l'avait en vue et que sa poursuite n'était pas trop difficile (2); pourquoi décider autrement quand, blessé à mort, sa poursuite et sa prise étaient beaucoup moins difficiles? Les jurisconsultes de cette secte répondront : « Parce que vous l'avez déjà possédé. » Ceux qui s'appuient sur l'équité et la raison ne font pas de différence entre les deux cas. Le fait matériel de possession n'existe pas plus dans un cas que dans l'autre ; il était plus facile à réaliser sur la bête blessée gravement.

Au reste, il fallut bien se relâcher de ce rigorisme en matière de possession, et se contenter, pour la tradition nécessaire au transport de la propriété en droit romain, dans les contrats qui avaient ce but, de la simple faculté de pouvoir appréhender la chose. C'est ainsi qu'il suffisait, pour transporter à l'acheteur la possession des marchandises qu'il avait achetées, de lui remet-

(1) L. 3, § 3. D. *De adq. vel amitt. poss.*, XLI, 2.
(2) L. 3, § 2 ; l. 5. Dig., *De adq. rer. dom.*, § 12, *Inst. De div. rer.*

tre les clefs des bâtiments qui les contenaient (1).
Plus tard, on se contenta d'une tradition verbale ou
écrite ; c'était le *constitut possessoire* (2). Le ven-
deur déclarait posséder pour l'acheteur. Les rédacteurs du Code ont supprimé avec raison toutes ces fictions, en déclarant la propriété acquise
par le seul effet du contrat, sans aucune espèce
de prise de possession (art. 711, 1138, 1582). Je
sais parfaitement que ces théories de la tradition
n'ont pas un trait direct à notre question, mais
elles nous font voir ce qu'il y a d'exagéré dans
les exigences d'une prise de possession immédiate, matérielle, absolue, sous l'empire du Code
civil. L'exiger du chasseur, surtout du chasseur
aux chiens courants, c'est exiger l'impossible.
Cette idée n'a pu venir qu'à ceux qui ne connaissent pas du tout cette chasse, qui consiste précisément à mettre la bête sur pied, à la faire suivre
dans tous ses détours, et enfin à la faire prendre
par les chiens. Cette chasse prive du reste,
comme je l'ai dit, tous ceux qui la pratiquent le
savent, la bête de sa liberté naturelle et la met
réellement au pouvoir du chasseur tant que ses
chiens la suivent. Aujourd'hui, le fusil lui donne
un moyen très prompt et très facile de s'en empa-

(1) L. 9, § 6, *De adq. rer. dom.*, § 45, Inst., *De div. rer*.
(2) Savigny, *Traité de la possession*, § XXVII.

rer, sans attendre que ses chiens la prennent, et met par contre aux mains d'un tiers le moyen de s'en emparer aussi facilement et d'empêcher une chasse expressément autorisée, je dirai même encouragée par la loi de 1844, comme n'étant pas destructive. C'était donc moins que jamais le cas d'exhumer un paragraphe des Institutes qui n'a jamais reçu et ne peut recevoir aucune application chez nous.

Je ne puis m'expliquer cela, encore une fois, de la part des excellents jurisconsultes qui ont si bien interprété le Code civil dans toutes les parties sur lesquelles il a des dispositions, que par leur manque de connaissance des différentes espèces de chasses, que la nature de leurs occupations rend très probable et en même temps bien excusable.

83. Nous allons séparer les diverses espèces de chasses, et, en nous bornant à celles qui sont aujourd'hui permises, déterminer les droits du chasseur sur le gibier dans les différentes phases que chacune d'elles peut présenter.

CHAPITRE V.

Du droit du chasseur sur le gibier dans la chasse aux chiens courants.

J'en ai assez dit, je crois, pour que ceux qui

ne sont pas chasseurs sachent en quoi elle consiste. Il importe peu que le chasseur cherche à faire prendre la bête par ses chiens, ou se propose de l'arrêter d'un coup de fusil.

§ 1

Bête lancée et suivie par les chiens.

PREMIÈRE HYPOTHÈSE.

84. *Le chasseur lance et suit une bête sur un terrain où il a le droit de chasse, qui n'appartient pas à celui qui s'en empare devant ses chiens.*

Ce dernier s'empare d'abord d'une bête qu'il ne peut prendre, blessée ou non, ainsi que nous venons de le voir, et commet, en second lieu, un délit de chasse.

Son fait donne donc ouverture à deux actions : l'une, civile, reposant sur le droit qu'avait le chasseur sur la bête que ses chiens suivaient, tendant à en obtenir la restitution ou sa valeur avec dommages-intérêts résultant du trouble apporté à l'exercice de son droit de chasse. Art. 1382, C. civ. Il l'intente directement et peut la porter à son choix isolément devant le juge de paix du domicile de la partie adverse (1); ou devant le tribunal de police correctionnelle saisi par l'action publique intentée par le ministère public (2), à raison du délit de chasse résultant du fait d'avoir chassé sur un terrain où le délinquant n'avait pas le droit de chasse.

Il se peut que le tribunal ne le condamne pas comme délinquant, par exemple ne considère pas le fait d'avoir arraché la bête aux chiens sans la tirer, etc., etc., comme suffisamment qualificatif d'un fait de chasse. Le tribunal correctionnel étant, dans ce cas, d'après une jurisprudence constante, dessaisi de l'action civile, celle-ci devra être portée devant le juge civil qui condamnera à restituer le gibier ou sa valeur, et pourra adjuger aussi des dommages-intérêts, car ces actions sont parfaitement distinctes, et le droit du chasseur sur son gibier indépendant de tout délit, comme nous l'avons dit au commencement de ce livre.

Il prouvera son droit par tous les moyens possibles. Le témoignage (il n'y a pas besoin qu'il y ait plusieurs témoins) et même les simples présomptions sont admises (3). Quant à l'action publique, nous savons que si le délit a été commis

(1) Art. 2, C. de Pr., l. du 25 mai 1838, art. 1.
(2) Art. 3, C. d'inst. crim., art. 26, l. du 3 mai 1844.
(3) Art. 1348, 1353. C. Civ.

sur une propriété appartenant à un particulier, le ministère public ne peut poursuivre que sur sa plainte, à moins que le terrain ne soit clos ou couvert de ses fruits ; encore, dans ce cas, le consentement du propriétaire peut-il arrêter les poursuites (1). Mais, s'il a loué la chasse au chasseur à qui la bête a été prise, son consentement ne peut, en aucun cas, préjudicier au droit qu'il lui a transmis par le bail, c'est au chasseur qu'appartiendra le droit de faire agir le ministère public ou de l'en empêcher. Dans les propriétés de l'État, des communes et des établissements publics, la poursuite des délits de chasse, qui peut avoir lieu sur la plainte du fermier de la chasse, peut être exercée, indépendamment de son consentement, sur les rapports ou procès-verbaux des gardes ou autres personnes chargées de constater les délits (2).

Les délits de chasse peuvent même être poursuivis sur le simple témoignage des personnes qui les auront vu commettre. Il n'y a pas besoin qu'il y en ait plusieurs, une seule suffit. L'article 11

(1) Art. 26, 1. du 3 mai 1844.

(2) Les maires, adjoints, commissaires de police, officiers, maréchaux des logis, brigadiers de gendarmerie, gendarmes, gardes (art. 22, 1. du 3 mai 1844). Les procureurs de la République, leurs substituts, les juges de paix, les juges d'instruction, les préfets (art. 9, C. d'inst. crim). Les agents forestiers dans les bois soumis à leur surveillance.

de la loi du 30 avril 1790, qui exigeait la déposition de deux témoins, a été abrogé par l'article
154 du Code d'instruction criminelle, et par l'article 21 de la loi du 3 mai 1844 (1).

DEUXIÈME HYPOTHÈSE.

85. *Celui qui a pris la bête devant les chiens
d'autrui a aussi le droit de chasse sur le terrain
où il l'a prise.* Ainsi, ce sont deux locataires du
droit de chasse dans la même forêt, dans la même
plaine ; ou bien le fait s'est passé, et c'est le cas
le plus fréquent, sur le terrain d'un tiers qui n'empêche personne d'y chasser, ou ne veut pas porter
plainte.

Il n'y a pas de délit de chasse. La première
action reste seule, celle du chasseur, action civile
tendant, en vertu du droit qu'il avait sur le gibier
que ses chiens suivaient, à en obtenir la restitution ou sa valeur avec dommages-intérêts pour
trouble à l'exercice de son droit de chasse qui ne
peut pas plus être empêché par celui qui en a
un semblable que par tout autre. Chassez et lais-
sez-moi chasser. Parce que vous pouvez passer
sur la route, pouvez-vous m'empêcher d'y passer
moi-même ?

(1) Ce point est aujourd'hui constant dans la doctrine et la
jurisprudence.

TROISIÈME HYPOTHÈSE.

86. *Ni l'un ni l'autre n'ont le droit de chasse sur le terrain où la bête est prise. Elle y a été conduite par les chiens.*

La solution est la même que dans l'hypothèse précédente. Le droit de possession, que la suite donne au chasseur, ne tient pas du tout au terrain sur lequel elle a lieu, mais à l'action de ses chiens. Les deux personnes étant dans la même position quant au terrain, évidemment celui dont les chiens suivent la bête, qui l'amène de chez lui avec beaucoup de peine et de fatigue, y a plus de droit que l'autre. Encore, supposons-nous que tous deux sont en délit, et le délit de chasse est indépendant de la question de propriété du gibier, qui tient à la possession. Mais il est très possible que le chasseur dont les chiens suivent, ne soit pas en délit aux termes de l'article 11 de la loi du 3 mai 1844, quand il n'aura pas pu les rompre à leur entrée sur le fonds d'autrui. Il n'était pas là, ou trop éloigné ; peut-être ne sait-il pas seulement où sont ses chiens au moment où on leur tue ou prend leur bête. C'est même le cas le plus fréquent, car il est rare qu'un individu, quelque mauvais sujet qu'il soit, se permette pareille chose en présence du chasseur. Mais quand cela serait, quand le chasseur serait en plein délit au milieu de ses chiens, son droit de possession n'en existe pas moins sur le gibier auquel l'autre n'a aucun droit. J'ajoute que celui-ci, en le tirant, sera toujours en délit. Mais encore une fois, son délit, pas plus que celui du chasseur, n'a rien de commun avec le droit sur le gibier.

QUATRIÈME HYPOTHÈSE.

87. *Le propriétaire lui-même, ou le locataire de la chasse, tue sur son terrain où le chasseur n'a pas droit de chasser la bête suivie par les chiens de ce dernier.* C'est la seule hypothèse qui puisse présenter du doute aujourd'hui, à cause de la suppression du droit de suite.

Autrefois, nous le savons, la question n'existait pas. Non seulement la bête passant sur le terrain d'autrui continuait à appartenir au chasseur, mais le propriétaire, fût-il seigneur haut-justicier, ne pouvait s'opposer à l'entrée du chasseur qui avait le droit d'y suivre et prendre sa bête. Le droit de suite a été supprimé implicitement par la loi de 1790 et celle de 1844, qui ne permettent pas de chasser sur le terrain d'autrui sans le consentement du propriétaire ; on en a conclu que le propriétaire pouvait tirer devant les chiens d'au-

trui et prendre le gibier en faisant le raisonnement suivant :

Le chasseur n'a pas le droit d'entrer sur le
territoire du propriétaire malgré lui, il n'y peut
plus chasser sans commettre un délit ; si le passage de ses chiens peut ne pas être considéré
comme un délit aux termes de l'art. 11 de la loi
du 3 mai 1844, c'est une simple tolérance ; la
bête n'est donc plus *légalement* chassée ni suivie, c'est comme si elle ne l'était pas, le propriétaire a le droit de la tirer et de la prendre
sur son terrain. il en use ; si quelqu'un est en
faute, c'est le chasseur, ce serait renverser les
rôles que de lui donner une action contre le
propriétaire.

Telle est la solution généralement donnée aujourd'hui à notre question dans cette hypothèse (1). M. Sorel, qui est d'accord avec moi
sur les cas précédents, l'adopte aussi (*Traité du
droit de suite*, etc., n° 59). Elle est consacrée par
des jugements et des arrêts que nous rapporterons et discuterons après l'exposé complet du
droit du chasseur sur le gibier, pour ne pas cou-

---

(1) M. Lavallée, très versé dans les matières de chasse et
que la lecture de son excellent livre sur la chasse à courre
me porte à croire aussi jurisconsulte, y donne sans hésiter
gain de cause au chasseur (pag. 15, 2ᵉ édit.), ainsi que
MM. Giraudeau et Lelièvre, n° 1342, 2ᵉ édit.

per la discussion. Le savant rédacteur de la partie de la *Revue des Eaux et Forêts*, consacrée à la jurisprudence, la résume en deux mots : le même fait serait à la fois légitime et délictueux (Année 1878-79, p. 107). Mais si cela est vrai, n'en est-il pas de même au cas où quelqu'un tue ou blesse mortellement un gibier sur le terrain d'autrui ? Tout le monde, M. Meaume le premier, reconnaît qu'il appartient au chasseur qui l'a tué ou blessé en délit. Il est cependant bien plus coupable que celui qui n'a pas même tiré et pu peut-être empêcher ses chiens d'entrer sur le terrain où il n'a pas droit de chasser ! Il n'y a pas un seul fait mais deux : l'un délictueux, celui de chasse sur le terrain d'autrui, quand même on n'y trouverait, tirerait, ou prendrait rien ; l'autre, générateur du droit de propriété du chasseur sur le gibier, la prise de possession d'une chose qui n'appartient à personne : il n'a rien de délictueux dans un endroit ou dans un autre.

Je ne saurais donc me ranger à cette opinion qui n'est pour moi, comme je le disais en commençant, que le résultat d'une confusion entre le droit de suite et le droit du chasseur sur le gibier et des deux faits que nous venons de séparer.

Quelle est la base du droit du chasseur sur le gibier ? à quelle cause se rattache-t-il ? quel fait le produit ? La possession, l'occupation, fait matériel indépendant de tout délit. La doctrine et la jurisprudence le reconnaissent unanimement lorsque la bête est au pouvoir du chasseur sur le terrain d'autrui, par suite de la mainmise matérielle, de la mort, ou même d'une blessure mortelle s'il ne s'en est pas encore emparé. Tous déclarent qu'elle appartient au chasseur malgré le délit qu'il a commis en la chassant sur le terrain d'autrui, il sera condamné comme délinquant, mais la bête lui appartient et doit lui être restituée ou sa valeur (v. les textes, auteurs et arrêts, cités aux n°s 28 à 30, 36 et suiv.). Le droit du chasseur sur le gibier est donc indépendant du délit, selon nos adversaires eux-mêmes. Il ne s'agit plus maintenant que de savoir quels faits constituent ce droit à son profit. Or, le droit du chasseur sur le gibier, d'après les lois françaises, une jurisprudence et des usages séculaires, sur lesquels nous nous sommes tant appesanti précisément parce qu'ils sont oubliés dans notre question existe, non seulement quand il a mis la main dessus, quand il l'a tué ou blessé mortellement, mais du moment où ses chiens courants le suivent et tant qu'ils le suivent. M. Sorel le reconnaît lui-même (n° 59). Une fois ce point admis, et il est incontestable en France, j'ai assez cité de documents à l'appui (v. n°s 58 à 81), le droit de possession du chasseur, indépendant de tout délit, lui donne droit de prendre la bête ou de la réclamer au propriétaire du terrain sur lequel elle est prise ; il ne s'agit plus que de savoir quand ce droit commence : les uns disent quand la bête est morte, d'autres quand elle est blessée, les lois françaises répondent dès qu'elle est suivie par les chiens. Direz-vous : Mais ce droit cesse à son entrée sur le terrain d'autrui, parce que le chasseur ni les chiens ne peuvent y entrer sans délit. Si le droit de possession du chasseur sur le gibier cesse par la raison qu'il ne peut, sans le consentement du propriétaire, entrer sur son terrain, cette raison s'applique aussi bien au cas où la bête est blessée mortellement ou morte sur ce terrain où elle a été chassée, blessée ou tuée en délit avant que le chasseur n'ait mis la main dessus, cas auxquels vous maintenez cependant son droit, malgré son origine que vous qualifiez de délictueuse

Séparons donc bien le droit du chasseur sur le gibier du droit de chasse et du droit de suite surtout.

Le droit du chasseur sur le gibier résulte de la menée de ses chiens qui le prendront infailliblement s'il s'arrête, tant qu'elle dure. Ce fait de possession, qui la prive de sa liberté naturelle, reste, lorsque la bête passe d'un terrain sur un autre, exactement ce qu'il était une minute au-

paravant ; il ne peut changer de nature en lui-
même. Ce qu'il s'agit de savoir, lorsque la bête
et les chiens changent de terrain, ce n'est pas si
le chasseur continue la possession qui reste évidemment la même, ainsi que son droit sur le
gibier qui en découle, mais s'il se rend coupable
d'un délit de chasse ; non autrefois, à cause du
droit de suite ; oui aujourd'hui, s'il a pu empêcher ses chiens d'entrer sur le terrain où il n'a
plus droit de chasse. (Art. 11, 1. du 3 mai 1844.)
Quant à l'argument qui consiste à dire : Donner
une action en revendication du gibier contre le
propriétaire, c'est renverser les rôles, puisque
c'est le propriétaire qui en a une contre le chasseur pour le délit qu'il commet en entrant sur ses
terres ; il n'a pas de valeur, puisque vous n'hé-
sitez pas à le décider ainsi, quand le chasseur,
agissant de même, y blesse mortellement la bête,
la tue, ou qu'elle y est prise par ses chiens. Il
n'y a rien là d'extraordinaire, il y a deux questions, deux droits très distincts, qui donnent lieu
à deux actions différentes. Il s'agit de savoir à qui
appartient la bête ; au premier occupant : qui est
le premier occupant ? Le chasseur, dès que ses
chiens la suivent, et tant qu'ils la suivent, d'après
l'équité, la règle et les lois françaises. Personne
ne peut donc la prendre sans porter atteinte à
son droit, par conséquent, sans donner lieu à une

action en revendication fondée sur un fait qui reste identiquement le même aussi bien sur le terrain d'autrui que sur le terrain qui le joignait ; si vous le lui accordez sur l'un, il n'est pas possible de ne pas le lui accorder sur l'autre. Qu'importe que celui qui me prend ma chose, me la prenne sur son terrain ou sur un autre ! La seconde question est celle de savoir si j'ai commis un délit de chasse : elle est résolue par l'art. 11 de la loi de 1844. L'action est ici intentée par le ministère public, a une cause qui n'a rien de commun avec celle de l'autre action. Il se peut même que le propriétaire ait commis un délit de chasse sur son propre terrain par exemple, s'il a tiré la bête sans être muni d'un permis de chasse; nous serons alors poursuivis tous les deux. Il se peut que lui seul en ait commis un, dans le même cas, si je ne suis pas là, si je n'ai pu arrêter mes chiens.

Objectera-t-on, enfin, que le propriétaire avait le droit d'empêcher les chiens d'entrer sur son terrain, de les rompre et par conséquent de faire cesser le droit du chasseur sur le gibier avec la possession que lui donnait leur suite? La réponse est bien simple. Dès que les chiens ne chassent plus, que l'interruption de leur chasse soit le fait du propriétaire ou de tout autre, qu'ils aient mis bas eux-mêmes pour une cause ou pour une

autre, la bête, du moment où elle n'est plus suivie, reprend sa liberté naturelle et appartiendra
au premier occupant, propriétaire ou autre. Mais,
tant qu'elle est suivie par les chiens, elle est *occupée* par leur maître, et le propriétaire ne peut
précisément profiter de cette occupation, de cette
suite qui la lui amène de chez autrui, pour se
placer sur son passage afin de la tirer et l'enlever, pas plus qu'il ne peut en profiter, de l'aveu
de tous, pour l'enlever aux chiens qui l'auraient
portée bas sur son terrain.

Cette manière de voir, qui ne me paraît pas
susceptible de critique sérieuse au point de vue
du droit, prend beaucoup de force en fait et en
équité, quand on pense que cette bête qui effleure
à peine le sol du propriétaire, qu'elle franchira
peut-être en bien moins de temps que je n'en
mets à l'écrire s'il s'agit d'un champ, habite la for-
rêt du chasseur ou celle dont il a loué si cher la
chasse ; et ne fait que passer en un clin-d'œil devant ce propriétaire qui se trouve là par hasard,
ou, ce qui serait une circonstance aggravante
contre lui, est venu, en entendant la chasse, se
poster là exprès pour enlever au chasseur le fruit
de son travail et de ses peines. C'est déjà assez
pour ce dernier d'être condamné comme délinquant
à cause d'un fait de passage qui, presque toujours,
n'aura causé aucun dommage au propriétaire.

Ces idées, dans notre ancien droit, avaient fait
accorder le droit de suite qui écartait le délit de
chasse, mais n'ajoutaient rien au droit du chasseur sur le gibier, résultant d'un fait de possession qui ne pouvait et ne peut être, sur un terrain
quelconque, autre que ce qu'il est en lui-même.
La suite sur les terres du seigneur haut-justicier,
du roi même, ne constituait pas un délit. Les
uns et les autres donnaient de plus l'exemple du
respect dû au droit acquis au chasseur par son
habileté, sa peine et sa fatigue. Entre gens convenables aujourd'hui, la question ne s'élève jamais. Le propriétaire véritablement chasseur ne
tirera pas pour ne pas arrêter la chasse ; celui qui,
comme la plupart de ceux qui portent un fusil
aujourd'hui, ne voit dans la chasse que le plaisir
de tirer et de tuer, tirera, et s'il tue, s'empressera
d'offrir le gibier au maître des chiens, qui se fera
un plaisir de le lui laisser. Le malotru seul tirera et
prendra le gibier ; ce sera d'ordinaire un mauvais
homme en tout genre.

Tout ce que nous venons de dire du propriétaire s'applique, à plus forte raison, au locataire
des chasses. Il peut tirer les animaux nuisibles
chassés par les officiers de louveterie. Ce n'est
pas une exception à notre principe, car il a le droit
de prendre part à ces chasses. L'ordonnance du
20 juin-12 juillet 1845 en impose même l'obliga-

tion aux fermiers des chasses quand la chasse est ordonnée par l'administration. J'ai développé ce point dans un autre livre (*Du droit de destruction des animaux malfaisants ou nuisibles et de la louveterie*, n°s 137).

Si la bête était tenue par les chiens, blessée mortellement ou morte, le propriétaire ou locataire ne pourrait s'en emparer ; tout le monde est d'accord sur ce point déjà établi (n°s 32, 36, 39).

Il me reste encore, sur la chasse aux chiens courants, à traiter un assez grand nombre de questions au seul point de vue du droit du chasseur sur le gibier. Je commence par celle qui se présente tout naturellement à l'esprit après la discussion de la précédente. Puisque la bête appartient au maître des chiens qui la suivent, comment décider la question quand ces chiens appartiennent à plusieurs maîtres ?

§ 2

A qui est la bête chassée par des chiens appartenant à des maîtres différents ?

88. Il faut distinguer : ou les maîtres ne sont pas venus au bois dans l'intention de chasser ensemble, ou ils y sont venus avec cette intention.

Au premier cas, la bête appartient au maître des chiens qui l'ont rapprochée ou lancée et ont été ralliés par les autres au moment où son droit existait déjà ; il reste, dès que la suite commence et tant qu'elle dure, indépendant de tout événement ultérieur.

Au second cas, si les chiens ont été découplés ensemble, le droit des maîtres est indivis sur la bête qu'ils chassent, et, comme tout droit indivis ne peut cesser que par un partage, si la bête est de nature à en pouvoir faire l'objet, chevreuil, sanglier, etc., il s'effectue non pas en raison du nombre de chiens de chacun, ce qui, dans certains cas, amènerait un fractionnement ridicule et injuste, car un seul chien peut avoir plus contribué au succès de la chasse que vingt autres, mais autant que possible par égales parts (1).

Si la bête ne peut être partagée, comme un lièvre, un loup, un renard, et qu'elle ait été tuée au fusil, je l'ai toujours vu, dans l'usage, laisser au propriétaire de chiens qui l'avait tuée et avait

(1) La Cour de cassation qui permet au premier venu de tirer devant les chiens d'autrui et de s'emparer de la bête, devait nécessairement l'attribuer au propriétaire des chiens qui l'avait tuée, 17 déc. 1879, cassant un jugement du tribunal de Château-Chinon qui avait admis le partage. De Champigny c. Seguin de Pazzis. S. 1880,1, 159.

ajouté, par ce fait individuel, au droit de possession qu'il avait déjà, un nouvel élément qui manquait aux autres. Si celui qui l'a tuée n'a pas
de chiens, elle appartient aux propriétaires
des chiens, qui d'ordinaire n'usent pas de leur
droit.

Si cette bête est prise par les chiens, elle reste
par indivis à leurs maîtres et devrait être tirée au
sort ou licitée s'ils ne peuvent s'accorder, ce qui
arrivera bien rarement.

§ 3

Quel est le droit du chasseur sur la bête blessée qu'il quitte avec
l'intention de la reprendre ?

89. Pas de doute, tant que la bête est suivie par les chiens, que personne n'ait le droit
de s'en emparer; elle ne rentre dans le domaine commun que par l'abandon que le chasseur en fait.

Il ne peut revenir sur cet abandon pour la bête
qui n'est pas blessée ; d'abord, parce qu'elle ne
conserve aucune trace de son *occupation* et qu'il
serait, par conséquent, très difficile si un chasseur, le lendemain, en tuait ou prenait une, de
dire si c'est celle-là ou une autre. En droit, d'un
autre côté, l'occupation ne reposant, ici, que sur

le fait de suite par les chiens, cesse avec lui, et
la bête rentre dans l'état de liberté naturelle où
elle se trouvait avant la, chasse très fatiguée souvent, il est vrai, mais enfin sa fatigue se passe
avec quelques heures de repos, et ne laisse
pas de traces extérieures. Je sais bien que des
chasseurs pourront m'objecter que la bête peut
être tellement fatiguée qu'il n'y aurait plus le
lendemain qu'à venir la prendre. Ceux qui ont
eux-mêmes conduit leurs chiens feraient bien
aussi la réponse. Ou la bête est tellement forcée
qu'elle ne peut plus se relever ; les chiens ne
l'abandonnent guère en un pareil moment, et
le chasseur encore moins ; ceux-là n'objecte-
ront pas la nuit, car ils savent parfaitement que
les chiens chassent aussi bien la nuit que le jour,
même dans les fourrés les plus épais, et que,
quelque fatigués qu'ils soient, il y en a toujours
qui ne mettent point bas sur une bête en cet
état, dont la suite est souvent sa mort par as-
phyxie au bout de très peu de temps, si ce
n'est pas un loup ou un sanglier. La bête morte
appartient au chasseur qui ne chassera pas, mais
n'aura qu'à la venir ramasser le lendemain matin ;
les chiens le conduiront dessus sans donner ordinairement de la voix. Celui qui la trouverait
morte ou la prendrait, verrait bien que sa mort
ou son épuisement n'est pas de son fait, et

devrait la rendre au chasseur qui viendrait la chercher. Si la bête n'est pas trop fatiguée pour se relever, le repos de la nuit lui rend assez de forces pour qu'elle reparte le lendemain, je ne dis pas aussi fraîche que la veille, mais d'une allure suffisante pour nécessiter une nouvelle chasse, qui durera encore assez longtemps, surtout si elle est attaquée avec les mêmes chiens ; peut-être sera-t-elle avant l'attaque déjà retournée, comme je l'ai vu souvent, à ses tenues habituelles. Elle a donc jusqu'à la reprise sa liberté naturelle, et appartiendra au premier occupant (1).

(1) Je m'étais fait ce raisonnement appuyé sur l'expérience, à une Saint-Hubert que nous célébrions au milieu de ses magnifiques bois, dans le chalet dont M. le duc de Marmier sait si bien faire les honneurs. J'avais réuni mes chiens à sa meute et à celle de mon excellent ami, Henri Jobard, l'un des plus dignes représentants de la vénerie franc-comtoise. Un chevreuil attaqué dans l'après-midi et mené avec une musique que le bienheureux patron a dû entendre du ciel, les chiens anglais étant par nous rigoureusement exclus, finit, après avoir pris plaine, s'être remis plusieurs fois au milieu des charrues, par rentrer au bois, piqua un chemin nouvellement empierré et se jeta dans une mare qu'il borde à l'autre extrémité de la forêt. Les chiens extrêmement fatigués, à la queue desquels je me trouvais seul avec l'un des piqueurs, étaient en défaut sur le chemin et avaient beaucoup de peine à reprendre ; la nuit tombait avec une pluie fine qui commençait à nous pénétrer ; l'heure du dîner était passée depuis longtemps et nous étions bien loin du chalet ; je donnai l'ordre de la retraite et me mis en devoir de coupler. Pendant ce temps, le piqueur, à

Si la bête est blessée, sa blessure constitue un acte de possession qui survit à la suite, laisse des traces visibles ; elle ne rentre plus dans son état naturel, elle sera peut-être morte dans quelques heures ou très facilement prise. La nuit arrive, les chiens et les chasseurs n'en peuvent plus, il vaut mieux la reprendre le lendemain et l'achever ; bref, pour une raison ou pour une autre, on s'en revient à regret, mais avec l'intention bien arrêtée de revenir, peut-être avec des chiens frais. A la blessure, qui reste là comme caractérisant un acte de possession, vient se joindre l'intention de conserver le droit qui en découle, intention accusée par le retour du chasseur le lendemain ; il n'y a pas eu aban-

qui j'avais fait faire le tour de la mare, aperçut dans un buisson de saule le chevreuil étendu sur flanc, haletant, saisi de frissons, et m'offrit de découpler un seul chien pour le faire étrangler. J'eus pitié de la pauvre bête et fis au piqueur le raisonnement qui a motivé cette note : Vous viendrez demain matin ; si la bête est morte ou ne peut plus se relever, vous la prendrez ; autrement, laissez-la libre, nous aurons le plaisir de la chasser encore une autre fois. Il finit par se rendre, après assez d'hésitation, à mon raisonnement, malheureusement entendu par un particulier qui arpentait le chemin à grand pas, de l'air d'un homme très pressé de se rendre à destination ; nous nous retirâmes. Le lendemain notre chevreuil, très reconnaissable à un endouiller cassé en flûte, pendait au crochet d'un hôtelier de Gray qui l'avait payé trente-deux francs.

don, ce retour sur la place où il a laissé la bête suffirait pour l'attester et empêcher un autre de s'en emparer. Mais, afin d'éviter tous les doutes, il fera bien, avant de se retirer, de briser sur la voie qu'il doit reprendre (1); son intention sera alors clairement attestée, même avant son retour.

Rappelons-nous que la règle écrite dans les lois que nous avons citées (nᵒˢ 65, 71 et 76), et toujours pratiquée en France et dans les pays voisins, est que le chasseur conserve son droit sur la bête pendant vingt-quatre heures. Elles n'ont jamais été abolies ni expressément ni tacitement par au-

(1) Briser, c'est rompre un rameau de bois, vert autant que possible, pour marquer la voie d'une bête, l'endroit où elle est passée. On brise *haut* quand on laisse pendre la branche à demi cassée. On brise *bas* quand on rompt tout à fait la branche pour la placer sur le sol, la partie rompue tournée du côté de la tête de la bête, c'est-à-dire dans le sens de la rentrée ou de la fuite, selon la règle généralement admise en vénerie. Il semblerait cependant plus logique d'y tourner la pointe, qui indiquerait la fuite bien plus naturellement, surtout quand le rameau est feuillé. Je l'ai souvent vu faire par des anciens. Il est important de s'entendre sur ce point afin d'éviter les contre-pieds quand celui qui va frapper à la brisée n'est pas celui qui l'a faite. Il faut rompre et ne pas couper le rameau, qui sans cela serait confondu avec ceux que les gens détachent journellement des bâtons ou morceaux de bois qu'ils coupent et taillent le long des chemins; le prendre vert, à cause des nombreuses brindilles sèches qui tombent des arbres et cépées.

cune autre, et sont, par conséquent, encore en vigueur ; l'usage, du reste, n'a jamais été interrompu. Ce que nous venons de dire du retour le lendemain, s'appliquerait, à plus forte raison, au retour qui s'effectuerait dans la journée même. Ainsi, je n'avais pas les chiens près de moi quand j'ai tiré la bête qui s'évadait, qui s'est levée devant moi, etc., ils en chassaient une autre ; je fais une brisée et reviens quelques instants après avec les chiens (Giraudeau et Lelièvre, n° 1352).

90. J'ai supposé jusqu'ici que la bête était laissée et la chasse reprise sur le terrain où le chasseur avait droit de chasse. Il est clair que, s'il en est autrement, le chasseur ne peut venir découpler le lendemain sur un fonds où il n'a pas le droit de chasse, sans le consentement du propriétaire, autrement il commet un délit de chasse ; il ne peut même pas entrer sans chasser, si le propriétaire s'y oppose. Mais nous savons que si la bête est morte, forcée ou blessée tellement qu'elle ne puisse plus se relever elle lui appartient ; il pourra la revendiquer ou sa valeur, au propriétaire qui s'en serait emparé ou refuserait l'entrée de son fonds, quand il n'y a plus qu'à mettre la main sur la bête (V. nᵒˢ 32 et suivants).

91. L'adjudicataire ou fermier des chasses dans

les bois des communes ou de l'État, ne pourrait empêcher, puisque l'accès en est permis à tout le monde, de venir y prendre la bête morte ou blessée mortellement, sans chasser. On ne saurait, dans ce cas, considérer comme fait de chasse la tenue d'un chien au trait pour guider le chasseur qui le tient, et le conduire sur la bête qui ne sera prise de cette manière qu'autant qu'elle sera morte ou ne pourra plus se relever, c'est-à-dire sans chasser. J'ai même admis que, quand il ne s'agissait plus que de la faire porter bas par le chien, il n'y avait pas chasse (v. n° 36) ; un chien de boucher rendrait le même service.

§ 4

Du droit du chasseur sur les chemins qui traversent ou bordent
le bois ou la plaine dont il a la chasse.

92. Bien que cette question n'ait pas de rapport avec le droit du chasseur aux chiens courants sur le gibier que ses chiens chassent, puisque la possession qu'ils lui donnent maintient tant qu'elle dure ce droit sur les chemins comme sur les autres parties du territoire traversé, je la traite ici d'abord à cause de la confusion qui a été trop souvent faite, notamment par le tribunal de Charolles, dans un jugement que nous connaissons (v. n° 3) ;

ensuite, parce que les chasseurs se plaçant ordinairement sur les chemins pour tirer, surtout aux bois, la question de savoir s'il y a délit de chasse de leur part, se présentera fréquemment. C'est la seule question qui puisse se présenter quand le gibier est suivi par des chiens courants, puisqu'il appartient à leur maître en quelque endroit qu'ils le suivent.

La question est complexe, car les chemins sont publics ou appartiennent aux particuliers, à la commune, à l'État, à l'établissement public propriétaire du terrain sur lequel ils se trouvent. Ils traversent ou bordent seulement ce terrain qu'ils limitent dans ce dernier cas.

93. 1° *Un chemin public traverse le bois ou la plaine appartenant au chasseur ou dont il a loué la chasse.*

A-t-il le droit exclusif de tirer sur ce chemin de sorte qu'un coup de fusil tiré par un autre sur le gibier qui le traverserait, ou même, le seul fait de s'apprêter à tirer qui constitue un acte de chasse, soit un délit de chasse ?

Pour la négative on pourrait dire avec le tribunal de Charolles, qu'un chemin public, comme le mot l'indique, est à l'usage de tout le monde, que chacun est libre d'y faire ce qui lui plaît, pourvu qu'il ne le dégrade pas et n'apporte pas d'obstacle à la circulation. On ajouterait que les choses du domaine public ne peuvent pas plus être louées que vendues (art. 537 du Code civil), puisque le louage et la vente en attribueraient la jouissance exclusive au locataire ou à l'acheteur, contrairement à l'essence de leur destination qui est d'être à l'usage de tous. Quand cela serait vrai, même pour le droit de chasse, il ne s'en suivrait pas, comme le tribunal de Charolles l'a décidé, que le premier venu pût s'y placer pour tirer et prendre le gibier devant les chiens du propriétaire ou fermier des chasses de la forêt qu'il traverse, car, s'il ne commettait pas un délit de chasse, il attenterait à coup sûr au droit du chasseur sur le gibier que ses chiens suivent, arrêterait sa chasse et l'empêcherait, quand il voudrait, d'user de ce droit qui lui appartient exclusivement dans la forêt qu'il a louée. Mais il commet de plus un délit de chasse.

En effet, si les chemins publics sont destinés à l'usage de tous, c'est au point de vue de la circulation ; l'usage des chemins consiste à passer dessus à pied, à cheval ou en voiture. Voilà la destination du chemin considéré comme faisant partie du domaine public, destination qui doit être respectée par tout le monde, même par la commune ou l'État propriétaire, tant que le chemin fait partie du domaine public. C'est le but que s'est proposé le législateur dans l'article 537 du Code civil, qui en prohibe l'aliénation sans l'accomplissement de formalités particulières, destinées, au préalable, à le faire sortir du domaine public, le rendre à la propriété privée et permettre de l'aliéner au besoin, de le cultiver, etc., etc., par exemple, quand la direction du chemin est changée, quand il est rectifié, pour les parties sur lesquelles on ne passe plus. Mais l'usage public des voies de communication ne consiste pas dans le fait d'y tirer des coups de fusil. C'est au contraire le moyen le plus efficace pour empêcher l'usage auquel elles sont destinées, le moyen qu'on emploie dans ce but à la guerre, celui qui, en temps de paix, mène à la Cour d'assises quand il est pratiqué avec cette intention. C'est donc faussement raisonner que de faire rentrer dans l'usage commun à tous des chemins publics, la faculté d'y tirer sur du gibier ou sur quoi que ce soit ; les chemins ne sont ni faits ni entretenus dans ce but.

On conçoit très bien, si le chemin lui-même ne peut être ni aliéné ni vendu, qu'il soit possible d'y concéder l'exercice d'un droit qui n'altère en rien l'usage auquel il est destiné, la circulation du public. Ne voyons-nous pas tous les jours concéder par voie de vente ou de louage à un particulier, le droit d'enlever les herbes qui croissent dans les fossés, talus, ou sur les côtés des chemins de fer,

autres chemins ou allées, surtout dans les villes,
aux abords et dans les promenades publiques? ne
vend-on pas les arbres qui sont sur les routes,
canaux, etc.? On concevrait donc très bien que
l'État ou la commune concédassent directement à
un particulier le droit de chasse, celui de tirer son
gibier au passage, sur telle étendue d'une route
ou d'un chemin qui leur appartient, comme on
lui concède le droit de jeter son filet dans telle
étendue d'une rivière ou d'un canal qui sert aussi
à la circulation, pourvu qu'il ne l'entrave pas.
Mais il n'y a pas besoin du tout d'une concession
spéciale au chasseur qui loue, de la commune ou
de l'État, la forêt dans laquelle il chasse, ni de
s'attacher même à l'idée d'une location tacite du
droit de chasse sur le chemin lui-même qui la
traverse, car, si c'était une route nationale qui
traversât un bois communal ou appartenant à un
particulier, il faudrait s'adresser à l'État pour le
droit de chasse sur la route, droit qui pourrait
alors être concédé à un autre qu'au locataire de
la forêt, ce qui ferait qu'il ne serait guère plus possible à l'un qu'à l'autre d'exercer son droit. Il faut
dire que le droit de chasse, concédé dans une
forêt, ou appartenant à son propriétaire, s'étend
forcément sur les chemins qui la traversent, non
pas seulement parce qu'il ne pourrait être exercé
sans cela dans la forêt, mais parce que ces che-

mins en font réellement partie, quoique, à cause
de l'usage public qui nécessite des précautions,
un entretien et une garde spéciale, ils relèvent du
domaine public. Ne font-ils pas partie intégrante
de la forêt, de son sol, puisqu'ils existent dessus ?
n'ont-ils pas été percés dedans, n'a-t-on pas pour
cela abattu les arbres ? Avant, il n'y avait aucune
différence entre la partie actuellement convertie
en chemin et le reste de la forêt ; aujourd'hui, il
n'y a de différence que pour l'œil dans la super-
ficie qui a changé de couleur, est privée d'arbres
et plus ou moins bien appropriée à la circulation,
mais le fond du sol est resté le même. Quand
vous arrivez sur les limites de la forêt que vous
franchissez, en continuant à marcher, vous entrez
dans la forêt ; on y entre d'habitude par les chemins. Quand vous êtes arrivé à la limite opposée,
vous sortez *de la forêt* : n'y seriez-vous pas par
hasard quand vous êtes au beau milieu du chemin ? Si vous y tirez, vous chassez donc dans la
forêt, dans la forêt où vous n'avez aucun droit,
vous commettez par conséquent un délit de chasse,
et quand vous tirez le lièvre de chasse de l'adjudicataire, le prenez à ses chiens comme le sieur
Letiévant, vous l'empêchez d'exercer son droit,
vous qui n'en avez pas, et de plus, vous vous em-
parez d'une chose qui lui appartient. Aussi, la
Cour de Dijon n'a-t-elle pas hésité à infirmer le

jugement du tribunal de Charolles qui n'y avait
vu *qu'un grave manquement aux convenances et
politesses que les chasseurs se doivent;* parce que,
« soit que Letiévant eût tiré le lièvre au moment
» où il sortait du bois de Boulay, soit qu'il l'eût
» tiré sur le chemin même qui traverse le bois, il
» avait exercé un fait de chasse *dans le bois de
» Boulay,* traversé par le chemin sur lequel il se
» trouvait ». (V. l'arrêt rapporté avec le jugement au n° 3.) Le tribunal de Dijon a donné une
décision semblable, le 27 avril 1874. Rouget,
c. Loppin de Gemeaux. Le piqueur de ce dernier
avait tiré un chevreuil amené par ses chiens sur le
chemin vicinal traversant le bois loué à M. Rouget
(V. dans le même sens. Cassation, 22 janv. 1820.
Jallemier, S. 29. 1, 171. De Neyremand, p. 206.
Leblond n° 210. Giraudeau et Lelièvre, n° 246).

L'exercice du droit de chasse sur les routes,
chemins, lignes, charrières, etc.; qui traversent
une forêt, appartient exclusivement à son propriétaire ou aux fermiers des chasses. C'est justement là qu'ils pourront jouir de leur droit et
l'exercer en découvrant et tirant le gibier qu'ils
chassent. Si le premier venu pouvait venir quand
ils chassent dans leurs bois, tirer devant leurs
chiens, sur les chemins, et s'emparer du gibier,
ce ne seraient plus eux qui exerceraient le droit
de chasse ; mieux vaudrait dire qu'ils ne l'ont pas

du tout, car, avec une pareille doctrine, tous les braconniers du pays seraient de suite aux passages.

Nous l'avons déjà dit, le tribunal de Charolles avait deux questions à juger, d'abord celle de savoir si le premier venu peut tirer et prendre le gibier qui est devant les chiens du chasseur qui chasse chez lui, question de droit civil, de propriété et de possession, abstraction faite de tout délit ; ensuite, la question de délit pour avoir chassé sur un terrain où il n'avait pas droit de chasse, en tirant sur le chemin qui traversait la forêt. Le tribunal avait commis une double erreur en donnant gain de cause à Letiévant sur les deux chefs. Si une pareille jurisprudence s'établissait, tous les adjudicataires des chasses demanderaient le lendemain la résolution de leurs baux.

Nous avons suffisamment démontré, je crois, pour n'y pas revenir, que la loi française n'était pas et n'avait jamais été contraire *aux convenances et politesses* que les chasseurs se doivent. Où est-elle cette loi qui permet de tirer et de prendre le gibier devant les chiens d'autrui ? Il n'y a pas en France de loi inconvenante et déraisonnable, la question y a toujours au contraire été décidée dans le sens des convenances et de la raison par les lois et une jurisprudence constantes ; et, à supposer qu'elle ne l'eût jamais été, les convenances et la raison doivent toujours servir de guide aux juges, qui, dans l'espèce, puisqu'ils le reconnaissent hautement dans leurs motifs, en avaient pris le contre-pied.

94. De ce que les chemins qui traversent une forêt sont, pour la chasse, assimilés à la forêt, j'en conclus que le chasseur qui, ayant lancé dans ses bois, amènerait dans ceux dont il n'aurait pas la chasse, la bête que suivent ses chiens, ne pourrait pas la tirer sans délit sur les routes ou chemins publics qui les traversent. C'est l'espèce du jugement du tribunal de Dijon que je viens de citer, 27 av. 1874.

2° *Chemins privés qui traversent une plaine ou un bois.*

95. Ce que je viens de dire s'appliquera, à plus forte raison, aux chemins qui appartiennent au propriétaire du bois ou de la plaine qu'ils traversent, puisqu'il peut en interdire l'accès à tout le monde.

96. Je n'ai parlé que de la chasse aux chiens courants; il en serait de même pour la chasse au chien d'arrêt ou sans chien. Nul ne peut tirer même au vol, sans délit sur un chemin, que celui qui a le droit de chasse sur le terrain qu'il traverse. Nous verrons plus tard quel est le droit du chasseur au chien d'arrêt sur le gibier ; s'il pourrait le revendiquer.

3° *Chemins publics qui bordent le bois ou le terrain sur lequel le chasseur a le droit de chasse.*

97. Il arrive souvent qu'une route, un chemin public, forme la séparation de deux bois. Le chasseur peut-il y tirer le gibier qui vient du bois dont il a la chasse ? le peut-il dans toute la largeur du chemin, ou seulement dans la moitié qui longe son bois ?

Lorsque c'est une voie publique, route, chemin de grande communication, chemin vicinal, etc. ; comme l'usage en est commun à tous, dans toute sa largeur, les deux propriétaires ou fermiers des chasses dans les bois qu'il sépare, pourront y tirer le gibier qui sort de leurs bois respectifs, sur toute cette largeur. Le chemin n'est pas plus à l'un qu'à l'autre dans toute cette largeur, mais au domaine public. Le délit n'aurait lieu que si l'un tirait dans le bois de l'autre, car tirer depuis son terrain sur un gibier qui se trouve sur celui d'autrui, c'est commettre un délit de chasse, ainsi que la Cour de Dijon vient avec raison de le décider tout récemment, d'accord avec la jurisprudence et les auteurs.

Nul autre que ceux qui ont droit de chasse dans les plaines ou bois séparés par le chemin ne peut y tirer sans délit.

98. Il est possible que le bois soit seulement

longé à son extrémité par une route ou chemin
public qui n'en fait pas partie, et que la chasse
soit abandonnée à tout le monde sur les terrains
qui se trouvent de l'autre côté du chemin. Le
premier venu pourra-t-il tirer sur le chemin public? Oui, sans commettre un délit de chasse,
le chemin ne faisant pas partie de la foret (Colmar, 24 novembre 1866. Langlois. De Neyremand,
p. 193), s'il est muni d'un permis, en temps
d'ouverture. Mais prendre et emporter le gibier
qui est devant les chiens du propriétaire ou du
fermier des chasses du bois ou de tout autre, c'est
autre chose. C'est la question du droit du chasseur sur le gibier, droit à lui exclusif tant que
ses chiens le suivent, et parfaitement indépendant, comme nous le savons, du délit commis ou
non par celui qui veut le lui prendre. Le propriétaire des champs qui sont de l'autre côté du
chemin n'y a pas plus de droit qu'un autre. Il
n'aurait pas à objecter au chasseur qu'il n'a pas
le droit de suite ou de chasse, objection qui, du
reste, ne l'empêche pas de rester maître du gibier suivi par ses chiens, même sur le terrain
d'autrui ; car il a ici le droit de chasse et le droit
de suite sur la voie publique où le gibier a été
tiré. Tant qu'il est suivi par les chiens, il ne peut
être pris par personne ; il ne peut y avoir aucune
espèce de doute quand il est, comme ici, sur un

terrain où le chasseur a le droit de chasse, qu'il lui soit ou non commun avec d'autres.

4° Chemins privés qui bordent ou séparent les bois.

99. Si le chemin qui borde ainsi le bois appartenait au propriétaire du bois et n'était pas public, il y aurait, à tirer dessus, un délit de chasse de la part de tout autre que celui qui a droit de chasse dans ce bois. La difficulté ne peut se présenter que pour les chemins ou lignes appartenant aux propriétaires des bois qu'elles séparent, lorsqu'elles sont prises par moitié sur chaque bois dont la chasse appartient à deux personnes différentes, qu'il s'agisse de bois de l'État, de communes ou de particuliers. Ces chemins ou lignes, faits tant pour la séparation que pour le défruitement des deux bois ou leur aménagement, n'ont d'ordinaire guère de largeur et appartiennent pour moitié à chacun des propriétaires des bois qu'elles séparent. Est-ce à dire, que le propriétaire du bois de droite ne pourra tirer le gibier qui sort de son bois, que sur la moitié droite du chemin ou de la ligne, et le propriétaire ou celui qui a la chasse du bois de gauche, sur la moitié de son côté? D'abord, en fait, cela ne serait pas praticable. L'animal qui traverse la ligne ou le chemin, met souvent moins de temps pour le faire qu'on en met pour le dire. Et, quand même il irait au pas, si le chasseur

n'était pas prévenu par les chiens et ordinairement par le bruit que fait l'animal, il n'aurait pas
le temps de tirer. Il est impossible, dans la rapidité du mouvement exécuté à cet effet, de se rendre compte de la place exacte de l'animal, qui, en
l'apercevant, franchira la ligne comme l'éclair s'il
est arrêté ; et à supposer qu'il ne le voie pas, aura
la plupart du temps une partie du corps sur un
côté de la ligne et l'autre sur l'autre côté. Il ne
faut donc pas demander l'impossible en fait ;
mais, en droit, la ligne ou le chemin ont été faits
de concert par les deux propriétaires ou par l'administration forestière qui les représente, dans
leur intérêt commun, pour qu'ils puissent ou leurs
ayants cause, s'en servir, pour le tout, dans toute
sa largeur, bien qu'elle soit prise pour moitié sur
chacun d'eux. On ne passe pas d'un côté plutôt
que de l'autre, mais au milieu ; les voitures em-
ployées au défruitement en occuperont souvent
toute la largeur ; la percée est unique à la vue ;
elle est unique dans son emploi pour ceux qui ont
droit de s'en servir à la chasse ou autrement. Le
chasseur ne commettrait donc un délit qu'autant
qu'il tirerait la bête déjà entrée sous le bois dans
lequel il n'a pas le droit de chasse ; ce qui ne l'empêcherait pas, s'il la tuait et qu'elle ne fût pas devant les chiens d'autrui, d'en être propriétaire
comme premier occupant.

100. J'en ai fini avec les chemins. Pour déterminer d'une manière complète le droit du chasseur aux chiens courants sur la bête lancée et suivie par ses chiens, à laquelle personne ne peut prétendre tant qu'ils la suivent, je dois examiner une question de fait, de la solution de laquelle dépend celle de la question de droit.

Celui qui aura tiré ou tué la bête avec ou sans délit, tout en reconnaissant le droit du chasseur sur celle que ses chiens suivent et en protestant de son respect pour sa personne et pour les convenances, pourra prétendre que celle qu'il a tuée n'est pas la bête de chasse. C'est ce qui arrive le plus fréquemment en pratique. Son erreur ou sa mauvaise foi seront manifestes quand les chiens arriveront en suivant leur voie sur la bête. Mais il est possible qu'il y ait un défaut. Il n'y a guère de chasse sans défauts ; le talent du chasseur et des chiens consiste précisément à les relever ; c'est là que l'on reconnaît le vrai chasseur et les bons chiens, surtout quand il s'agit d'un lièvre. Nous savons que le chasseur conserve son droit tant qu'il cherche à relever, fait requêter ; et ne le perd que lorsqu'en abandonnant la bête après avoir repris ses chiens, il la rend à sa liberté naturelle. Or, il est possible que la bête soit tirée pendant le défaut. Si les chiens relèvent, même après le coup de fusil, et arrivent à l'endroit où elle a été tirée, en suivant la voie, pas de difficulté. Il n'y en aura pas non plus, mais en sens inverse, si, dans la même hypothèse, ils continuent leur voie dans une autre direction ou même au delà en passant sur l'endroit où le coup de fusil a été tiré, quand ils ont toujours leur bête devant eux, s'entend, et non quand ils donnent d'ardeur. ce qui, du reste, ne dure pas longtemps et est bien vite reconnu (1). Mais il arrivera très

(1) J'ai été témoin d'un fait assez extraordinaire en ce genre pour ne pas être passé sous silence. Un de nos bons voisins de campagne, pendant les vacances, l'avoué C***, qui, tout chasseur et bon chasseur qu'il était, ne dédaignait pas le gibier sur la table, avait besoin d'un lièvre. La veille du jour indiqué pour le dîner, le résultat désiré n'ayant pas été encore obtenu, malgré une grande journée de chasse au chien d'arrêt, je promis de revenir le lendemain dès le matin, car, selon l'ancien usage de Franche-Comté, on dînait à midi et il n'y avait pas de temps à perdre. Mes chiens courants lancèrent tout en entrant au bois. D'après l'état des coupes, la menée, etc., ce ne pouvait être qu'un lièvre, et, cependant, contre l'habitude, après une bonne heure de chasse qui continuait de plus belle, il ne prenait pas la plaine que nous bordions. Je commençais à douter, et, pour en avoir le cœur clair, j'entrai sous bois à peu de distance des chiens pour voir ce que je chassais. A peine étais-je placé, qu'un grand renard vint sauter devant moi à quinze pas et resta sur place. J'étais d'autant plus étonné que parmi nos chiens chassant à pleine gorge, il y en avait qui ne chassaient pas le renard ; chasse détestable s'il en fut, que j'interdis à mes chiens autant que possible. Je pris donc le compère, le jetai derrière moi tant loin que je pus, et, le fouet à la main, attendis mes coupables.

souvent, si le coup de fusil a été tiré assez près, qu'ils seront emportés par le coup même, quitteront l'endroit où ils requêtaient, quelquefois même la voie qu'ils suivaient, et arriveront au galop près du tireur, sans chasser ou en donnant d'ardeur de tous les côtés, s'ils appartiennent à un maître qui a la mauvaise habitude, trop répandue, de les enlever au coup de fusil.

Comment savoir si c'est la bête de chasse qui a été tirée?

Quel ne fut pas mon étonnement quand je vis tous les chiens passer exactement à l'endroit où j'avais tiré ce renard et continuer leur voie sans balancer. Cinq minutes après, deux coups de fusil étaient tirés devant eux par un de nos chasseurs qui venait d'entrer aussi au bois sur un chemin assez rapproché. C'était un second renard qu'il était en train de chercher quand j'arrivai. Les chiens continuaient la voie de l'autre côté du chemin que le susdit renard n'avait pas traversé, puisqu'il était rentré au bois aux coups de fusil qu'il avait reçus tout en s'y présentant. Je courus vite à une autre ligne sur laquelle je tuai le lièvre qui revenait déjà, avec le coup qui restait dans mon fusil à baguette de ce temps-là, n'ayant pas eu le temps de recharger. J'allais ramasser le lièvre ; je m'arrêtai au bruit que faisait une autre bête venant dans la même direction ; c'était un troisième larron qui passa bien vite sur le lièvre en m'apercevant ; mais, cette fois, les chiens n'allèrent pas plus loin. Comment ces trois drôles se trouvaient-ils là ? S'il n'y en avait eu qu'un, j'aurais pu penser qu'il s'évadait simplement. Comme il était assez matin, je pensai qu'ils chassaient le lièvre avant mon arrivée depuis même assez longtemps, puisqu'il se sentait trop fatigué pour prendre la plaine : il était sur pied quand mes chiens sont tombés sur sa voie ayant déjà les renards devant eux.

La question n'embarrassera pas un véritable chasseur. La bête était-elle sur pied quand elle a été tirée? Il est bien présumable que c'est la bête de chasse, car les animaux sauvages dans nos pays ne se promènent guère pendant le jour surtout dans les lieux découverts où le coup de fusil aura probablement été tiré. Le renard seul, par un temps pluvieux ou par une forte gelée, se permet de ces promenades, encore les fait-il ordinairement sous bois pour chercher les souris qui sont dans leurs trous. Il arrive bien plus souvent, surtout dans les bois assez giboyeux, qu'une bête s'évade en entendant les chiens qui en chassent une autre à proximité. Il n'y aura pas alors grande difficulté, car les chiens continueront ou reprendront la voie primitive, qui sera d'ailleurs assez fréquemment celle d'une bête d'une autre espèce que celle qui s'évadait.

La difficulté se présente surtout pour les lièvres, lorsqu'ils sont tirés au gîte ou en sortant du gîte. Tout lièvre, à l'exception de quelques vieux bouquins dits de bois, qui se tiennent à fond de grandes forêts, y font leurs nuits dans les coupes, et des hases qui y ont des levrauts, gagne la plaine, après un assez court espace de temps quand il est mené un peu rondement, y fait ses ruses et s'y remet. Les chiens sont en défaut, le maître cherche avec eux à démêler les ruses et à relancer, quand un coup de fusil part à côté de lui, abat un lièvre au gîte ou sortant du gîte. Est-ce le lièvre de chasse ou un des nombreux lièvres qui se gîtent en plaine ? La solution de la question n'est difficile que pour ceux qui ne savent pas ce que c'est qu'un gîte ou ne se sont jamais donné la peine d'en examiner un attentivement.

Le lièvre qui se remet le matin dans le gîte où il doit passer la journée, le piétine sous lui ; la terre est battue en ovale dans une espace un peu plus grand que la main ; les herbes ou les feuilles, s'il y en a, sont collées avec la terre quand elle est humide, ou aplaties comme dans un nid. Bref, on reconnaît très facilement un gîte. Il n'existe pas à la place où s'est arrêté le lièvre chassé qui n'a fait que s'y *raser* pour éviter et laisser passer les chiens. Le lièvre chassé, si la terre est un peu humide, est *botté*, a de la terre aux pattes ; le lièvre qui s'est remis le matin au moment où la terre n'était pas encore amollie, n'en a pas : il s'est lavé, en marchant dans la rosée qui la lui a enlevée ; il va tranquillement sans efforts, sans appuyer de l'ongle comme celui qui bondit devant les chiens. Le lièvre qui a été chassé un instant a les pattes, celles de derrière surtout, raides ; celui qui est au gîte ne les a pas dans cet état.

Je ne parle pas des autres animaux qui ne se remettent qu'au bois. Il est bien rare de les tirer autrement que debout, et même, de les tirer lorsqu'ils se lèvent, à l'exception pourtant de quelques vieux grognards de sangliers dans les années de gland ; mais il faut être aveugle pour ne pas voir une bauge. Une forme ou un liteau s'aperçoivent tout aussi facilement.

Dans le doute, la bête doit rester à celui qui l'a tuée, puisqu'il a la possession et que le chasseur ne peut pas prouver sa possession antérieure. C'est la règle ordinaire en droit.

Ceci m'amène à l'examen d'une autre question.

§ 5

A qui appartient la bête tuée dans une chasse faite par ordre de l'Administration pour la destruction des animaux nuisibles ?

101. Il faut distinguer : s'agit-il de l'animal tué en battue ou au trac (1) ? Comme il n'était pas

(1) Je crois devoir écrire *un trac* et non *une traque*, comme je le trouve dans tous les dictionnaires, parce que ce mot n'est qu'une abréviation du mot *trictrac* que l'on écrivait autrefois *triquetrac*. Les hommes employés dans cette chasse sont rangés comme les flèches de ce jeu. J'en trouve la preuve dans la déclaration de Henri III, du 10 décembre 1581, qui porte que les braconniers vont « jusqu'à battre et faire un *triquetrac* pour faire aller et passer le gibier à l'endroit où ils

14

suivi par des chiens, par conséquent en la possession de personne au moment où il a reçu le coup, il appartient à celui qui le tue ou le blesse mortellement. Je dis mortellement, car il n'appartient pas à celui qui ne fait que l'achever, la blessure mortelle l'ayant mis en possession du premier. La gravité de la blessure est une question de fait qui ne fera pas de doute quand l'animal restera sur le coup quoique vivant encore, ou ne se traînera qu'à une courte distance. Dans le cas où il irait plus loin, la question ne peut se décider que par l'autopsie qui fera voir si l'animal était atteint dans un endroit essentiel, de manière à en mourir. Il suffit de l'application des principes ordinaires pour arriver à donner l'animal tué en battue à celui qui le tue ou le blesse mortellement, puisqu'il est le premier occupant d'une chose qui n'était possédée par personne. La Cour de cassation, appelée à se prononcer sur la question, le lui a accordé aussi, mais en par-

l'attendent avec lesdites arquebuses » ; et dans l'édit. du 23 mars 1619, pour la Franche-Comté, « et de plus interdit et défend à tous vassaux et sujets la chasse communément appelée au *trac* » (*ord. de Franche-Comté*, de Pétremand. Liv. VII, tit. XLVII, art. 182. « Pour détruire les loups on fait des chasses connues sous le nom de huées battues *tracs* » Henriquez, *Code des Chasses*, t I, p. 120. « La chasse au loup se fait quelquefois par *trictrac* ou battues. » *Maison rustique*, IVe part., 1. II, ch. IX. V. aussi Dict. de Richelet, v° *trac*.

tant de la fausse idée que tout le gibier d'une forêt, appartenant à l'adjudicataire des chasses, ne lui appartient plus le jour où une battue est ordonnée. Nous ne reviendrons pas sur la critique que nous avons faite de cet arrêt au n° 29. Le gibier en liberté n'appartient pas plus à l'adjudicataire des bois, même à leur propriétaire, qu'à tout autre, il devient la propriété du premier occupant ; seulement, le jour où une battue est ordonnée, les tireurs qui en font partie ne commettent pas de délit de chasse en tirant dans un bois où ils n'en auraient pas sans cela le droit. (Giraudeau et Lelièvre, n° 1329.) *J. de paix de Bulgnéville*, 28 mars 1860. S. 631, 237.

102. Si la bête est chassée par une meute, par exemple, au cas où le lieutenant de louveterie agit ainsi sur les ordres ou par autorisation de l'administration, elle est au pouvoir du maître des chiens qui l'a détournée, lancée, et la tient devant son équipage. Si donc une balle l'arrête, elle est à lui ; ses chiens, d'ailleurs, montrent et maintiennent assez son droit, en arrivant dessus. Ce n'est ici encore que l'application du principe général développé dans ce chapitre, conforme aussi aux convenances et à l'usage que j'ai toujours vu pratiquer et pratiqué moi-même sans que la moindre réclamation se soit jamais élevée. Le propriétaire ou fermier des chasses, sans le

consentement duquel, au reste, l'administration peut faire faire la chasse, n'y a pas plus droit qu'un autre, s'il n'a pas tiré devant ses chiens. L'abandon de la bête, lorsqu'elle peut se manger, on son partage avec ceux qui ont été invités à la chasse, est une politesse à laquelle ne manque pas le maître d'équipage, au moins en Franche-Comté. La présentation du pied à l'heureux chasseur dépend de l'état présumé de son porte-monnaie : c'est l'affaire du piqueur doué généralement à cet endroit d'une seconde vue.

103. A qui appartient la prime quand il s'agit d'un loup ?

Pas de difficulté s'il a été tué en battue : à celui qui l'a tué et en est propriétaire. Dans la seconde hypothèse, elle lui appartient, encore, bien que le loup ne lui appartienne pas, car le texte de la loi la donne à celui qui a *tué* un de ces animaux (1), son but étant d'encourager les bons ti-

(1) Loi du 11 ventose, an III, art. 1er ; l. du 10 messidor an V, art. 4. du 3 août 1832. Aux termes de la première de ces lois, la prime accordée à celui qui tuait une louve pleine était de 300 livres ; non pleine, 250 ; un loup, 200 ; un louveteau, 100. La seconde l'avait fait descendre à 50, 40 et 20 ; l'instruction du 9 juillet 1818 l'a mise à 18, 15, 12, et 6 francs, louve pleine, non pleine, loup, louveteau. Le taux des primes a été relevé par la loi du 3 août 1882. 100 fr. par tête de loup ou louve non pleine. 40 fr. par tête de louveteau de moins de 8 kil. 150 f. pour louve pleine. 200 fr. si le loup s'est jeté sur des êtres humains.

reurs à prendre part aux chasses faites pour les détruire. C'est cependant à celui qui a détourné l'animal qu'est dû le succès de la chasse ; aussi, tout tireur qui se respecte n'a-t-il jamais songé à user de son droit à son encontre, et ajoute souvent à la prime, quand c'est un piqueur, valet de chien ou garde, qui a fait le bois.

§ 6

Du droit du chasseur aux chiens courants sur la bête rapprochée par ses chiens.

104. Jusqu'ici nous avons supposé la bête mise sur pied, *lancée* et suivie par les chiens devant lesquels elle fuit. Le chasseur y a un droit exclusif tant que cette suite dure. Ce droit lui appartient-il déjà quand ses chiens ne font que la *rapprocher ?*

Un mot pour les jurisconsultes qui ne sont pas chasseurs. Une bête est lancée, quand les chiens, arrivant sur l'endroit où elle est remise, la font lever, s'élancent à grands cris et à fond de train dans la voie toute fraîche qu'elle laisse derrière elle en fuyant, et la suivent dès lors de la même allure jusqu'à ce qu'elle soit tuée, qu'ils la forcent ou la perdent. Mais, à moins que les chiens ne tombent inopinément sur le gîte, la forme, le li-

14.

teau, la bauge, ou sur la voie de la bête qui vient d'en sortir, le *lancé* est toujours précédé d'un *rapproché* sur le passage suivi par la bête pour y arriver.

La voie, dans ce passage, est plus ou moins bonne, suivant le temps qui s'est écoulé depuis la rentrée au moment où les chiens la trouvent, l'état de l'atmosphère, etc., etc., etc. Tel chien de haut nez se rabattra et rapprochera des voies de la veille, tel autre passera sur des voies du matin. Bref, quand les chiens trouvent une rentrée, la voie est plus ou moins froide, ils commencent par se rabattre, c'est-à-dire par la flairer en rapprochant leur corps de terre, en écartant les jambes qu'ils appuient fortement sur le sol afin de s'assurer et la bien goûter. Le mouvement de leur queue fait de suite apercevoir si elle est bonne. Ils la suivent d'abord lentement ; les plus chauds donnent quelques coups de gueule qui ameutent et excitent les autres qui en donnent à leur tour ; la voie s'échauffe en approchant de l'endroit où la bête est remise ; les sons deviennent plus pleins, les voix des chiens plus pressées se mêlent, s'harmonisent ; leur allure devient plus rapide, plus sûre ; la bête part, détale ; les chiens arrivent sur sa voie *saignante*, s'élancent à sa suite en redoublant de voix et d'ardeur. Ils la *lancent*. Ce passage du rapproché au lancé par

des chiens bien *gorgés* ferait revenir un mort.
J'en oubliais ma question.

Peut-on tirer et prendre la bête qui n'est encore
que rapprochée par les chiens d'autrui ?

Elle part avant que les chiens n'arrivent sur
elle, quelquefois au premier coup de gueule. Elle
est d'autrefois sur pied déjà au moment où commence le rapproché, qui peut durer, dans ce cas
surtout, assez longtemps. Non, on ne peut la tirer
ni la prendre. Les chiens, en la rapprochant, sont
à sa suite comme en lançant ; seulement, leur
allure est moins vive. Ce n'est qu'autant que le
chasseur quitterait avec ses chiens la voie, qu'il
abandonnerait le droit que lui donnent sa découverte, son travail et sa suite.

§ 7

Du droit du chasseur sur la bête détournée.

105. La question devient beaucoup plus délicate quand la bête n'est pas encore rapprochée,
mais seulement *détournée*.

Un mot encore pour les jurisconsultes purs.
Quand on veut chasser à coup sûr telle bête ou
telle espèce de bête, il faut savoir si elle est et où
elle est dans la forêt, pour aller l'y attaquer et
n'en pas chasser d'autre. Le secret et le silence

sont nécessaires pour s'en assurer. On va au préalable *faire* le bois, c'est-à-dire chercher la rentrée de la bête et déterminer la partie de la forêt dans laquelle elle est remise ou rembûchée. Rien de plus simple en temps de neige, quand le livre des ânes est ouvert, disent les vieux chasseurs. Encore, faut-il avoir un œil assez exercé et une certaine habitude, non pas pour trouver la rentrée, mais pour faire l'*enceinte* nécessaire afin de s'assurer que la bête n'est pas sortie de la partie de bois que vous avez entourée en partant de la rentrée et y revenant par le côté opposé à celui d'où vous êtes parti, après avoir fait le tour du massif. Cette opération, quand il n'y a pas de neige et que la pluie ou la poussière n'aident pas au *revoir*, ne peut être faite qu'à l'aide d'un limier tenu au *trait* (1). Elle demande beaucoup d'habileté et de prudence de la part du chien et de l'homme qui travaille avec lui. C'est certainement l'opération la plus difficile en vénerie, celle qui exige les plus grandes connaissances et le plus d'habitude.

Une fois que celui qui fait le bois s'est assuré que la bête est dans telle enceinte dont il a fait le

(1) Le *trait* est un cordeau dont l'extrémité est passée dans la plate-longe d'une *botte*, morceau de cuir très large dans la partie sur laquelle porte le dessous du col du chien, passé dedans, afin qu'il ne se blesse pas en tirant dessus.

tour, il fait une brisée sur la rentrée pour la retrouver, puis se retire avec son chien qui a dû rester muet (1). La bête *est détournée*. Si elle doit être tirée, on place les tireurs autour de l'enceinte dont on la fait sortir soit avec des traqueurs espacés à une courte distance l'un de l'autre sur une ligne parallèle à celle des tireurs sur lesquels ils se dirigent en faisant du bruit (2), soit même à la neige, au moyen d'un seul homme qui suit le pas (3). Ou bien, et c'est le moyen ordinairement employé, car celui qui a un limier, a des chiens de suite, on vient *frapper à la brisée* avec eux,

(1) On obtient son silence, quand il est tenté de le rompre, en *accourcissant* le trait sur lequel il tire avec force. Sa gorge est alors comprimée sans aucun mal, à cause de la largeur de la botte qui doit, en-dessous, quand elle est bien faite, lui emboîter le col depuis les épaules jusqu'à la naissance de la mâchoire inférieure.

(2) J'ai souvent remarqué que quand les traqueurs faisaient trop de tapage en criant, cornant, etc., beaucoup de bêtes se rasaient, les laissaient passer et venaient sauter derrière eux. Il est bon de laisser quelques tireurs en arrière, et sur les côtés surtout. Les traqueurs devraient se borner à frapper contre les arbres et les cépées avec un bâton fendu et à crier modérément.

(3) Quand cet homme est habile et connaît bien le bois, il indique continuellement aux tireurs la direction que prend la bête et l'endroit où elle va sauter ; c'est un chien qui parle. Le vieux Pâris, dit Jean *Loiseau*, qui faisait dans ma jeunesse ce métier, au cœur de l'hiver, sans bas avec des sabots, au milieu de nos immenses bois dont il connaissait tous les arbres, n'avait pas son pareil.

c'est-à-dire, attaquer la bête qu'ils vont lancer, en les découplant sur là rentrée qu'elle indique (1).

La question est de savoir si le chasseur a un droit, sur la bête ainsi détournée, avant l'attaque, ou si un autre peut impunément, et, ici, le mot est pris dans son sens propre, *aller sur ses brisées*.

Tant que les chiens ne sont pas encore dans la voie, la bête reste dans sa liberté naturelle, qu'elle perd dès qu'ils sont à sa suite. Le fait de l'avoir détournée n'est pas un acte suffisant pour en donner la possession. Qu'a fait, en effet, le chasseur? Il a appris qu'une bête était dans telle partie de la forêt, à supposer encore qu'il n'ait pas fait *buissons creux*; j'en ai vu faire aux plus habiles; mais voilà tout. La brisée qu'il a faite sur la rentrée, ne met pas la bête en son pouvoir, comme la suite que lui donnent ses chiens qui l'abattront si elle s'arrête. Elle peut partir, changer même de forêt, avant que les

(1) On peut aussi vider l'enceinte à trait de limier comme le veut en temps de fermeture le règlement sur la louveterie du 20 août 1814, c'est-à-dire suivre la bête mise sur pied avec le limier tenu au trait. Cette manière d'opérer extrêmement lente et pénible dans les fortes coupes pour l'homme et le chien ne réussit souvent pas à faire sauter la bête qui évente les tireurs et tourne dans l'enceinte.

chiens n'arrivent. Celui qui se trouverait sur son passage et la tuerait, tuerait une bête qui est dans sa liberté naturelle, serait, par conséquent, le premier occupant. J'en dis autant de celui qui, dans le même cas, mettrait ses chiens après ; sait-il même si elle a été détournée ? Il peut y avoir et il y a presque toujours plusieurs bêtes de détournées dans la même forêt par ou pour le même chasseur ; il ne possédera que celle qu'il attaquera. La question de savoir celle qui sera attaquée fera l'objet d'une délibération préalable, les autres resteront libres. Ce n'est donc qu'après l'attaque commencée que naîtra le droit du chasseur sur la bête qui est devant ses chiens. La Cour de Dijon a même décidé, le 19 novembre 1862, que faire le bois avec un limier n'était pas faire acte de chasse [1].

(1) L'arrêt se trouve dans le recueil de Sirey, 1863, 2, 86. Il s'agissait d'un maître d'équipage en quête de loups avec son piqueur dans les bois dont ils n'avaient pas la chasse. Commettaient-ils un délit de chasse en faisant le bois avec leurs limiers ? La Cour a décidé que non en se fondant sur ce que l'acte de chasse consistant à poursuivre le gibier avec l'intention et la possibilité de l'atteindre, le moyen employé ne pouvait mettre le gibier sur pied ; que la quête avec le limier pouvait bien être un acte préparatoire de la chasse, mais que la chasse ne s'en étant pas suivie, il était possible qu'elle ne dût pas avoir lieu. En effet, quand on a trouvé une rentrée dans ses propres bois, il faut s'assurer que la bête n'est pas passée dans d'autres, que l'on peut l'attaquer et placer les

La bête détournée appartiendrait donc à celui qui la tuerait ou la chasserait avant qu'elle ne fût attaquée. Mais celui qui l'a détournée ou pour lequel elle a été détournée, n'aurait-il aucune action contre celui qui l'aurait tuée ou chassée, bien qu'il ne pût pas la revendiquer ?

Et d'abord, si celui qui la chasse ou la tue n'a pas le droit de chasse dans le bois où il se trouve, il sera poursuivi comme ayant commis un délit de chasse, et le propriétaire ou fermier des chasses pourra lui demander en même temps, en se portant partie civile, des dommages-intérêts pour avoir chassé dans ses bois. Mais ce n'est pas notre question, car il en serait de même s'il n'y avait pas de bête de détournée.

Le fait d'avoir chassé, tué ou fait lever une bête détournée, peut-il rendre son auteur passible, de la part de celui qui l'a détournée, d'une action en dommages-intérêts résultant du trouble apporté à l'exercice de son droit de chasse qu'il se préparait évidemment à mettre en œuvre, action fondée

tireurs sur le terrain où on a droit de chasse. *Sic* Gislain, n° 177. Puton, n° 93. Leblond, n° 182. Bourges, 9 juin 1877. Cassé le 4 janvier 1878. S. 78.1.190. D. 78.1.334 de Champigny. On a confondu a tort ce fait de conduire un chien d'arrêt dans la campagne en liberté avec celui de tenir un limier au trait qui paralyse complètement la suite qu'il serait tenté de donner.

sur l'article 1382 du Code civil, qui oblige l'auteur de tout fait dommageable pour autrui aux réparations civiles? Supposons donc que celui qui a chassé ou tué la bête ait le droit de chasse dans la même forêt. Il peut être parfaitement innocent et ne pas se douter même que cette bête était détournée. Je ne verrais plus dans ce cas de condamnation possible. Et, en supposant même qu'il sût que le bois a été fait; celui qui l'a fait ou fait faire peut-il ainsi l'empêcher d'user de son droit de chasse dans la forêt qu'il a louée aussi? Un seul des fermiers empêcherait continuellement les autres d'user de leur droit, en faisant faire le bois tous les jours. Cela n'est pas admissible. J'use de mon droit en mettant mes chiens dans le bois où j'ai droit de chasse, ils tomberont ou ne tomberont pas sur une bête détournée. Je ne verrais de base sérieuse à une action en dommages-intérêts, que si vous veniez exprès profiter de mon travail, de ma peine et m'empêcher de chasser, en découplant sur ma propre brisée; ou si, usant méchamment de l'indication qu'elle vous donne, vous alliez exprès mettre sur pied la bête pour m'empêcher de la chasser. Ceci deviendrait plus grave s'il s'agissait d'une bête nuisible dans une chasse ou battue faite par ordre de l'administration. Le bois ou la partie du bois dans laquelle doit s'exécuter la chasse est en quelque sorte en défense ce jour-là, jusqu'à ce que les enceintes soient vidées.

CHAPITRE VI.

Du droit du chasseur sur le gibier dans la chasse au chien d'arrêt.

106. Le chien d'arrêt, comme son nom l'indique, joue un rôle inverse de celui du chien courant. Celui-ci court après la bête, la suit à grands cris jusqu'à ce qu'elle tombe sous le coup de fusil de son maître, qu'il la prenne lui-même, ou qu'il la perde. Il peut accomplir seul la chasse, en être l'unique instrument, il suivra et prendra la bête ; c'est ce qui a lieu dans la chasse à courre, la chasse noble par excellence, la seule admise dans notre ancien droit ; personne n'y porte de fusil (1). Le chien courant ne peut s'employer qu'à la chasse des animaux qui, comme lui, ne quittent pas la terre, qu'il peut prendre, des quadrupèdes. Le rôle du

(1) L'usage de *servir*, c'est-à-dire de tuer la bête qui fait tête aux chiens, avec la carabine ou le fusil, assez commun aujourd'hui, paraît ne s'être introduit chez nous que dans ce siècle ; autrefois on n'employait que le couteau de chasse.

chien d'arrêt n'est au contraire qu'un rôle auxiliaire qui consiste à trouver le gibier, à l'arrêter
sans bouger, pour donner à son maître le temps
d'arriver et de le tirer. *Arrêter* le gibier : faut-il
dire encore, pour ceux qui ne sont pas chasseurs,
que cela ne signifie pas prendre le gibier, mais
que le mot arrêter s'applique au chien lui-même
qui s'arrête sur le gibier, qui tombe *en arrêt* sur
lui, dès qu'il le sent d'assez près, sans faire le
moindre mouvement ? Le maître prévenu arrive,
le fait partir, le tire, quelquefois même l'aperçoit et le tire par terre, au gîte ou au posé. Le
bon chien d'arrêt ne bouge pas, quand même il
a le gibier à vue, quel que soit le temps que
mette à arriver son maître, qui ne doit pas hâter
le pas pour ne pas le faire *bourrer*. J'en ai eu
plusieurs qui se couchaient sur le ventre quand
ils étaient fatigués. Le bon chien d'arrêt ne doit
pas courir après le gibier quand il part, afin de
ne pas le gêner dans sa remise et de permettre
de le relever plus facilement s'il est manqué ou
n'a pas été tiré. Ce n'est qu'autant qu'il tombe,
qu'il complète son rôle en allant le chercher et le
rapportant à son maître.

Le chien d'arrêt, principalement employé à la
chasse de la plume, arrête aussi le poil dans la
personne des lièvres et des lapins.

Quel est le droit du chasseur au chien d'arrêt

sur le gibier? à quel moment commence-t-il?

107. L'emploi du chien d'arrêt n'ayant commencé à avoir réellement de l'utilité qu'après que le perfectionnement des armes à feu a eu atteint un degré suffisant pour permettre de tirer au vol; nous ne trouvons rien dans les textes du droit romain de relatif au droit du chasseur sur le gibier dans cette chasse, qui, du moment où elle a commencé à être mise en pratique en France, n'est mentionnée dans les ordonnances de nos rois que pour être absolument prohibée comme chasse *cuisinière* et trop destructive (1). Les lois modernes n'ont fait que lever l'ancienne prohibition, assez mal observée du reste, à la fin du siècle dernier.

Nous n'avons donc aucun texte pour résoudre les questions que peut faire naître cette chasse, questions que nous allons examiner en les séparant.

(1) Ces prohibitions commencent à Henri III qui, dans son ordonnance du 14 août 1578, défend absolument, à toute personne noble ou non, d'avoir des chiens couchants et gratifie de quatre écus les archers par chaque chien de cette espèce qu'ils prendront et lui amèneront. (Art. 2 et 3.) La chasse aux chiens couchants est *très expressément* défendue par Henri IV, dans l'article 3 de l'ordonnance de 1596 et dans toutes celles qui l'ont suivie jusques et y compris la dernière, celle de 1669, titre xxx, art. 16, abolie par la loi du 11 août-3 novembre 1789.

§ 1.

Peut-on tirer ou s'approprier le gibier arrêté par le chien d'un autre ?

108. Supposons un chasseur battant la plaine avec son chien d'arrêt. Il ne peut, à coup sûr, empêcher ceux qui ont comme lui le droit de chasse sur le même terrain, d'en faire autant et de tirer tout ce qui partira devant eux. Mais voilà son chien qui tombe en arrêt : un autre pourra-t-il venir, avant lui, tirer à l'arrêt de son chien, et, s'il tue le gibier arrêté, ce gibier lui appartiendra-t-il ?

On pourrait, pour essayer de le soutenir, faire le raisonnement suivant : Le chien d'arrêt, à la différence du chien courant qui suit le gibier et le prendra s'il s'arrête, ne le tient pas au pouvoir de son maître qui ne le possède pas ; il reste dans sa liberté naturelle, surtout si c'est un gibier de plume, il n'a qu'à s'envoler ; donc il appartient au premier occupant, et le premier occupant est celui qui le tue.

S'il y a quelque chose de plus révoltant que de tirer devant les chiens courants de quelqu'un, c'est de tirer devant son chien d'arrêt. Il y a là je ne sais quoi de vil et d'odieux. Mais raisonnons en droit. Celui dont le chien arrête une pièce de gibier, bien qu'il n'en ait pas encore la possession proprement dite qu'il n'acquerra qu'en l'abattant, a toujours sur ce gibier, que son chien tient en arrêt pour lui, un droit conditionnel que l'autre n'a pas, celui d'accomplir la possession en tirant dessus, s'il le tue. Ce droit conditionnel lui est acquis par un travail souvent très long et très pénible dont l'autre ne saurait, sans une injustice qui frappe tout le monde, lui enlever le fruit. La prise de possession, en pareille matière, se compose aussi de faits complexes et successifs. On ne peut pas prendre possession d'une perdrix comme d'un objet inanimé, en mettant immédiatement la main dessus ; le premier acte, pour y arriver, est accompli par le chien qui arrête, le second par le maître qui tue. Lorsque, allant labourer un champ, j'arrive dessus avec mes chevaux et ma charrue, ma possession commence avant que je n'aie enfoncé le soc en terre ; elle ne sera complète que quand j'aurai fini de labourer tout le champ. Un autre, quand je suis dessus le premier, peut-il venir m'empêcher de labourer et en prendre possession ? Une simple bouée placée sur la chose que j'ai découverte au fond de la mer et que je veux retirer, ne suffit-elle pas pour empêcher un autre de s'en emparer ? Le chasseur, dont le chien arrête une pièce de gibier, est dans une semblable position.

Est-il bien juste de dire aussi que, dans ce cas, le gibier arrêté est dans sa liberté naturelle, sous le canon du fusil prêt à l'abattre, et qui l'a abattu, puisque nous supposons que le tiers en refuse la restitution. C'est une liberté qui n'est guère enviable, il faut en convenir.

Voilà pour le droit. Comme nous n'avons pas de textes, l'équité et la raison doivent y suppléer. Nul ne contestera, je pense, que l'une et l'autre ne soient pour le maître du chien, qui aura de plus, pour lui, l'usage constant qui supplée à la loi. Je n'ai pas encore rencontré de particulier assez osé pour y contrevenir. *Sic*, Giraudeau et Lelièvre, n° 1346. *Contrà*, de Neyremand, p. 115, Leblond, n° 220. Tout en reconnaissant ce que le fait du tiers a de révoltant, M. Sorel distingue si le maître du chien est ou non en position de tirer, n° 61. Ce serait alors le prix de la course, le tiers profiterait toujours de mon travail et de celui de mon chien.

§ 2.

Droit du chasseur au chien d'arrêt sur le gibier blessé
ou démonté.

109. Le chasseur a blessé ou démonté le gibier arrêté ou non par son chien. Il y a ici, de

plus que dans l'hypothèse précédente, un acte
de possession résultant de la blessure, qui ne
permet pas à un tiers de s'en emparer tant
que le chasseur est à sa recherche. Très souvent
il n'y aura plus qu'à faire prendre par le chien le
gibier qui ne peut plus aller, ou à le prendre
soi-même s'il est assez blessé et qu'on l'aper-
çoive ; il ne rentre dans le domaine du premier
occupant qu'autant qu'il est abandonné par le
chasseur qui ne peut le trouver. L'application de
ces principes a été faite à propos d'un canard démonté, le 4 février 1865, par le juge de paix de
Calais, un autre chasseur s'en était emparé.
« Considérant que cette prétention est contraire
aux principes généraux qui régissent l'exercice de
la chasse dans les pays civilisés. Qu'il arrive souvent qu'un gibier atteint mortellement poursuit
son vol quelques instants et va tomber à quelque distance du chasseur qui l'a blessé. Que
le gibier qui tombe blessé mortellement ou non
donne au chasseur qui le fait tomber un droit
de suite... Qu'il en est à plus forte raison ainsi
quand le gibier ne s'est pas relevé, qu'il suffirait autrement de décharger son arme sur le
gibier abattu par autrui pour s'en emparer. Qu'un
pareil procédé amènerait des *rixes* regrettables, etc. »

J'en dirai autant du gibier mort, bien qu'il appartienne aussi au chasseur qui l'a tué, car en l'abandonnant définitivement, il renonce à son droit de propriété, le gibier rentre dans la classe des choses que l'on appelle en droit *pro derelictis habitæ*, c'est-à-dire délaissées par leur propriétaire qui les abandonne au premier occupant. Mais il n'y aurait pas délaissement, et le droit du premier occupant cesserait, si le chasseur, tout en quittant la place, n'avait pas abandonné le gibier, se proposait de venir le reprendre ou le rechercher, empêché qu'il en est pour le moment, par une raison ou par une autre. C'est une question de fait. Aucun doute ne pourrait s'élever si le chasseur avait tenu le gibier, mais ne l'avait pas emporté, soit à cause de son poids, soit pour toute autre cause, sauf à venir le reprendre. C'est ainsi qu'un particulier, qui, ayant trouvé au bois un sanglier, l'avait pris et vendu, a été condamné par le tribunal de police correctionnelle de Dijon, comme voleur, à la prison, à l'amende et à la restitution de sa valeur au chasseur qui l'avait couvert de feuilles et même attaché par une trace après un arbre avant d'aller chercher une voiture pour l'enlever. La couverture de feuilles et la ligature faisaient voir évidemment l'intention de ne pas l'abandonner et de venir le reprendre. Il en serait de même du gibier suspendu après un arbre, il y a là un signe non équivoque de la prise de possession du chasseur et de l'intention de venir le reprendre. Il y aurait donc un véritable vol dans le fait de celui qui s'en emparerait. (De Neyremand, p. 137, Sorel, n° 54, Giraudeau et Lelièvre, n° 1351.)

Il est possible que les choses ne se passent pas ainsi. Le chasseur qui a tué une pièce de gibier a fait des recherches infructueuses, soit parce qu'il n'avait pas de chien ou un mauvais chien, qu'il était fatigué, que la nuit est venue, etc. ; il se propose de reprendre ses recherches et se retire. Comment savoir alors s'il a abandonné ou non définitivement le gibier ? Il fera bien, dans ce cas, de faire des brisées au bois, ou en plaine, d'autres marques visibles sur la place. En tout cas, son retour sur cette place et les recherches auxquelles il se livrerait accuseront assez son intention, et le gibier devrait lui être rendu par celui qui l'aurait trouvé, puisqu'il en était propriétaire et n'avait pas abandonné son droit. Celui qui l'a trouvé mort sait bien qu'il ne l'a pas tiré, et par conséquent qu'il appartient à un autre. Seulement, il n'y aurait pas ici de vol comme dans l'hypothèse précédente où des signes non équivoques attestaient que le gibier avait été tenu par le chasseur qui n'avait plus de recherches à faire et devait venir simplement l'enlever. Il y a, surtout aux environs de l'ouverture, beaucoup de pièces de gibier blessées qui vont mourir à une certaine distance du lieu où elles ont été tirées. La présomption toute naturelle pour celui qui les trouve, est qu'elles ont été perdues par le tireur, qui souvent ne sait même pas qu'elles sont mortes, les abandonne et les laisse par le fait au premier occupant. Cette présomption, qui autorise ce dernier à s'en emparer sans délit, céderait, comme toutes les présomptions, à la preuve du contraire que devra fournir le chasseur qui réclamerait la pièce. Cette preuve résulterait de la recherche qu'il en ferait, et il n'est pas possible ici de distinguer si la blessure est ou non mortelle, distinction toujours très difficile à vérifier en fait sur de petits animaux. Elle serait d'ailleurs dans bien des cas tout à fait insignifiante au point de vue de la possession. Chacun sait, en effet, qu'une aile cassée n'est pas une blessure mortelle pour une perdrix qui s'en remettra parfaitement si on la laisse ; elle sera cependant prise, en cet état, par le plus mauvais chien. Il n'y a pas même besoin que l'aile soit cassée, mai seulement le guidon. Une patte cassée n'est pas non plus une blessure mortelle pour un lièvre que le chien prendra encore assez vite ; il ne peut donc être permis à un tiers de le soustraire aux poursuites de celui qui l'a blessé.

§ 3.

**Du droit du chasseur au chien d'arrêt sur le gibier levé par lui
ou par son chien.**

110. Le gibier, levé par le maître ou le chien,
n'a pas été tiré ou a été manqué, il va se remettre
plus loin : un tiers peut-il le tirer? Oui, certainement. Il n'y a ici aucune possession sur le gibier
ni commencement de possession résultant d'un
acte qui le tienne de quelque façon que ce soit
au pouvoir du chasseur qui l'a manqué ou ne l'a
pas tiré. L'autre peut être de bonne foi, ignorer
complètement que le gibier qu'il lève a été tiré,
que le tireur vient à la remise.

Il est de bon goût, quand on a vu ou entendu
tirer et que le tireur vient à la remise, de ne pas
y aller, ou tout au moins de l'attendre pour la
lui indiquer et y aller de concert. Ne tirer qu'après
lui est une marque de déférence toujours due à
plus âgé que soi, et, vis-à-vis d'un autre, un acte
de courtoisie auquel ne manquera pas le chasseur
bien élevé (1).

(1) J'ai entendu, à ce propos, souvent citer à mon père le
fait suivant : Au temps des fusils à pierre et des chasseurs polis,
le garde général Berthier, en résidence à Gray, avait, comme
tireur, un nom bien connu dans la Haute-Saône, et venait sou-

111. Il y a des chiens d'arrêt qui chassent le lièvre en donnant de la voix quand il part devant eux et lui donnent une poussée suffisante souvent pour le faire sortir du bois et passer devant leur maître ; j'en ai vu en faire autant pour des chevreuils. Bien qu'à la différence des chiens courants, ils ne les suivent que très peu de temps et ne les prennent presque jamais s'ils ne sont blessés, il n'en est pas moins vrai que, tant qu'ils les tiennent devant eux, ils les prendraient infailliblement s'ils s'arrêtaient, et que ces chiens donnent à leur maître, placé sur le passage pour tirer, un droit qu'un tiers ne saurait lui enlever tant que dure cette suite.

112. Je ne parle pas des *corneaux*, métis issus de chiens courants et de chiens d'autre race. Plus raides que les chiens courants, leur menée moins sûre, très irrégulière, détestable pour un vrai chasseur, n'en est pas moins celle des chiens de

vent chasser à la maison. Un jour, des officiers de la garnison de Vesoul, invités à tirer des bécassines sur l'étang de Vy-le-Ferroux qui en abonde, en manquaient une assez grande partie, reprises presque toutes en sous-œuvre et abattues avec le plus grand flegme par un vieillard de haute taille, qui ne tirait jamais que le dernier. Après un magnifique coup double, l'un de ces messieurs se retourne le chapeau à la main et lui dit pour tout compliment : « A moins que vous ne soyez M. Berthier, je ne sais, monsieur, qui vous pouvez être. » C'était en effet notre garde général qui figurait parmi les invités. Tous voulurent lui céder le pas : il n'en fit rien, bien entendu.

suite. J'en ai vu prendre parfaitement leur lièvre. Très habiles dans les défauts, leur *bricolage*, les portant rapidement de tous les côtés, les leur fait relever souvent plus vite que les chiens d'ordre *collés* à la voie. Je dois leur rendre cette justice, bien que je ne puisse les supporter. Leur fonction étant la même que celle des chiens courants, tout ce que nous avons dit de la chasse de ces derniers s'applique à la leur, quant au droit du chasseur sur le gibier.

CHAPITRE VII.

Du droit du chasseur sur le gibier quand il chasse sans chiens.

113. Je ne reviendrai pas sur ce que j'ai dit de la bête tuée au trac ou en battue lorsque cette chasse a lieu par ordre de l'administration. La bête appartient à celui qui l'a tuée ou blessée mortellement. Il a pour lui le principe de droit attribuant au premier occupant la bête non encore possédée par un autre. La réclamation que voudrait élever le propriétaire des bois ou l'adjudicataire des chasses, trouverait encore un obstacle dans l'ordre de l'administration qui autorise, dans un intérêt général, les tireurs qu'elle encourage à prendre part à ces chasses, à tuer et détruire les animaux nuisibles, bon gré malgré le propriétaire du bois ou le locataire des chasses. C'est ce qu'a décidé la Cour de cassation dans l'affaire Sémelé contre Kauffer, le 22 juin 1843, tout en partant du faux point de vue qui attribuerait la propriété de tous les animaux qui sont dans une forêt à l'adjudicataire des chasses. Les animaux qui sont dans leur liberté naturelle n'appartiennent à personne, c'est un principe de droit naturel toujours reconnu par les lois positives depuis les Romains. (V. n°s 21 et suiv.) Ils sont au premier occupant.

Ce principe nous conduit forcément à décider que dans une battue faite sans ordre de l'administration, par le propriétaire ou l'adjudicataire des chasses dans ses bois, le gibier appartient de même à ceux qui l'ont tué. Seulement, la politesse, d'accord ici avec l'usage, fait que les invités n'usent pas de leur droit : le gibier est laissé au propriétaire ou à l'adjudicataire, surtout quand ils assistent à la battue en personne, et est distribué par eux aux invités, parmi lesquels les heureux tireurs ont toujours la première part.

En dehors des battues, il y a beaucoup de chasses qui peuvent se faire sans chiens. Tous les affûts d'abord, la chasse sur l'eau. La chasse en plaine, aux lièvres particulièrement, est ainsi faite par bon nombre de gens qui ne sont pas ceux qui en tuent le moins.

Je n'ai que très peu de chose à dire sur la chasse ainsi pratiquée. Si le gibier est blessé, la blessure constituant un acte de possession suffisant par lui seul pour donner un droit exclusif au chasseur qui le poursuit, droit qui ne cesse que par son abandon définitif selon nos lois françaises, il faut se reporter à ce que nous avons dit du gibier blessé au chien d'arrêt. (V. n° 109.)

114. Lorsqu'il n'est pas encore blessé, le chasseur qui ne le possède pas, n'a pas dessus plus de droit qu'un autre. Je déciderais cependant que, s'il l'apercevait au gîte ou posé et s'apprêtait à le tirer, un autre ne pourrait le tirer avant lui. Il y a ici une espèce de possession *oculis et effectu*, qui donnerait tout au moins lieu à une action en dommages-intérêts.

115. J'en dis tout autant pour celui qui, à l'affût, viendrait se placer à l'endroit où je suis déjà le premier, pour tirer ou m'empêcher de tirer, si j'avais le droit de chasse à cet endroit : qu'il s'agisse de quadrupèdes ou d'oiseaux, comme à la passe de la bécasse au vol ou au posé (1), aux grives sous un alisier ou autre

____

(1) Au printemps, les bécasses, qui sortent toutes du bois

arbre à fruits qu'elles fréquentent (1). J'ai pris le mot affût dans un sens large, pour qualifier toutes les chasses qui se pratiquent en attendant le gibier, qui vient de lui-même se présenter

la nuit, passent sur les clairières. On se poste principalement sur les grands chemins qui traversent ou bordent les bois, le soir à la chute du jour et le matin à son lever. Le matin elles s'abattent aussi dans les places vides. En automne, depuis le 1er octobre au 10 novembre à peu près, elles viennent s'abattre aux bords des mares le soir, à la chute du jour, pour y chercher des vers ; le chasseur embusqué dans une hutte en feuillage les tire posées. Cette chasse est très pratiquée en Franche-Comté. La mare qui y porte aussi le nom de *loitre*, doit être située dans le bois ou très rapprochée du bord. On les tire aussi au vol dans les mêmes endroits et aux mêmes heures qu'au printemps, c'est-à-dire au crépuscule le matin et le soir ; mais elles sont beaucoup plus difficiles qu'au printemps, parce qu'elles ne préviennent plus par le petit cri qu'elles jettent à cette époque où elles sont en amour, et volent beaucoup plus rapidement.

(1) L'alisier vient principalement dans les bois de montagne, sur les parties pierreuses. Il est très reconnaissable à sa feuille blanche en dessous comme celle du saule et produit des petits fruits d'un jaune rouge, de la grosseur d'une forte chevrotine, d'un goût sucré quand ils sont bien mûrs. Le sorbier des oiseaux qui vient dans les mêmes endroits, appelé aussi aigrettier, à cause du goût un peu acide de ses fruits, qui sont des nèfles en miniature, pour la forme, la couleur et le goût, un peu moins gros que les précédents, se distingue par sa feuille découpée comme une petite feuille de vigne dont elle a la forme ; elle devient d'un rouge sale sur la fin de la saison. Les geais, draines, merles, et les grives sont très friands de ces fruits. Cette chase se fait au mois d'octobre, du lever du jour à 8 ou 9 heures, et le soir de 3 à 5 heures ; il n'est pas rare d'en tuer une douzaine, le matin surtout.

au chasseur embusqué pour le tirer. Dans son sens technique, le mot affût ne s'applique qu'à la chasse aux quadrupèdes attendus le soir à la sortie du bois. La même chasse se pratique en sens inverse le matin, lorsqu'ils y reviennent, à la *rentrée*.

CHAPITRE VIII.

Jurisprudence relative au droit du chasseur sur le gibier.

116. L'exposé des droits du chasseur sur le gibier, que nous venons de faire d'après les lois et les usages constants, nous permet d'apprécier facilement les décisions judiciaires rendues à ce sujet. Rien de plus divergent. Ce qui frappe surtout, dans l'examen des arrêts des Cours d'appel et de la Cour de cassation, ainsi que dans celui de la doctrine des auteurs qui ont écrit sur le droit civil (1), c'est une absence complète de conformité avec les anciennes lois qui régissent la matière, une jurisprudence de quinze siècles, étayée sur l'opinion de tous les jurisconsultes des

____

(1) J'ai cité ceux qui s'étaient occupés de la question au n° 61, à la note, p. 152.

pays où la chasse à courre était pratiquée, et les usages constamment observés par les chasseurs qui appliquent ces lois sans les connaître, tout naturellement ; parce que, calquées sur ces usages, elles ont été faites par des gens qui connaissaient très bien la chasse, et étaient appliquées par d'autres qui la pratiquaient la plupart du temps en maîtres (1). Ceux qui permettent de tirer devant les chiens d'autrui et de s'emparer de la bête qu'ils chassent, ne disent jamais un mot de ces documents rapportés des n°s 61 à 83 pour appliquer une prétendue théorie de la possession sur laquelle je me suis assez étendu pour n'y pas revenir n°s 61 à 64. Nos anciens jurisconsultes connaissaient parfaitement la solution de Justinien reproduite et appliquée de nos jours à une chasse que jamais les Romains n'ont connue.

Il est rare de trouver aujourd'hui un chasseur, surtout un chasseur aux chiens courants, parmi ses juges ; s'il y en a quelques-uns dans une cour, ils ne peuvent pas faire arrêt à eux seuls.

Les jugements des tribunaux d'arrondissement

(1) Les quatres derniers membres du parlement de Franche-Comté, morts dans mon arrondissement, MM. de Chaillot, de Saint-Vandelin, de Sauvagney et mon grand-père, avaient les meilleurs chiens et chassaient correctement. Je trouve dans les régistres des dépenses de la maison, à la date de 1788, 8 livres pour 8 pains de sel destinés à saler les sangliers.

sont presque toujours aussi, sur nos questions, quand il s'agit de chasse aux chiens courants, en opposition avec la loi et les usages.

Les juges de paix, chasseurs pour la plupart ou en contact continuel avec les chasseurs, ont mieux jugé ces questions que nous allons reprendre dans l'ordre que nous avons suivi, en commençant par les décisions conformes aux lois et aux usages, pour terminer par celles qui s'en éloignent le plus.

§ 1.

Droit du chasseur sur le gibier chassé par les chiens courants. Gibier non blessé suivi par les chiens.

117. Nul n'a le droit de le tirer ou de le prendre devant les chiens d'autrui tant qu'ils le suivent, pas même le propriétaire ou le fermier des chasses sur le terrain duquel il passe. (Tribunal de paix de Schirmeck.)

« Considérant, en droit, qu'il est d'usage constant et général de regarder en quelque sorte comme la propriété du chasseur le gibier qu'il a levé dans ses chasses, tant qu'il est couru par lui et que ses chiens n'en ont pas abandonné la poursuite ; que s'il était loisible au premier venu, embusqué au passage, de s'emparer du gibier qu'un autre a fait lever et poursuit encore, la chasse aux chiens courants deviendrait souvent désagréable et pourrait amener des conflits regrettables ;

» Considérant, qu'il est des lois d'équité qui n'ont pas besoin d'être écrites pour devoir être observées; que tel est l'usage invoqué par le demandeur, usage qui n'est pas seulement le produit des convenances sociales et du savoir-vivre, mais est devenu une convention tacite, une obligation réciproquement admise à laquelle il serait injuste que quelqu'un voulût se soustraire ;

» Considérant, en fait, que A... chassait avec des chiens courants un lièvre levé sur le terrain dont la chasse lui appartient; que B... a tué le lièvre au moment où les chiens de A... étaient sur sa trace et où les deux chasseurs pouvaient entendre leurs cris sur la voie ; que peu d'instants après, les chiens, toujours sur cette voie, sont arrivés au lieu où le lièvre a été pris ; circonstances qui ont dû convaincre B... que le gibier par lui tué était bien celui que A... chassait, ce que d'ailleurs le défendeur n'a pas contesté ;

» Disons que B... a eu tort de s'approprier le lièvre en question et le condamnons, pour l'avoir fait, à 10 francs de dommages-intérêts et aux dépens » (10 octobre 1859, tribunal de paix de Schirmeck (Vosges). — Sirey, 1863, 1,237, note.)

En fait, le lièvre était passé sur un terrain où celui qui l'avait tiré avait le droit de chasse que l'autre n'avait pas. Voilà un jugement bien motivé, malgré l'absence de connaissance des anciennes lois françaises qui régissent la matière ; il a suffi de celle de la chasse, de ses usages, du bon sens et de l'équité pour arriver au résultat qu'elles consacrent.

Même décision de la part du juge de paix de Coutras, le 24 avril 1861.

Un lièvre, chassé par les chiens de Cooper qui l'avait lancé sur son terrain, passe sur celui où les frères Rouchon avaient droit de chasse en vertu de la permission du propriétaire. L'un d'eux le tire, le tue et l'emporte. Cooper réclame le lièvre devant le juge de paix de Coutras qui condamne les frères Rouchon à payer 6 francs à Cooper tant pour la valeur du lièvre que pour les dommages-intérêts.

« Attendu, porte le jugement, que le gibier étant la propriété du premier occupant, le fait de chasse et de poursuite établit au profit du chasseur, tant qu'il existe, une appropriation légale. »

Le juge de paix de Coutras est amené par les principes du droit et l'équité à décider ce que les lois françaises qu'il ne connaissait probablement pas sur ce point, qu'il ne vise pas, en tout cas, ont toujours décidé. (Sirey, 1863, 1,238.) Justice de paix de Calais, janvier 1865, *Gaz. des Trib*. du 3 fév. id. de Buxy, 3 mars 1866. *Bull. des J. de paix*, 1867, p. 44, id. de Lauzerte, 2 janv. 1872 de Maël-Carhaix, 5 janv. 1867, p. 117 et 121; de M. Sorel, *Droit de suite*, id. de Versy, 19 fév. 1878, *Gaz des trib*. des 22 et 23 av. 1878. Les motifs donnés dans ces jugements se trouvent bien complétés dans celui du tribunal civil de Château-Thierry, du 22 mars 1877, confirmant la décision rendue par le juge de paix de Charly, du 7 février de la même année. Garnier avait tué et emporté un chevreuil chassé par les chiens de Barbier. Il est condamné à 30 francs de dommages-intérêts par le juge de paix. Appel de ce jugement devant le tribunal de Château-Thierry, qui confirme en ces termes :

« Attendu que Garnier fonde son appel sur ce que, d'après la doctrine et la jurisprudence, le gibier étant *res nullius* appartient au premier occupant et sur ce que, dans l'espèce, le chevreuil étant chassé seulement et n'étant pas même blessé, il avait le droit de le tirer ;

» Attendu que le droit de chasse s'exerce en vertu de la loi, à des conditions souvent onéreuses et que le chasseur doit être protégé contre toute personne dans l'exercice de son droit ; — Attendu qu'il importe, pour la solution de la difficulté soumise au tribunal, de déterminer d'une manière précise là où commence pour le chasseur le droit d'appropriation sur le gibier qu'il poursuit ; — Attendu, en premier lieu, que le principe du droit romain puisé dans les *Institutes*, § 13, *De divisione rerum*, d'après lequel il n'y avait appropriation du gibier que lorsqu'il était appréhendé ou lorsqu'il était blessé mortellement, n'était pas l'expression de l'opinion de tous les jurisconsultes ; qu'il y avait eu des divergences entre eux sur ce point avant que ce principe fût posé dans les Institutes ; — Que d'ailleurs, des lois remontant aux premiers temps de la monarchie en France, et notamment la loi salique proclamaient des principes tout opposés, en prononçant des peines contre ceux qui s'étaient emparés du gibier poursuivi par un autre ; — Que ces lois n'ont cessé d'être appliquées en France, même après que les Institutes y ont été introduites ; — Qu'il y a donc plus de raison, dans le silence de la loi actuelle, d'appliquer encore aujourd'hui ces lois anciennes en vigueur dans notre pays, où la chasse à courre était pratiquée, que la loi romaine, qui n'a jamais pu régir la chasse à courre, que les Romains ne connaissaient pas, ou tout au moins qu'ils ne pratiquaient pas comme nous ; — Attendu d'ailleurs, que si on appliquait encore la règle tirée des Institutes, il en résulterait que le mode de chasse à courre et à tir autorisé par la loi du 3 mai 1844 ne serait pas praticable ; — Qu'en effet, d'après la loi romaine, tout le monde ayant autant de droit que le chasseur à la propriété du gibier qu'il poursuit, lorsqu'il n'est pas blessé mortellement, chacun pourrait se poster au-devant d'une meute et tuer le gibier qu'elle chasse ; — Qu'il est donc évidemment contraire à la raison d'appliquer au mode de chasse à courre et à tir d'aujourd'hui, des règles faites pour un pays dans lequel ce mode de chasse était inconnu ;

» Attendu, spécialement, que dans la chasse aux chiens courants, à laquelle se livrait Barbier, le chasseur ne peut le plus souvent suivre ni le gibier, ni même les chiens qui le poursuivent ; — Qu'il est d'usage alors de se poster et d'attendre le retour du gibier, qui d'ordinaire revient presque toujours au point où il a été lancé ; — Que s'il était permis au premier venu d'aller au-devant de ses chiens pour tuer le gibier, le chasseur ne jouerait absolument qu'un rôle de dupe ; — Que, eu égard aux règles de notre ancien droit, au mode de chasse suivi et aux usages admis en pareille matière, il y a lieu de décider, comme anciennement en France, que le droit d'appropriation du chasseur sur le gibier commence au moment où ses chiens lancent ce gibier ; — Qu'à partir de ce moment, il en a eu une véritable pos-

session au moyen de ses chiens, que cela est si
vrai que le gibier n'est plus en état de liberté naturelle, puisque, s'il s'arrête, il sera immédiatement appréhendé par les chiens ; — Qu'au moment où le gibier est levé, il y a donc, au profit
du chasseur qui le poursuit, un droit de propriété, en germe d'abord, mais qui se développe
au fur et à mesure que le gibier est plus près de
succomber, pour se compléter tout à fait à ce
moment-là ; — Que c'est là un véritable droit de
propriété, conditionnel il est vrai, jusqu'à ce que
le gibier soit pris, mais qui n'en a pas moins
pour cela droit au respect de tous, comme s'il
était pur et simple ; — Que, par conséquent, celui
qui y porte atteinte ne manque pas seulement
aux convenances sociales, qu'il empiète évidemment sur les droits d'un autre, et que, dans tous
les cas, il se rend coupable d'un fait qui cause à
autrui un dommage, en lui enlevant le fruit de
son labeur et de sa peine ; — Que cette action que
la délicatesse réprouve d'ailleurs, rentre évidemment dans les faits dommageables pour lesquels
l'article 1382 du Code civil accorde une réparation.

» En fait : — Attendu que Garnier soutient vainement que Barbier avait abandonné sa chasse et
ses chiens, que le fait n'est nullement établi et
que ce serait à Garnier à en justifier ; — Qu'il ré-

sulte, au contraire, des documents de la cause, que Barbier avait entendu tirer un coup de fusil, que ses chiens, ayant été repoussés par Garnier au moment où ils se sont jetés sur le chevreuil tué, ont dû rebrousser chemin et revenir auprès de leur maître qui n'avait plus qu'à les ramener chez lui et à rentrer avec eux ; — Que c'est donc à bon droit que le premier juge a alloué des dommages-intérêts à Barbier en réparation d'un préjudice qui lui a été causé ;

» Le Tribunal ; — Par ces motifs ; — et adoptant, en outre, ceux invoqués par M. le juge de paix ; — met l'appellation à néant, dit qu'il a été bien jugé et mal appelé ; — Ordonne que le jugement, dont est appel, sortira son plein et entier effet ; — Et condamne l'appelant à l'amende et aux dépens. »

Du 22 mars 1877. — Tr. de Château-Thierry. —M. Vien. Prés. *Rev. des Eaux et For.*, 1878-79, p. 104 et s.

Un jugement aussi bien et aussi complètement motivé se passe de commentaire. V. dans le même sens un jugement du tribunal de Château-Chinon du 17 décembre 1879, de Seguins-Pazzis. *Rev. des E. et F.*, 1882-83, p. 39. — Trib. de Semur. Benoît-Champy, c. Gaveau, 6 janvier 1883. — Justice de paix de Dourdan, 22 fév. 1883. Dans cette dernière espèce une quinzaine de braconniers, sachant que Mme la duchesse d'Uzès chassait à courre dans la forêt de Dourdan qui lui est amodiée, s'étaient échelonnés sur un terrain neutre pour tirer le cerf qui était devant ses chiens, que le piqueur leur reprit. *Rev. des E. et F.*, 1882-83, p. 288.

Un jugement du juge de paix de Gevrey, dont je n'ai pas la date exacte, avait décidé de même en 1866.

118. *Pour que le chasseur ait un droit sur le gibier, il faut qu'il ne puisse plus lui échapper; il en est ainsi d'une bête sur ses fins, quoique non blessée.*

Le tribunal de Villefranche, qui laisse aussi dans l'oubli nos anciennes lois, est plus sévère. Il exige, pour que le chasseur puisse avoir un droit sur le gibier qui est devant ses chiens, qu'il ne puisse plus lui échapper, qu'il soit sur ses fins.

Mais comment le juge pourra-t-il savoir si la bête était sur ses fins, et surtout si elle aurait été prise par le chasseur, quand elle sera arrêtée par un coup de fusil? Le chasseur prétendra toujours qu'il l'aurait prise, le tireur soutiendra le contraire, et ils auront tous deux raison, car personne ne peut le savoir. Ceci sera particulièrement vrai quand il s'agira d'un lièvre, comme dans l'espèce que le tribunal avait à juger. Tel aurait été forcé aujourd'hui par un bon temps, qui ne le sera pas demain avec les mêmes chiens. Vous chasserez infiniment mieux sur la fin de la saison et surtout par un jour de dégel qu'au mois de septembre ; dans un terrain calcaire, que dans un terrain silicieux, etc., etc., etc.

A quel moment exact une bête commence-t-elle à être sur ses fins ? Telle est prise en trois quarts d'heure avec des chiens vites, quand ils sont assez nombreux, dans un bon jour, qui ne le sera qu'en quatre, six ou huit heures par d'autres, en moins grand nombre, moins bien menés, etc. J'ai vu forcer un chevreuil avec un seul chien qui, l'ayant lancé le matin, l'abattait à la nuit tombante, dans une raie de champ.

En nous plaçant au point de vue du tribunal de Villefranche qui, pour donner un droit au chasseur sur le gibier, exige qu'il ne puisse pas lui échapper ; il est très facile de démontrer qu'en ne lui reconnaissant ce droit qu'au moment où la bête est sur ses fins, et en le lui reconnaissant toujours à ce moment, sa décision est basée sur une idée doublement fausse :

1° Lorsqu'une bête est prise, elle n'a pas été au pouvoir du chasseur seulement du moment où elle a commencé à être sur ses fins, moment très difficile à déterminer d'ailleurs, mais du moment où ses chiens ont commencé à la suivre, puisqu'à

partir de là elle n'a pu leur échapper. La suite
qu'ils lui donnaient était la même avant qu'elle
ne fût fatiguée qu'après,

2° Il n'est pas vrai, d'un autre côté, de dire
que, quand une bête est sur ses fins, elle ne
peut échapper au chasseur, surtout s'il s'agit d'un
lièvre, comme dans l'espèce jugée par le tribunal.
C'est justement à la fin d'une chasse que les défauts sont fréquents ; la bête use de toutes ses
ruses pour échapper aux chiens, c'est alors qu'on
en perd le plus, c'est là qu'il faut de véritables
chasseurs et de bons chiens ; ils ne perdront certainement pas leur bête au commencement d'une
chasse, tant qu'elle file droit. Sur vingt lièvres
manqués, il y en aura dix-neuf qui l'auront été à
la fin d'une chasse. Ce n'est pas que le tribunal
de Villefranche ait mal jugé l'affaire qui lui était
soumise, puisqu'il s'agissait d'un lièvre chassé
depuis longtemps par des chiens courants, pris
par un chien de berger, lièvre dont il a fait rendre
la valeur au chasseur. Il suffisait qu'il fût devant des chiens courants pour que le tribunal dé-
cidât ainsi. Ce que j'attaque, ce sont les motifs
du jugement, desquels il ressort que le chasseur
ne commence à avoir de droit sur le gibier qu'autant qu'il est sur ses fins. Les voici :

(Morel contre Godard.)

« Attendu, en droit, qu'il est incontestable
que les animaux sauvages, dans leur état de liberté naturelle, n'appartiennent à personne, et
qu'ils deviennent la propriété du premier occupant ;
que c'est, en d'autres termes, par droit d'occupation réelle que se fait cette espèce d'acquisition ;
— Attendu, que la seule difficulté qui divise les
auteurs est celle de savoir à quel moment précis
doit s'opérer, pour le chasseur notamment, l'occupation suffisante pour lui faire acquérir d'une
manière définitive le gibier poursuivi ; — Qu'il est
toutefois généralement admis que, pour qu'un
chasseur soit réputé s'être emparé d'un animal,
il n'est pas précisément nécessaire qu'il ait mis la
main dessus, et qu'il suffit que, de quelque façon
que ce soit, l'animal soit tombé en sa puissance
de manière à ne pouvoir s'échapper ; — Attendu,
en fait, qu'il n'est pas douteux, dans l'espèce, que
le lièvre pris par le chien de Duperret, et dont
s'est emparé Godard, est, en réalité, le même
que celui que Morel prétend avoir été poursuivi
par ses chiens pendant plus de trois heures ; —
Qu'en effet, Godard lui-même n'a pas sérieusement contesté aux débats cette identité dont il a,
au contraire, reconnu la vraisemblance ; — Que

si l'enquête n'établit pas positivement que le lièvre ait été lancé par les chiens de Morel, elle ne contredit point non plus le système et les allégations de ce dernier, que rien dès lors ne vient détruire et qui doivent subsister ; — Attendu, en outre, qu'il résulte soit de l'enquête, soit de tou^s les documents de la cause, que le lièvre avait été non seulement poursuivi, mais encore forcé par les chiens de Morel ; que la preuve évidente de ce fait résulte de la facilité et de la promptitude avec laquelle un chien de berger, celui de Duperret, est parvenu à le saisir ; que dans cette situation, il faut reconnaître que le gibier, ainsi forcé par les chiens de Morel, étant dans l'impossibilité de pouvoir échapper à ce dernier, était, en conséquence, tombé en sa puissance, et que Godard était sans droit pour se l'approprier ; — Condamne Godard à payer à Morel la somme de 6 francs pour la valeur du lièvre dont il s'agit. » (Du 28 mars 1862, tribunal civil de Villefranche. (Sirey-Dev., 1863, 1, 237, note.)

119. *Pour que le chasseur aux chiens courants acquière un droit sur la bête que ses chiens suivent, il faut qu'elle soit blessée mortellement.*

Telle est la décision du tribunal de Libourne et de la Cour de cassation dans une affaire que nous connaissons déjà.

(Cooper contre Rouchon.)

Cooper avait lancé sur ses terres, tiré et blessé un lièvre que ses chiens suivaient ; ce lièvre est tué par Rouchon devant les chiens de Cooper, sur un terrain où le propriétaire lui avait permis de chasser. Nous nous rappelons le jugement du juge de paix de Coutras, du 21 avril 1861, qui avait condamné Rouchon à payer six francs à Cooper : « Attendu que le gibier étant la propriété du premier occupant, le fait de chasse et de poursuite établit au profit du chasseur, tant qu'il existe, une appropriation légale. » On aurait pu ajouter, conformément aux lois qui régissent la matière et à l'usage constant.

Le tribunal de Libourne réforma le jugement en ces termes :

« Attendu que le gibier appartient au premier occupant, et qu'il ne devient dès lors la propriété que de celui qui s'en empare ; — Attendu que le fait, par les frères Rouchon, d'avoir tiré et emporté un lièvre qui était déjà poursuivi par les chiens de Cooper, ne pouvait légitimer l'action en dommages-intérêts formée par ce dernier, puisqu'il *n'avait aucun droit acquis* sur le lièvre ; — Attendu, que, si ce procédé est *contraire aux usages généralement suivis en matière de chasse,* il n'en résultait pas cependant que les frère Rouchon, en agissant ainsi qu'ils l'ont fait, se soient approprié une chose qui appartenait à Cooper, pour en avoir en quelque sorte déjà pris possession ; qu'il n'est point établi que le lièvre dont il s'agit eût été déjà blessé par les coups de feu qui avaient été tirés sur lui, ou que du moins il le fût *assez gravement pour ne pouvoir pas échapper à la poursuite* de Cooper ; que la demande de ce dernier est donc sans fondement. » 10 juillet 1861, Sirey-Devill. (1863, 1. 238.) Sur le pourvoi formé par Cooper contre ce jugement, la Cour de cassation rendit l'arrêt suivant :

« Attendu que, s'il est vrai que le gibier appartienne au premier occupant, la possession en ce qui le concerne ne résulte pas *de la poursuite par le chasseur ou par ses chiens, ni même d'une blessure, si cette blessure est légère et n'empêche pas le gibier de s'échapper et de gagner une propriété sur laquelle le chasseur n'a pas le droit de chasse ;* — Attendu, en fait, qu'il est constaté par le jugement attaqué, que le lièvre, chassé par le demandeur en cassation, n'avait pas été blessé par les coups de feu que celui-ci avait tirés sur lui, ou, que du moins il le fût assez grièvement pour ne pouvoir échapper à la poursuite du demandeur ; — Attendu, qu'il résulte encore du même jugement, que le lièvre dont il s'agit, après avoir échappé à la poursuite de Cooper, s'était réfugié sur une propriété appartenant à l'un des défendeurs éventuels, à l'égard de laquelle ledit Cooper n'avait pas le droit de chasse ; qu'en décidant, en de telles circonstances, que le lièvre dont il s'agit n'était pas dans la possession de Cooper lorsqu'il a été tué et emporté par les frères Rouchon, le jugement attaqué n'a pas violé les articles de lois invoqués par le pourvoi : rejette. » (29 avr. 1862, Sirey-Devill., 63, 1, 239.) *J. Cass.*, 17 décembre 1879. S. 80,1, 169.

Il résulte de ce jugement et de ces arrêts, que la suite donnée par les chiens courants ne conférant aucun droit à leur maître sur la bête qu'ils suivent, même quand elle est blessée, le premier venu peut s'en emparer, à moins que *la blessure ne soit tellement grave qu'elle ne puisse échapper au chasseur*.

Dire que la suite donnée par des chiens courants ne met pas, tant qu'elle dure, la bête au pouvoir du chasseur, ne lui donne aucun droit sur elle, c'est nier la vérité la plus évidente en fait, puisque, tant que cette suite dure, elle est forcée de fuir à toutes jambes devant les chiens, qui certainement l'abattront si elle s'arrête. Le droit du chasseur est encore bien plus assuré aujourd'hui par la facilité que le fusil lui donne, s'il veut en user, de l'abattre lui-même.

Qu'on n'objecte pas que les chiens peuvent la perdre : du moment où ils la perdront, leur suite cessant, le droit du chasseur cesse aussi, la bête reprendra sa liberté naturelle ; mais tant qu'ils la suivent, il est clair que cette liberté, qui est le fondement essentiel du droit du premier occupant, manque. Qui peut savoir, quand la bête est devant les chiens, s'ils la perdront ou ne la prendront pas, si leur maître la tuera ou ne la tuera pas ? Si vous ne voulez lui accorder le droit de possession sur la bête qu'au moment où il aura mis la mains dessus, vous êtes toujours forcé de reconnaître que la suite qu'il lui donne avec ses chiens, opération nécessaire pour arriver à la prendre, puisque les lièvres ne se laissent pas mettre la main dessus au gîte, lui donne un droit soumis à la condition de la mainmise sur ce gibier qu'il suit, droit que n'a pas le premier venu et qui doit être respecté comme tout droit conditionnel. Je ne fatiguerai pas le lecteur en revenant sur ce que j'ai dit à cet égard aux numéros 56 et suivants. Je le renvoie particulièrement aux numéros 58 et 59.

Nos lois françaises, celles de tous les pays où la chasse aux chiens courants est pratiquée, et une jurisprudence de quinze siècles ont toujours considéré le chasseur aux chiens courants comme propriétaire du giber, tant que ses chiens le suivent, blessé ou non (n°s 64 à 80). Le tribunal de Libourne et la Cour de cassation n'en tiennent aucun compte. Ces lois n'ont pourtant été abrogées ni implicitement ni explicitement par aucune autre. L'usage tout aussi ancien et même antérieur à ces lois, qui, malgré tout ce que pourront juger les tribunaux, reste et restera pratiqué, est aussi bien méconnu par eux, contre la recommandation expresse des rédacteurs du Code (1), qui y renvoient le juge dans le silence de la loi. Je ne puis m'expliquer pourquoi, dans tous les cas où la loi ne parle pas, et ces cas sont très nombreux, en matière commerciale surtout, les juges recourrent, selon la règle, à l'usage reçu, et le violent ici si ouvertement, pour arriver à une décision qu'ils se plaisent à proclamer eux-mêmes contraire *à l'honnêteté, aux bons procédés, aux convenances.* Encore, s'ils ignoraient cet usage, le plus ancien, certainement, et le plus général de tous ; mais ils le reconnaissent, au contraire, en toutes lettres dans les motifs de leurs jugements ! Et tout cela, pour arriver à appliquer le prétendu principe du droit romain qui ne donne de droit sur le gibier qu'à celui qui a mis la main dessus ; principe particulier à une secte de jurisconsultes,

(1) V. le discours de Portalis, rapporté au n° 81.

qui n'était pas du tout appliqué par les autres, ne l'a jamais été à la chasse aux chiens courants, que les Romains ne pratiquaient pas, a toujours été repoussé par les lois françaises et celles des autres pays où cette chasse est pratiquée et par tous ceux qui ont commenté les lois romaines (1). C'est aller aussi, implicitement, contre la loi du 3 mai 1844, en rendant impossible la chasse à courre, la seule qu'elle laisse avec la chasse à tir, qui deviendrait tout aussi impossible avec des chiens courants. C'est enlever aux adjudicataires des chasses dans les bois de l'État et des communes un droit qui leur est positivement donné dans un article de leur bail par lequel ils sont autorisés à y faire ces chasses, les seules que la plupart d'entre eux y pratiquent. Comment voulez-vous qu'ils exercent leur droit, si le premier venu peut venir tirer et prendre le gibier devant leurs chiens ! C'est ce dernier qui chassera réellement. La position de l'adjudicataire vis-à-vis de lui sera moins que celle d'un valet de chiens, qui ne nourrit pas les chiens, ne paie pas les chasses, et ne chasse que pour une personne, son maître qui le paie. C'est aller contre l'intérêt de l'État et des communes ; qui voudrait louer des chasses avec une pareille per-

(1) V. nos 66 à 80.

spective ! C'est méconnaître en outre ouvertement le principe fondamental écrit dans l'art. 1382 du Code civil, en permettant de porter préjudice à autrui dans l'exercice de son droit sans aucune réparation en arrêtant la chasse.

120. J'arrive à la dernière question de chasse aux chiens courants, sur laquelle sont intervenues des décisions judiciaires insérées dans les recueils.

Le tribunal de Châtillon et la Cour de Dijon ont jugé que le propriétaire pouvait, sur son terrain, tirer la bête devant les chiens d'autrui. Il faudrait alors en dire autant du locataire des chasses sur un terrain où le droit de chasse n'appartient pas au maître des chiens et de celui qui aurait obtenu du propriétaire la permission d'y chasser, comme le tribunal de Libourne et la Cour de cassation l'ont décidé pour les frères Rouchon. Je viens de rapporter ces décisions, voici celles du tribunal de Châtillon et de la Cour de Dijon.

Philippon chassait, le 7 décembre 1858, dans ses bois, un chevreuil qui passe sur le terrain de Suschetet (1), est tiré et pris par celui-ci, devant les chiens de Philippon, qui porte devant le tri-

____

(1) Ou du moins sur lequel Suschetet avait le droit de chasse, qui n'appartenait pas à Philippon.

bunal de Châtillon une demande tendant à la restitution de la valeur du chevreuil et à ce qu'il soit fait défense à Suschetet de tirer désormais sur toute pièce de gibier lancée par ses chiens dans ses bois.

Sa demande fut rejetée par les motifs suivants:

« En ce qui touche le premier chef de conclusions du sieur Philippon tendant à ce qu'il soit fait défense au sieur Suschetet, de tirer à l'avenir sur toute pièce de gibier lancée par les chiens du demandeur sur le terrain de ce dernier, et poursuivie par ses chiens, sous peine de tous dépens et dommages-intérêts ; — Considérant, en droit, qu'aux termes de l'article 1er de la loi du 3 mai 1844, nul n'a la faculté de chasser sur la propriété d'autrui, sans le consentement du propriétaire ou de ses ayants droit; que l'infraction à cette disposition est punie de peines correctionnelles, d'après le § 2 de l'article 11 de la même loi ; qu'à la vérité, cet article porte que le fait du passage des chiens courants sur l'héritage d'autrui, lorsque ces chiens seront à la suite d'un gibier lancé sur la propriété de leur maître, *pourra* ne pas être considéré comme un délit de chasse, sauf l'action civile, s'il y a lieu, en cas de dommages, mais qu'il est évident que cette disposition, loin de conférer au chasseur *le droit de suite* sur le gibier lancé sur sa propriété lorsqu'il en est sorti, le lui interdit au contraire formellement ; qu'il est certain que si le chasseur, au lieu de rappeler ses chiens poursuivant le gibier sur le terrain d'autrui, continue à les exciter, il ne se trouve plus dans le cas d'excuse prévu par la loi ; qu'il commet alors le délit prévu par le § 2 précité, et se rend passible des peines prononcées par cet article ; qu'à plus forte raison, il n'a pas le droit de suivre ses chiens et d'aller faire acte de chasse sur le terrain d'autrui ; que c'est ce qui résulte clairement de la discussion de la loi ci-dessus rappelée, et que c'est ce qui a été constamment décidé par la jurisprudence ; — Considérant, d'un autre côté, qu'aucun texte de loi n'interdit au propriétaire du terrain sur lequel se rend une pièce de gibier lancée sur une propriété voisine, de la chasser à son tour et de s'en emparer s'il peut l'atteindre ; que s'il en était autrement, ce serait reconnaître un droit de priorité et de préférence, et créer au profit des chasseurs un véritable privilège que repoussent les principes de notre législation civile sur le droit de propriété, ainsi que le texte et l'esprit de la loi du 3 mai 1844 ; — Considérant, dans l'espèce, qu'il résulte de tous les documents de la cause, notamment des faits articulés par le demandeur lui-même, que le chevreuil dont s'est emparé le sieur Suschetet, le 7 décembre 1858, avait été tué par lui sur un terrain où il avait seul le droit de chasser ; que, d'après les principes qui viennent d'être exposés, ce gibier n'était point la propriété du sieur Philippon, quoique celui-ci l'eût lancé sur son terrain ; qu'ainsi le sieur Suschetet pouvait le chasser à son tour quand il est arrivé sur l'héritage où il a le droit de chasser, et par suite le tirer et se l'approprier ; — En ce qui touche le second chef de conclusions du sieur Philippon, par lequel il réclame 300 francs pour lui tenir lieu de la valeur de cette pièce de gibier ; — Considérant que le sieur Suschetet, n'ayant fait qu'user du droit qu'a tout chasseur muni d'un permis de chasse et qui s'est conformé à toutes les prescriptions de la loi, de poursuivre le gibier qui parcourait le terrain sur lequel il a le droit de chasser, n'a causé aucun préjudice au demandeur ; qu'il ne pouvait pas, sans commettre de délit, continuer à le chasser sur la propriété d'autrui ; qu'ainsi ce second chef de conclusions n'est pas plus fondé que le premier ; — Déclare Philippon mal fondé dans ces deux chefs de conclusions. » (Tribunal de Châtillon-sur-Seine, 23 février 1859. Philippon contre Suschetet ; Sirey-Devill., 1863, 1, 238, à la note.)

Sur l'appel, la Cour de Dijon confirma en adoptant purement et simplement les motifs des premiers juges. (Sirey-Devill., *ibid.*)

C'est ici qu'apparaît la confusion que nous avons signalée, tout au début de ce livre, entre le droit de suite et le droit du chasseur sur le gibier. Certainement, le droit de suite n'est pas accordé aux chasseurs par la loi de 1844 ; ils seront même condamnés comme délinquants s'ils ont chassé ou suivi sur le terrain d'autrui quand ils pouvaient arrêter leurs chiens, à plus forte raison s'ils y ont tiré et tué la bête. Mais le droit du chasseur sur le gibier tient-il au droit de suite ou au droit de chasse ? y a-t-il son fondement ? Pas le moins du monde. La base unique sur laquelle il repose est la possession qui met le gibier en son pouvoir. La jurisprudence et la Cour de cassation elle-même l'ont proclamé hautement dans maints arrêts que nous avons cités, pour le gibier tué, pris, même blessé mortellement par le chasseur sur le terrain d'autrui où il a accompli l'acte de chasse qui constitue le délit le plus clair, délit pour lequel ces arrêts l'ont condamné, tout en le déclarant propriétaire du gibier sur lequel il avait la possession. Tous les jurisconsultes et toutes les lois, celles de Justinien lui-même, l'ont toujours décidé ainsi (1). Ainsi

(1) V. nos 21 à 30.

donc nos adversaires reconnaissent eux-mêmes on ne peut plus explicitement, que le droit du chasseur sur le gibier est indépendant du droit de chasse et du droit de suite, que le gibier appartient au chasseur sur le terrain d'autrui dès qu'il le possède, malgré le délit qu'engendre la chasse ou la suite sur ce terrain. Il ne s'agit plus que de savoir quand commence la possession. Les uns disent quand la bête est morte, les autres quand elle est sur ses fins, ou blessée mortellement selon d'autres encore. Les lois françaises, d'accord avec l'usage et le fait patent, disent dès qu'elle est suivie et tant qu'elle est suivie par les chiens courants, qui, encore une fois, tant qu'ils la suivent, la tiennent au pouvoir de leur maître, puisque pendant ce temps, si elle s'arrête, elle sera forcément, infailliblement prise par eux. Ce n'est qu'au moment où ils la perdent que finit cet état de choses, qu'elle reprend sa liberté naturelle et rentre par conséquent dans le domaine du premier occupant qui la suppose essentiellement.

Oui, tant que la suite dure, les lois françaises et celles de tous les pays où la chasse aux chiens courants est pratiquée, donnent un droit de *priorité, de préférence*, au chasseur, et défendent à un autre de s'emparer de la bête qu'il suit. Ce droit, loin d'être contraire *aux principes de notre légis-*

lation civile, comme le dit le tribunal de Châtillon, est formellement consacré par elle et résulte des principes purs et simples de la possession. Celui qui possède une chose a, pour me servir des expressions assez peu juridiques du tribunal de Châtillon, un droit de priorité de préférence sur la chose qu'il possède, droit que l'équité et un usage constant feraient accorder ici au chasseur en l'absence de lois, comme l'ont parfaitement dit les juges dont nous avons rapporté les décisions.

Que le propriétaire fasse poursuivre, comme délinquant, le chasseur qui aurait pu arrêter ses chiens, lui demande même des dommages-intérêts ; rien de mieux, la loi de 1844 l'y autorise (art. 1 et 11). Qu'il empêche même les chiens d'entrer sur son terrain en les rompant, s'il le peut, son droit de propriétaire l'y autorise encore, nul ne pouvant y pénétrer malgré lui. Mais nulle loi ne lui donne le droit d'exploiter à son profit la suite que donnent les chiens d'un autre, pour se placer, tirer et leur enlever une bête qu'ils y amènent, qui n'y serait pas venue sans cela, et qu'ils tenaient au pouvoir de leur maître au moment où il la leur enlève. Je ne pousserai pas plus loin la discussion de cette question traitée, tout au long au n° 87, où je développe d'autres arguments que je ne veux pas reproduire ici.

17.

J'ai dit aussi que l'opinion qui prenait pour base de la possession du chasseur la blessure mortelle, était mauvaise en fait, car une aile ou une patte cassée rendent le gibier très facile à prendre au plus mauvais chien. Comment, d'un autre côté, savoir si la blessure était ou non mortelle ? Une bête peut encore aller plusieurs heures avec une blessure dont elle ne mourra peut-être que le lendemain. Comment savoir aussi, lorsque la bête a été tirée par une seconde personne, si c'est le plomb du premier coup de fusil ou celui du second qui a causé la blessure mortelle ? Ce fait, très difficile à constater déjà, quand il s'agit d'une balle, sur les animaux contre-lesquels on en fait usage, ne pourra plus l'être quand il s'agira de ceux que l'on tire avec de la dragée. Comment le chasseur pourra-t-il procéder à l'autopsie de la bête qu'un autre a emportée chez lui ? Ce système est, du reste, tout aussi contraire que les autres aux lois françaises et à l'usage qui font commencer le droit du chasseur sur le gibier au moment où commence la suite de ses chiens et le lui maintiennent tant qu'elle dure.

§ 2

Droit du chasseur au chien d'arrêt et sans chiens.

121. Je n'ai rien à dire de la jurisprudence

relative au droit du chasseur au chien d'arrêt,
parce que les seules décisions judiciaires intervenues sur la question et insérées dans les recueils sont conformes à ce que j'ai dit sur cette
chasse ainsi que sur la chasse faite sans chien.
Je les ai rapportées en leur lieu.

C'est ainsi que les tribunaux ont décidé que le
gibier mort ou blessé de manière à pouvoir être
pris, appartenait au chasseur, bien que tombé
sur le terrain d'autrui, et ont refusé de voir un
délit de chasse dans le fait du chasseur qui allait
ou envoyait son chien l'y chercher ; — Qu'il a
été décidé par la Cour de cassation que le gibier
tiré en battue ordonnée par l'administration appartenait à celui qui l'avait tué.

J'ai rapporté ces jugements et arrêts aux n°s 14
et 16.

Les deux appendices qui vont suivre se ratta-
chent au droit du chasseur aux chiens courants
sur le gibier suivi par ses chiens. On y verra,
ainsi que je l'ai dit au n° 64, qu'il n'y a rien à
prendre dans le droit romain invoqué par nos
adversaires, parce que les Romains ne pratiquaient pas la chasse à courre, de tout temps
mise en France au premier rang.

PREMIER APPENDICE

DE LA CHASSE ET DES CHIENS

CHEZ LES ROMAINS.

On ne connaît encore que deux auteurs latins, deux poètes, qui aient écrit *ex professo* sur la matière, Gratius et Némésien. Le manuscrit a été découvert en France vers 1503. Gratius, auquel le nom ou l'épithète de Faliscus a été donnée par Barthius, l'un de ses éditeurs, vivait au temps d'Auguste, au premier siècle de notre ère. Ovide est le seul auteur de l'antiquité qui le cite comme étant son contemporain, dans la dernière épître qu'il écrivit en exil, *Ad invidum :*

> Aptaque venandi Gratius arma daret.
>
> (Epist. ex Ponto, iv, 16, vers 34.)

Allusion au 23e vers du *Cynegeticon* de Gratius :

> Carmine et arma dabo venandi, et persequar artem
> Armorum ; cassesque, plagarumque ordiar astus.

Son poème, intitulé *Cynegeticon*, est en 540 vers hexamètres, dignes du siècle d'Auguste. Dans la première partie, il décrit avec un soin minutieux les rets, filets, collets et autres engins ou armes employés à la chasse ; il passe ensuite aux chiens, qui étaient presque tous tirés de l'étranger.

Marcus Aurelius Olympius Nemesianus, né à Carthage, vivait vers la fin du IIIe siècle à la cour de l'empereur Carus et de Numérien qu'il loue dans ses vers. Vopiscus *(de Numeriano)* nous apprend qu'il remporta tous les prix de poésie de son temps, qu'il était l'auteur de poèmes sur la pêche, la chasse et l'aviceptologie *(aucupium)*. Il nous reste de son poème sur la chasse *(Cynegeticon)* 325 vers qui, peut-être, n'en formaient que le premier livre, et 25 vers seulement de son poème *de Aucupio*.

Après une longue introduction, dans laquelle il invoque les dieux, loue les empereurs, le sénat, etc., il entre en matière au 103e vers par des préceptes sur le choix, la procréation, l'éducation des chiens, et termine par les rets qui jouaient le rôle principal dans la chasse des Romains. Il me semble qu'il y a une lacune à partir du 298e vers.

Ni l'un ni l'autre ne nous décrivent la chasse à courre dont il n'est jamais question non plus dans les textes du droit romain, tandis qu'elle est

toujours en première ligne dans nos lois françaises qui défendent expressément toutes les
chasses à l'aide de filets, collets ou autres engins
employés par les Romains. Il n'est pas un de nos
anciens auteurs, écrivant sur les matières de
chasse, qui n'en parle, jurisconsulte ou autre;
presque tous ne s'occupent que de celle-là.

Quelques mots sur la manière dont les Romains chassaient, même les plus grandes bêtes,
et sur le rôle que jouaient chez eux les chiens.

Ils entouraient de grandes enceintes, ou en
bordaient seulement un ou plusieurs côtés, avec
les *retia*, immenses filets à larges mailles et d'un
très fort tissu.

Longoque meantia retia tractu.

(Nemes., vers 300.)

Les *retia* avaient un double effet: si l'animal
venait s'embarrasser dedans, il était tué par les
chasseurs. Mais tel n'était pas le but principal
qu'ils étaient destinés à remplir: c'était d'empêcher les animaux de franchir l'enceinte. On les
garnissait, pour les effrayer, de lambeaux d'étoffe
ou de plumes de couleur vive qui avaient, à ce
qu'il paraît, le privilège d'agir surtout sur le cerf.
Gratius recommande celles de cygne, qui, par
leur souplesse, étaient moins sujettes à faire em-
mailler les rets.

Tantum inter nivei jungantur vellera cygni :
Et satis armorum est. Hæc clara luce coruscant.
Terribilis species...
Tam mollis tactu et non sit creberrima nexu,
Ne reprensa suis properantem linea pinnis
Implicet, atque ipso mendosa coarguat usu.
Hic magis in cervos valuit metus...

(GRATIUS, vers 75 et suiv.)

Linea quin etiam magnos circumdare saltus.
Quæ possit, volucresque metu concludere prædas,
Digerat innexas non una ex alite pinnas.
Namque ursos, magnosque sues. cervosque fugaces
Et vulpes, acresque lupos, ceu fulgura cœli,
Terrificant, linique velant trascendere septum.

(NEMES., vers 303 et suiv.)

Les animaux ainsi retenus dans l'enceinte, poussés par les chiens, longeaient les *retia*, cherchaient des issues et venaient tomber dans les *plagæ*, filets d'une autre nature, bien moins longs, faciles à manier, tendus dans les passages connus, laissés libres entre les *retia*, et pourvus de poches, *casses*, organisées de manière à entortiller et retenir les animaux qui donnaient dedans ; on y parvenait au moyen d'une corde mobile, *epidromus*, que l'on tirait pour les fermer quand l'animal était entré.

Tunc ipsum medio cassem qui nascitur ore,
Per senos circum usque sinus laqueabis, ut omnem
Concipiat tergo, si quisquam est plurimus, hostem.

(GRATIUS, vers 28 et suiv.)

On y mettait aussi des *laquea*, sorte d'énormes collets à nœuds coulants. Les meilleurs étaient faits avec des nerfs de cerf, attachés après de forts piquets et maintenus en position au moyen d'autres morceaux de bois fendus dans lesquels on les engrenait.

> Nam fuit et laqueis aliquis curracibus usus :
> Cervino jussère magis contexere nervo ;
> Fraus teget insidias, habitu mentita ferino.
> Quid qui dentatas iligno robore clausit
> Venator pedicas...
>
> (GRATIUS, vers 89 et suiv.)

Les chasseurs se plaçaient aussi dans ces passages et tuaient-les animaux qui voulaient les forcer, avec des dards, épieux et autres armes dont la description nous est donnée par Gratius, à partir du 110e vers.

On tendait aussi isolément, comme chez nous, des collets sur le passage des animaux, qui s'y prenaient sans y être poussés. Nous en avons un exemple dans la loi 55, au Digeste, *De acquirendo rerum dominio*, qui suppose qu'un tiers a détaché ou pris un sanglier retenu dans un *laqueum* tendu par un autre.

Quel était le rôle des chiens dans les chasses des Romains ?

L'Italie, à ce qu'il paraît, n'en fournissait pas de bons, ou, tout au moins, leur race était

originaire des pays étrangers, car nos deux au-
teurs ne parlent jamais de races indigènes.
Les meilleurs en tout genre étaient tirés des
Gaules.

> Magnaque diversos extollit gloria Celtas.
>
> (GRATIUS, vers 156.)

Pour s'assurer de la retraite des animaux, de
leur présence dans l'enceinte qu'il fallait déterminer pour l'entourer, les Romains avaient appris
des Grecs à se servir du limier, qu'ils condui-
saient, comme nous, au trait. Hagnon le Béotien
paraît le premier avoir usé de ce procédé avec
son chien Glympix.

> Sed primum celsa lorum cervice ferentem,
> Glympice, te silvis egit Bœotius Hagnon.
>
> (GRATIUS, vers 213, 214.)

La quête du limier est parfaitement décrite
par notre poète, c'est certainement un de ses
meilleurs morceaux, elle est frappante encore
aujourd'hui de vérité et d'exactitude.

Le limier, dans l'habileté duquel réside tout
l'espoir du chasseur, part au lever du jour, accompagné de son maître qui le tient au trait, le
fait quêter aux gagnages, aux fontaines, aux endroits fréquentés d'habitude par les animaux,
agrandit ses cercles pour démêler la rentrée sur

les voies qui se croisent et s'entremêlent. Le limier l'indique en se rabattant sur la voie qu'il aspire à plein nez en agitant sa queue, il enfonce ses ongles dans le sol, semble manger la terre et finit par éventer la bête sur laquelle il tire le nez haut ; son maître le retient et l'empêche de donner de la voix. Le morceau est trop long pour que je le mette en entier sous les yeux du lecteur qui trouve déjà peüt-être mes citations trop nombreuses. Je ne puis cependant résister à l'envie d'en extraire quelques vers pour les amateurs. Le limier s'appelle Metagon, ou c'est le nom de ceux de sa race (vers, 209) :

> Unus præsidium atque operi spes magna perito
> Adsumptus Metagon lustrat per nota ferarum
> Pascua, per fontes, per quas trivere latebras,
> Primæ lucis opus : tum signa vapore ferino
> Intemerata legens, si qua est qua fallitur ejus
> Turba loci, majora secat spatia extera gyro.
> Atque hic egressu jam tum sine fraude reperto
> Incubuit...
> Aut effecta levi testatur gaudia cauda,
> Aut ipsa infodiens uncis vestigia plantis,
> Mandit humum, celsasve adprensat naribus auras.
>
> (GRATIUS, vers 220 et suiv.)

Le chasseur faisait alors l'enceinte avec son limier pour s'assurer que la bête n'en était pas sortie ; lorsqu'il s'en était assuré, il le ramenait, tendait ses rets et autres engins que nous connaissons, mettait sur la voie de la bête ses chiens, y compris le limier, qui la lançaient et la poussaient ainsi dedans.

> Sæpe volutabris pulsos silvestribus apros
> Latratu turbabis agens, montesque per altos
> Ingentem clamore premes ad retia cervum.
>> (VIRG., *Georg.*, III, vers 411.)

> Hic olidam clamosus ages in retia vulpem
> Mordebitque tuos sordida præda canes.
>> (MARTIAL., *Epigr.*, 37, lib. X.)

On lâchait aussi dans l'enceinte des chiens de force, *Molossi*, pour abattre la bête ; les meilleurs venaient des Gaules et des Iles-Britanniques.

> Ad magnum cum venit opus, promendaque virtus,
> Et vocat extremo præceps discrimine Mavors,
> Non tunc egregios tantum admirere Molossos.
>> (GRATIUS, vers 179 et suiv.)

Les Romains connaissaient aussi la chasse aux lévriers, *vertrahæ*, *vertragi*, que leur fournissaient encore les Gaules. Ils les employaient, comme nous les employons aujourd'hui, pour prendre la bête de vitesse dans les grandes plaines découvertes.

> At te leve si qua
> Tangit opus, pavidosque juvat compellere dorcas,
> Aut versuta sequi leporis vestigia parvi :

Petronios, sic fama, canes, volucresque sicambros,
Et pictam macula vertraham delige falsa.
(GRATIUS, vers 199 et suiv.)

Ut canis in vacuo leporem cum Gallicus arvo
Vidit ; et hic prædam pedibus petit, ille salutem.
(OVIDE, *Métam.*, I, vers 138.)

Les lévriers chassent à l'œil et à la muette, ne tiennent pas la bête, qu'ils perdent dès qu'ils ne l'aperçoivent plus, au pouvoir de leur maître, comme les chiens courants, qui suivent partout sa voie à l'odorat sans la voir, jusqu'à ce qu'elle succombe.

Loin de les apprécier, Gratius dit qu'ils rendent un mauvais service au chasseur en faisant lever et fuir par leurs cris la bête qu'il ne faut pas déranger de son repaire afin de pouvoir l'entourer, comme nous l'avons vu. Aussi donne-t-il de beaucoup la préférence au chien muet d'Acarnanie, qu'il appelle *clandestinus Acarnan*, sur celui d'Étolie qui rapproche, lance et suit la bête avec ardeur.

Sicut acarnanes subierunt prælia furto.
Sic canis illa suos taciturno supervenit hostes.
At clangore citat, quos nondum conspicit, apros
OEtola quæcumque canis de stirpe (malignum
Officium).

C'est juste, comme nous allons le voir, le contrepied de la chasse de nos pères qui n'estimaient que celle dans laquelle les chiens forçaient la bête.

DEUXIÈME APPENDICE

DE LA CHASSE ET DES CHIENS

CHEZ LES FRANCS.

Bien différents en cela des Romains, méprisant les filets et autres engins qu'ils n'employaient que pour prendre les oiseaux (1), nos pères, excellents et intrépides chasseurs, attaquaient les plus grandes bêtes et s'en rendaient maîtres à l'aide de leurs chiens seuls, les premiers du monde, au dire des Romains eux-mêmes et des Grecs qui ont écrit sur la chasse. Je rappelle le vers de Gratius :

Magnaque diversos extollit gloria Celtas.

Arrien en fait aussi le plus grand éloge. Aucun lièvre, dit-il, ne pouvait leur échapper sans un accident extraordinaire (2).

(1) Arrien, *Cynegetic.*, cap. III.
(2) *Ibid.*, cap. II.

Les animaux assez puissants pour résister aux chiens, les aurochs, buffles, élans, ours, etc., étaient portés bas au moyen d'une espèce d'épieu appelé *spar*. Leurs chevaux, quoique petits et fort maigres, ne le cédaient en rien pour la vigueur et le fond à leurs chiens, et duraient si longtemps à la course, qu'on pouvait aisément, avec le même cheval et les mêmes chiens, forcer le cerf le plus vigoureux, qu'ils attaquaient sans relais, *de meute à mort*, comme nous dirions aujourd'hui.

Arrien (1) nous apprend encore qu'ils célébraient déjà, en l'honneur d'une divinité chasseresse, d'une espèce de Diane, la fête mise plus tard sous le patronage de saint Hubert. Ils lui faisaient une offrande au moyen d'une taxe qu'ils s'imposaient eux-mêmes pendant l'année en raison de chaque pièce de gibier qu'ils prenaient : Deux oboles pour chaque lièvre, une drachme pour un renard, quatre pour un chevreuil, etc. On en achetait pour le jour de la fête une victime qui figurait probablement après le sacrifice, sur la table qui réunissait ces fervents veneurs dont Tacite nous dit : *Quoties bella non ineunt, multum venatibus plus per otium transigunt, dediti somno ciboque.* Leurs chiens enguirlandés en avaient aussi leur part.

(1) Cap. XXXIII.

C'est notre pique-nique annuel de Saint-Hubert ; seulement, le bœuf victimé à l'abattoir sans cérémonie, au lieu d'être servi entier, n'y figure plus qu'au premier service par son filet finement piqué. Question d'estomac, le fond est resté le même.

Je ne dirai rien des dieux mâles cornus *Cernunnos*, auxquels les chasseurs de ce temps rendaient aussi un culte : j'ai hâte de revenir à leurs chasses et à leurs chiens.

Je laisse de côté tout ce qu'on a pu en dire dans de très savantes dissertations insérées dans les recueils académiques, pour ne prendre, comme toujours, mes documents que dans les sources authentiques, dans les lois mêmes de ce temps-là. Inconnues aux auteurs de ces dissertations, ou très mal comprises par ceux qui ont pu en voir des fragments cités de seconde main, elles ont été tout aussi mal entendues par les jurisconsultes qui les ont eues sous les yeux, dans les passages relatifs à la chasse, parce qu'ils ne connaissaient non seulement pas à fond les diverses espèces de chasses et de chiens, mais n'en avaient jamais pratiqué aucune, et que tous les chiens, pour eux, étaient des chiens.

Ces lois ne décrivent pas les diverses espèces de chasses, elles ne contiennent presque que des dispositions pénales. Les peines infligées aux voleurs de chiens, graduées selon le mérite de ces animaux, suffisent pour nous faire connaître parfaitement les chasses et les chiens qui y étaient employés (1).

Nous connaissons déjà les lois des peuples qui envahirent l'empire d'Occident et s'y fixèrent après en avoir expulsé les Romains, elles nous ont donné la solution de la question capitale examinée dans ce livre, celle de savoir si l'on peut prendre le gibier chassé par les chiens d'autrui. Toutes contiennent un titre du vol des chiens, auxquels de pareils chasseurs attachaient tant de prix. Les chiens courants y figurent toujours en première ligne. Pour les Francs, dans la loi salique, c'est le titre sixième qui débute ainsi :

I. *Si quis canem* SEGUSIUM *magistro suo furaverit, DC. den., qui faciunt solid. XV, culpabilis judicetur, excepto capitale et delatura.*

II. *Si quis* SEGUSIUM MAGISTRUM *canem furaverit, M. DCCC, den., qui faciunt solid. XLV, culpabilis judicetur, excepto capitale et delatura.*

Canem segusium: cette épithète de *segusium* a beaucoup tourmenté les savants.

(1) On trouve ces lois dans les recueils suivants ; FRIDÉRICI LINDENBROGII, *Codex legum antiquarum*, etc. Francofurti, 1613, fol. 1 vol. — GEORGISCH, *Corpus juris germanici antiqui*, etc. Halæ, 1738, 1 vol. in-4º. — CANCIANI, *Barbarorum leges antiquæ.* Venetis, 1781-1792. 5 v. fol. — Walter, *Corpus juris germanici antiqui.* Berol, 1824, 3 v. in-8º.

Les uns la font dériver du mot allemand *suchen*, chercher ; parce que, disent-ils, ces chiens entraient dans les terriers pour chercher les blaireaux et les renards. Ce seraient donc des bassets. La loi des Bavarois *(Lex Bajuvariorum)*, qui contient la plus longue nomenclature des diverses espèces de chiens, leur donne un démenti formel. Le premier article du titre xix de cette loi fait mention du chien qui nous occupe. Il est question de celui qui chasse sous terre, *qui sub terra venatur*, dans l'article 4, où il est qualifié, en vieille langue germanique, de *Bibarhunt*.

D'autres ont dit que c'étaient des bracs. Cela ne peut s'accorder avec la description qu'en donne Arrien dans son *Traité de la Chasse*, ch. 3, *Hirsuti et aspectu turpes* (1). Cette description ne s'accorde pas plus avec l'opinion de ceux qui en font des épagneuls.

D'autres ont traduit *segusius* par *porcarius*, qui chasse le sanglier. Ici encore, les lois que nous examinons leur donnent un démenti, en rangeant les *canes porcarii* dans un article à part. (V. *L. sal.* réd. de Charlemagne, tit. vi, art. 2.) D'autres en ont fait un limier, d'autres un chien suivi par son maître !

L'opinion la plus accréditée, uniquement fon-

(1) Dans la traduction latine des auteurs grecs, publication de Didot, vol. XXVI.

dée sur une simple conjecture d'Arrien, cap. III,
voit dans le mot *segusii* le nom de leurs pays
d'origine ; chiens ségusiens, c'est-à-dire, chiens
venant du pays des Ségusiens. Nous ne trouvons
d'abord pas de *Segusii* dans les peuples qui ont
habité les Gaules ; *Segusium* est le nom latin de
la ville de Suse, en Piémont, plus renommée par
ses fortifications que par ses chiens. Ensuite, en
bon latin, ses habitants n'auraient pas été qua-
lifiés de *Segusii*, mais bien de *Segusiani* et n'ont
jamais été mentionnés, que je sache, dans l'antiquité ni de nos jours, comme des chasseurs par
excellence, tenant une race spéciale de chiens,
que nous allons voir employés à une chasse qui
ne peut guère être pratiquée dans un pareil
pays, la chasse à courre sur le Mont-Cenis ! César
(*De bell. gall.*, l. VII, c. 75) compte parmi les
clients des Eduens des *Segusiani*, petite peu-
plade des bords de la Loire dont la ville prin-
cipale, *Forum Segusionorum*, aujourd'hui Feurs,
est dans le département de la Loire. Leurs chiens,
à supposer qu'ils en aient eu une race spéciale
auraient été désignés sous le nom de *canes segusiani* et nous allons trouver ceux dont nous parlons dans le Nord et de l'autre côté du Rhin, à la
suite des conquérants des Gaules, leurs maîtres.

Ces chiens, appelés *segusii* dans la première
rédaction de Clovis, *seusii* dans celle de Charle-

magne et dans la loi des Allemands, tit. LXXXII, *segutii* dans celle des Bourguignons, add. I, tit. x, *seuces* dans celle des Bavarois, tit. XIX, sont des chiens de *suite ; canis segusius, segutius*, pour *sequtius*, dans la basse latinité ; plus tard, *seusius, seucis, canis qui sequitur*, c'est-à-dire qui *suit* la bête par la seule force de l'odorat, le chien courant. Les qualifications que nous allons leur voir donner en vieille langue germanique dans les lois citées justifient parfaitement notre opinion.

Les interprètes ont été encore bien plus embarrassés, quand il a fallu traduire le mot *magister*, accolé aux mots *canis segusius*, dans la loi salique. Ducange, v° *Canis*, le traduit par *bien dressé*.

L'article 2 du tit. VI de cette loi punit le vol d'un pareil chien, d'une peine triple de celle appliquée au vol d'un chien courant ordinaire. *Canis magister segusius*, est le chien de tête qui conduit la meute. Il est en effet qualifié, dans la loi des Allemands, de *primus cursalis, qui primus currit*, et la peine est doublée. *Si quis canem seusium primum cursalem, qui primus currit, involaverit, solidos sex componat ; qui secundum, tres componat. (Lex Alamannorum, tit. LXXXII, alias LXXXIII, art. 1.)*

Il est appelé, dans la loi des Bavarois, *seucem doctum*, et qualifié en vieil allemand de *Triphunt*, dérivé de *Triftig*, ardent, empressé, chien qui est le premier, tient la tête.

Dans les *canes segusii*, chiens de suite, on distinguait, comme aujourd'hui, les chiens de tête, les limiers et les chiens de la meute. Ces distinctions faites dans la loi salique, dans celle des Allemands, sont reproduites avec la plus grande exactitude dans la loi des Bavarois, qui donne, avec l'expression latine, la vieille qualification allemande à chaque espèce de chiens. Le titre XIX est intitulé : *De canibus et eorum compositione*. *Compositio*, paiement d'une somme à titre de peine. Rédigée sous Dagobert, 622-638, la *lex Bajuvariorum*, comme celle des Francs, des Allemands, des Lombards, des Burgondes, n'était que la mise en écrit de très anciennes coutumes. Comme dans toutes celles-là, le titre consacré au vol des chiens commence par les chiens courants, les chiens de suite, mis en première ligne. Voici ses dispositions :

Art. I. *Si quis canem seucem, quem* LEITIHUNT *vocant, furaverit, aut similem aut ipsum reddat et cum sex solidis componat*.

Leitihunt, de *leiten*, conduire, mener, amener, et *hunt*, chien qui conduit son maître après le gibier. *Qui illum ductorem, qui hominem sequentem ducit, quem* LAITIHUNT *dicunt*, porte la loi des Allemands (titre LXXXII, art. 2). Il s'agit donc d'un chien qui guidait son maître en suivant le gibier de vive voix, mais ce n'est pas, comme le mot allemand moderne pourrait le faire penser, un limier tenu au trait; il est question de celui-ci dans l'article III.

Art. II. *Si quis seucem doctum, quem* TRIPHUNT *vocant, furaverit*, etc. Voici le chien courant savant, qui est le premier, tient la tête. *Trifunt* ou *triphunt*, de *triftig*, ardent, empressé, *qui primus currit*.

Art. III. *Si autem seucem qui in ligamine vestigium tenet, quem* SPURIHUNT *dicunt, furaverit*, etc.

Voici le limier, mot français dont l'étymologie est bien accusée, *ligamen*; qui suit la *voie, vestigium; in ligamine*, au trait. *Spurihunt*, de *spur*, la piste, la voie du gibier, et *hunt*, chien.

Art. IV. *De eo cane, quem* BIBARHUNT *vocant, qui sub terra venatur; qui occiderit*, etc.

Voici le chien terrier; *Bibarhunt*, de *biber*, castor; qui entre dans les trous comme le castor.

Art. V. *De canibus veltricibus qui unum occiderit qui leporem* NON PERSEQUITUR, *sed sua velocitate comprehendit*, etc.

Voilà la définition la plus nette du lévrier. Il ne donne pas *suite* au lièvre comme le chien courant, *leporem non persequitur*; ce n'est pas un *canis segusius vel seusius*, il n'a pas de nez, mais prend le lièvre de vitesse, à vue, *velocitate compehendit*. Ces chiens étaient aussi appelés *argutarii*, de *arguere*, presser. Charlemagne, dans sa revision de la loi salique, fait mention de lévriers pour le sanglier : *Si quis seusium reliquum, aut* VELTREM (1) PORCARIUM, *sive veltrem leporarium, qui et argutarius dicitur, furatus fuerit*, etc. (*Lex salic. emend.*, tit. VI, art. 2.)

Art. VI. *De eo cane qui dicitur* HAPIHUHUNT, etc. (*hapichhunt*, *habughunt*, dans d'autres éditions).

Il s'agit ici du chien d'arrêt dont on se servait dans la chasse à l'oiseau avec un faucon ou un épervier, pour trouver, arrêter et faire lever le gibier sur lequel on lâchait l'oiseau de proie, appelé en allemand *habicht*. Ce chien est qualifié, dans la loi des Frisons qui pratiquaient beaucoup cette chasse, de *canis acceptoricius*, de *accipiter*, épervier, *vel braco parvus*. (*Lex Frisionum*, tit. IV,

---

(1) D'où nous avons évidemment fait vautrait ; autrefois, vaultrait. Salnove donne ce nom appliqué aujourd'hui à tout équipage de sanglier, à un certain nombre de métis issus de mâtins et de chiens courants que l'on mettait avec les mâtins qui coiffaient le sanglier, pour les maintenir dans la voie. Le sanglier était d'abord quêté et lancé par des chiens courants, puis pour le forcer et l'abattre, on lâchait le vautrait métis et mâtins. (*Chasse royale*, 3e part., ch. XIV.) C'est probablement ainsi que les Francs se servaient des *Veltres Porcarii*.

art, 4.) C'était un petit chien brac. Après celui-là, en viennent d'énormes qui chassaient l'ours, le buffle et autres grandes bêtes dites bêtes noires.

Art. VII. *De his canibus qui ursos vel babulos, id est majores feras, quod* STWARTZWILD (bêtes noires) *dicimus persequuntur*, etc.

L'article 8 est pour le chien de berger assez fort pour mordre le loup et lui enlever sa proie.

Art. VIII. *Qui vero pastoralem qui lupum mordet*, etc. La loi des Allemands ajoute : *Et pecus ex ore ejus tollit*. Il paraît qu'il y en avait d'assez bien dressés, appartenant à des particuliers ou à la communauté, pour courir aux cris jetés dans les habitations diverses qui la composaient, car le texte continue en disant : *et ad clamorem ad aliam vel ad tertiam villam currit.* (*Lex Alamannorum*, tit. LXXXIII, art. 5 ; al., tit. LXXXII).

La série se termine par le chien de garde qui défend les dépendances de la maison de son maître, *curtem*, d'où on a fait *curtil*, cour. L'amende était triple si ce chien avait été tué après le coucher du soleil, dans l'exercice de ses fonctions.

Art. IX. *Si autem canem qui curtem domini sui defendit*, etc. Si le chien avait mordu ou tenu par son vêtement ou par un membre celui qui l'avait tué, il ne devait en rendre qu'un semblable et le maître transiger avec lui ; s'il s'y refusait, l'autre ne lui devait pas de chien. (Art. X).

Telle est la nomenclature des chiens employés, tant à la chasse qu'aux usages domestiques, à cette époque et depuis un temps très reculé, en France et dans les pays voisins.

Du Fouilloux s'est donc trompé, et l'origine fabuleuse qu'il donne aux chiens courants français, est formellement contredite par les textes que nous venons de citer, aussi bien que par les œuvres de Gratius, de Xénophon et d'Arrien, qui, loin de les faire venir de Troie la grande, embarqués par Énée, nous apprennent qu'on faisait, à grands frais, venir des Gaules ces fameux *segusii* qui n'avaient pas leurs pareils. C'étaient, si nous en croyons Arrien, ch. 3, des griffons, ou tout au moins des chiens à poil très forts, peu agréables à l'œil, rudes et difficiles à manier, mais d'une finesse de nez qui les rendait très habiles à la quête. *Canes segusii specie turpi ac bruta, ad investigandum apti, hirsuti et aspectu turpes.* Excellents rapprocheurs *cum clangore et latratu*, c'étaient pour la plupart des hurleurs à la gorge magnifiquement timbrée. *Vestigia feri non acri et animoso sed misero et quasi dolore expresso latratu premunt.*

Je termine en mentionnant la peine assez bizarre imposée au voleur d'un chien de chasse, par la loi des Bourguignons, qui l'obligeait à lui baiser la partie la moins noble en présence du public assemblé.

Si quis canem veltraum, aut segutium vel petrunculum (chien employé pour chasser dans les roches) *præsumpserit involare, jubemus ut convictus coram omni populo* POSTERIORA *ipsius osculetur, aut quinque solidos illi cujus canem involavit cogatur exsolvere, et mulctæ nomine solidos duos.* On voit qu'il pouvait se racheter. (*Legis Burgundiorum addimentum primum,* titre x.)

J'ai voulu, en donnant autant d'étendue à ces appendices, démontrer que la chasse à courre était d'origine française et déjà pratiquée sous nos premiers rois comme aujourd'hui ; qu'il n'y avait, par conséquent, rien à demander aux Romains, quand bien même ils l'auraient pratiquée, et surtout à Justinien, dont les lois sont postérieures à la loi salique, pour décider la question de savoir si l'on peut prendre le gibier devant les chiens d'autrui, question qu'elle tranche en faveur du chasseur, conformément à l'usage constant, à l'équité et au bon sens.

Les Francs pratiquaient aussi d'autres chasses qui nous sont encore révélées par leurs lois. En

voici une qui est complètement tombée en dé-
suétude depuis longtemps :

Ils apprivoisaient des cerfs qu'ils dressaient à la
chasse. Comment se faisait cette chasse ? La
loi salique ne nous le dit pas. Elle condamne à
1,800 deniers celui qui aura volé ou tué un cerf
ainsi dressé, lorsqu'il aura un signe qui fera reconnaître son propriétaire, et à 1,400 deniers
lorsqu'il ne sera pas encore en chasse.

Voici le texte :

*Si quis cervum domesticum signum habentem
furaverit, aut occiderit, qui ad venationem faciendam mansuetus factus est, et cum testibus
potuit adprobare quod extelarius esset*, MDCCC
den. qui faciunt solid. XLV *culpabilis judicetur*
(*Pactus legis salicæ*, rédaction de Clovis, tit. XXXVI,
art. 3).

Quod extelarius esset : et qu'il a pu prouver
qu'il était à l'abri du trait, de *ex telum*, qu'on ne
devait pas le tuer à cause du signe qu'il portait.

Cet article, dans la revision de Charlemagne,
est remplacé par celui-ci :

*Si quis cervum domesticum signum habentem
aut occiderit, aut furaverit, qui ad venationem
faciendam mansuefactus est et cum testibus com-
probare dominus ejus potuerit, quod in venatione
habuisset et cum ipso duas aut tres feras* OCCIDISSET

etc. (*Lex salica*, tit. xxxv. *De venationibus art.* 3.)

Nous faisons un pas de plus, les bêtes étaient tuées par le maître du cerf, mais quelles bêtes et comment les lui amenait-il?

Le § 320 des lois lombardes, et le § 1 du titre 99 de la loi des Allemands, me font penser que ces cerfs étaient lâchés au moment du rût, pour attirer les biches ou d'autres cerfs que leur maître tuait.

Si quis cervum domesticum qui tempore suo RUGIRE *solet, entricaverit*, etc. (*Rotharis leges*, § cccxx.)

Si quis bisontem, babulum, vel cervum qui PRUGIT *furaverit aut occiderit*, etc. (*Lex Alamannorum*, tit. xcix, al. 100., § 1.) *Rugire, prugire,* raire lorsqu'il est en rût.

La fauconnerie était en grand honneur chez les Francs et leurs voisins. Toutes leurs lois en font mention, en punissant celui qui volait ou tuait les oiseaux qui y étaient employés. Elles ont toutes un titre *De furtis avium;* c'est le titre vii de la loi salique. Nous y voyons aussi, dans le dernier article, que les trappes, filets, lacets et trébuchets étaient employés pour prendre les petits oiseaux.

LOI DU 3 MAI 1844

SUR LA

POLICE DE LA CHASSE

SECTION PREMIÈRE

ART. 1.

Nul ne pourra chasser, sauf les exceptions ci-après, si la chasse n'est pas ouverte, et s'il ne lui a pas été délivré un permis de chasse par l'autorité compétente.

Nul n'aura la faculté de chasser sur la propriété d'autrui sans le consentement du propriétaire ou de ses ayants droit.

ART. 2.

Le propriétaire ou possesseur peut chasser ou faire chasser en tout temps, sans permis de chasse, dans ses possessions attenant à une habitation, et entourées d'une clôture continue, faisant obstacle à toute communication avec les héritages voisins.

ART. 3.

Les préfets détermineront par des arrêtés publiés au moins dix jours à l'avance, les époques des ouvertures et celles des clôtures des chasses soit à tir soit à courre à cor et à cris dans chaque département (L. du 22 janvier 1874).

19

Art. 4.

Dans chaque département il est interdit de mettre en vente, de vendre, d'acheter, de transporter, de colporter du gibier pendant le temps où la chasse n'y est pas permise.

En cas d'infraction à cette disposition, le gibier sera saisi et immédiatement livré à l'établissement de bienfaisance le plus voisin, soit en vertu d'une ordonnance du juge de paix, si la saisie a lieu au chef-lieu du canton, soit d'une autorisation du maire, si le juge de paix est absent, ou si la saisie a été faite dans une commune autre que celle du chef-lieu. Cette ordonnance ou cette autorisation sera délivrée sur la requête des agents ou gardes qui auront opéré la saisie, et sur la présentation du procès-verbal régulièrement dressé.

La recherche du gibier à domicile ne pourra être faite que chez les aubergistes, chez les marchands de comestibles et dans les lieux ouverts au public.

Il est interdit de prendre ou de détruire, sur le terrain d'autrui, des œufs ou des couvées de faisans, de perdrix et de cailles.

Art. 5.

Les permis de chasse seront délivrés, sur l'avis du maire et du sous-préfet, par le préfet du département dans lequel sera domicilié ou résident celui qui en fera la demande, et par le préfet de police aux personnes ayant leur domicile ou leur résidence dans la circonscription de la préfecture de police.

La délivrance des permis de chasse donnera lieu au paiement d'un droit de 15 francs au profit de l'État et de 10 francs au profit de la commune dont le maire aura donné l'avis énoncé au paragraphe précédent.

Les permis de chasse seront personnels; ils seront valables pour tout le royaume et pour un an seulement.

Art. 6.

Le préfet pourra refuser le permis de chasse :

1º A tout individu majeur qui ne sera point personnellement inscrit ou bien dont le père ou la mère ne serait point inscrit au rôle des contributions;

2º A tout individu qui, par une condamnation judiciaire, a été privé de l'un ou plusieurs des droits énumérés dans l'art. 42 du Code pénal autres que le droit de port d'armes;

3º A tout condamné à un emprisonnement de plus de six mois pour rébellion ou violence envers les agents de l'autorité publique ;

4º A tout condamné pour délit d'association illicite, de fabrication, débit, distribution de poudre, armes ou autres munitions de guerre, de menaces écrites ou de menaces verbales, avec armes ou sous condition, d'entraves à la circulation des grains, de dévastations d'arbres ou de récoltes sur pied, de plants venus naturellement ou faits de main d'hommes ;

5º A ceux qui auront été condamnés pour vagabondage, mendicité, vol, escroquerie, ou abus de confiance.

La faculté de refuser le permis de chasse aux condamnés dont il est question dans les paragraphes 4 et 5, cessera dix ans après l'expiration de la peine.

Art. 7.

Le permis de chasse ne sera pas accordé :

1º Aux mineurs qui n'auront pas seize ans accomplis ;

2º Aux mineurs de seize à vingt et un ans, à moins que le permis ne soit demandé par eux, avec l'assistance et l'autorisation de leur père ou tuteur, porté au rôle des contributions ;

3º Aux gardes champêtres ou forestiers des communes et établissements publics, ainsi qu'aux gardes forestiers de l'État et aux gardes-pêche ;

4º Aux interdits.

Art. 8.

Le permis de chasse ne sera pas accordé :

1º A ceux qui, par suite de condamnation, sont privés du droit de port d'armes ;

2º A ceux qui n'auront pas exécuté les condamnations prononcées contre eux pour l'un des délits prévus par la présente loi ;

3º A tout condamné placé sous la surveillance de la haute police.

Art. 9.

Dans le temps où la chasse est ouverte, le permis donne, à celui qui l'a obtenu, le droit de chasser de jour, soit à tir, soit à courre, à cor et à cris, suivant les distinctions établies par les arrêtés préfectoraux, sur ses propres terres et sur les terres d'autrui, avec le consentement de celui à qui le droit de chasse appartient.

Tous les autres moyens de chasse, à l'exception des

furets et des bourses destinés à prendre les lapins, sont formellement prohibés.

Néanmoins, les préfets des départements, sur l'avis des conseils généraux, prendront des arrêtés pour déterminer :

1º L'époque de la chasse des oiseaux de passage autres que la caille, la nomenclature des oiseaux, et les modes et procédés de chaque chasse pour les diverses espèces ;

2º Le temps pendant lequel il sera permis de chasser, le gibier d'eau dans les marais, sur les étangs, fleuves et rivières ;

3º Les espèces d'animaux malfaisants ou nuisibles que le propriétaire, possesseur ou fermier pourra, en tout temps, détruire sur ses terres, et les conditions de l'exercice de ce droit, sans préjudice du droit appartenant au propriétaire ou au fermier, de repousser et de détruire, même avec des armes à feu, les bêtes fauves qui porteraient dommage à ses propriétés.

Ils pourront prendre également des arrêtés :

1º Pour prévenir la destruction des oiseaux, ou pour favoriser leur repeuplement ;

2º Pour autoriser l'emploi des chiens lévriers pour la destruction des animaux malfaisants ou nuisibles ;

3º Pour interdire la chasse pendant les temps de neige (L. 22, janv. 1874).

Art. 10.

Des ordonnances royales détermineront la gratification qui sera accordée aux gardes et aux gendarmes rédacteurs des procès-verbaux ayant pour objet de constater les délits.

SECTION II.

Des Peines.

ART. 11.

Seront punis d'une amende de 16 à 100 francs :

1° Ceux qui auront chassé sans permis de chasse ;

2° Ceux qui auront chassé sur le terrain d'autrui sans le consentement du propriétaire.

L'amende pourra être portée au double, si le délit a été commis sur des terres non encore dépouillées de leurs fruits, ou s'il a été commis sur un terrain entouré d'une clôture continue, faisant obstacle à toute communication avec les héritages voisins, mais non attenant à une habitation ;

Pourra ne pas être considéré comme délit de chasse, le fait du passage des chiens courants sur l'héritage d'autrui ; lorsque ces chiens seront à la suite d'un gibier lancé sur la propriété de leurs maîtres, sauf l'action civile, s'il y a lieu, en cas de dommage ;

3° Ceux qui auront contrevenu aux arrêtés des préfets concernant les oiseaux de passage, le gibier d'eau, la chasse en temps de neige, l'emploi des chiens lévriers ; ou aux arrêtés concernant la destruction des oiseaux et celle des animaux nuisibles ou malfaisants ;

4° Ceux qui auront pris ou détruit sur le terrain d'autrui, des œufs ou couvées de faisans, de perdrix ou de cailles ;

5° Les fermiers de la chasse, soit dans les bois soumis au régime forestier, soit sur les propriétés dont la chasse est louée au profit des communes ou établissements publics, qui auront contrevenu aux clauses et conditions de leurs cahiers de charges relatives à la chasse.

Art. 12.

Seront punis d'une amende de cinquante à deux cents francs, et pourront en outre l'être d'un emprisonnement de six jours à deux mois :

1o Ceux qui auront chassé en temps prohibé ;

2o Ceux qui auront chassé pendant la nuit, ou à l'aide d'engins et instruments prohibés, ou par d'autres moyens que ceux qui sont autorisés par l'article 9 ;

3o Ceux qui seront détenteurs ou ceux qui seront trouvés munis ou porteurs, hors de leur domicile, de filets, engins ou autres instruments de chasse prohibés ;

4o Ceux qui, en temps où la chasse est prohibée, auront mis en vente, vendu, acheté, transporté ou colporté du gibier ;

5o Ceux qui auront employé des drogues ou appâts qui sont de nature à enivrer le gibier ou à le détruire ;

6o Ceux qui auront chassé avec appeaux, appelants ou chanterelles.

Les peines déterminées par le présent article pourront être portées au double contre ceux qui ont chassé pendant la nuit sur le terrain d'autrui et par l'un des moyens spécifiés au § 2, si les chasseurs étaient munis d'une arme apparente ou cachée.

Les peines déterminées par l'article 11 et par le présent article seront toujours portées au maximum, lorsque les délits auront été commis par les gardes champêtres ou forestiers des communes, ainsi que par les gardes forestiers de l'État et des établissements publics.

Art. 13.

Celui qui aura chassé sur le terrain d'autrui sans son consentement, si ce terrain est attenant à une maison habitée ou servant à l'habitation, et s'il est entouré d'une clôture continue faisant obstacle à toute communication avec les héritages voisins, sera puni d'une amende de cinquante à trois cents francs, et pourra l'être d'un emprisonnement de six jours à trois mois.

Si le délit a été commis pendant la nuit, le délinquant sera puni d'une amende de cent francs à mille francs, et pourra l'être d'un emprisonnement de trois mois à deux ans, sans préjudice dans l'un et l'autre cas, s'il y a lieu, de plus fortes peines prononcées par le Code pénal.

Art. 14.

Les peines déterminées par les trois articles qui précèdent pourront être portées au double si le délinquant était en état de récidive, s'il était déguisé ou masqué, s'il a pris un faux nom, s'il a usé de violence envers les personnes, ou s'il a fait des menaces, sans préjudice, s'il y a lieu, de plus fortes peines prononcées par la loi.

Lorsqu'il y aura récidive dans les cas prévus en l'article 11, la peine de l'emprisonnement de six jours à trois mois pourra être appliquée si le délinquant n'a pas satisfait aux condamnations précédentes.

Art. 15.

Il y a récidive lorsque, dans les douze mois qui ont précédé l'infraction, le délinquant a été condamné en vertu de la présente loi.

Art. 16.

Tout jugement de condamnation prononcera la confiscation des filets, engins et autres instruments de chasse. Il ordonnera, en outre, la destruction des engins prohibés.

Il prononcera également la confiscation des armes, excepté dans le cas où le délit aura été commis par un individu muni d'un permis de chasse, dans le temps où la chasse est autorisée.

Si les armes, filets, engins ou autres instruments de chasse n'ont pas été saisis, le délinquant sera condamné à les représenter où à en payer la valeur suivant la fixation qui en sera faite par le jugement, sans qu'elle puisse être au-dessous de 50 francs.

Les armes, engins ou autres instruments de chasse abandonnés par les délinquants restés inconnus, seront saisis et déposés au greffe du tribunal compétent. La confiscation, et, s'il y a lieu, la destruction, en seront ordonnées sur le vu du procès-verbal.

Dans tous les cas, la quotité des dommages-intérêts est laissée à l'appréciation des tribunaux.

Art. 17.

En cas de conviction de plusieurs délits prévus par la présente loi, par le Code pénal ordinaire ou par les lois spéciales, la peine la plus forte sera seule prononcée.

Les peines encourues pour des faits postérieurs à la déclaration du procès-verbal de contravention pourront être cumulées, s'il y a lieu, sans préjudice des peines de la récidive.

Art. 18.

En cas de condamnation pour délits prévus par la présente loi, les tribunaux pourront priver le délinquant du droit d'obtenir un permis de chasse pour un temps qui n'excédera pas cinq ans.

Art. 19.

La gratification mentionnée en l'article 10 sera prélevée sur le produit des amendes.

Le surplus desdites amendes sera attribué aux communes sur le territoire desquelles les infractions auront été commises.

Art. 20.

L'article 463 du Code pénal ne sera pas applicable aux délits prévus par la présente loi.

SECTION III.

De la poursuite et du jugement

Art. 21.

Les délits prévus par la présente loi seront prouvés, soit par procès-verbaux ou rapports, soit par témoins à défaut de rapports et procès-verbaux, ou à leur appui.

Art. 22.

Les procès-verbaux des maires et adjoints, commissaires de police, officier, maréchal des logis ou brigadier de gendarmerie, gendarmes, gardes forestiers, gardes-pêche, gardes champêtres ou gardes assermentés des particuliers, feront foi jusqu'à preuve contraire.

Art. 23.

Les procès-verbaux des employés des contributions indirectes et des octrois font également foi, jusqu'à preuve contraire, lorsque, dans la limite de leurs attributions respectives, ces agents rechercheront et constateront les délits prévus par le § 1 de l'article 4.

Art. 24.

Dans les vingt-quatre heures du délit, les procès-verbaux des gardes seront, à peine de nullité, affirmés par les rédacteurs devant le maire ou l'adjoint, soit de la commune de leur résidence, soit de celle où le délit aura été commis.

Art. 25.

Les délinquants ne pourrons être saisis ni désarmés ; néanmoins, s'ils sont déguisés ou masqués, s'ils refusent de faire connaître leurs noms, ou s'ils n'ont pas de domicile connu, ils seront conduits immédiatement devant le maire ou le juge de paix, lequel s'assurera de leur individualité.

Art. 26.

Tous les délits prévus par la présente loi seront poursuivis d'office par le ministère public, sans préjudice du droit conféré aux parties lésées par l'article 182 du Code d'instruction criminelle.

Néanmoins, dans le cas de chasse sur le terrain d'autrui, sans le consentement du propriétaire, la poursuite d'office ne pourra être exercée par le ministère public sans une plainte de la partie intéressée, qu'autant que le délit aura été commis dans un terrain clos, suivant les termes de l'article 2, et attenant à une habitation, ou sur des terres non encore dépouillées de leurs fruits.

Art. 27.

Ceux qui auront commis conjointement des délits de chasse seront condamnés solidairement aux amendes, dommages-intérêts et frais.

Art. 28.

Le père, la mère, le tuteur, les maîtres et commettants seront civilement responsables des délits de chasse commis par leurs enfants mineurs non mariés, pupilles demeurant avec eux, domestiques, ou préposés, sauf tout recours de droit.

Cette responsabilité sera réglée conformément au paragraphe dernier de l'article 1384 du Code civil, et ne s'appliquera qu'aux dommages-intérêts et frais, sans pouvoir toutefois donner lieu à la contrainte par corps.

Art. 29.

Toute action relative aux délits prévus par la présente loi sera prescrite par le laps de trois mois à compter du jour du délit.

SECTION IV.

Dispositions générales.

Art. 30.

Les dispositions de la présente loi relatives à l'exercice du droit de chasse ne sont pas applicables aux propriétés de la couronne. Ceux qui commettraient des délits de chasse dans ces propriétés seront poursuivis et punis conformément aux sections 2 et 3.

Art. 31.

Le décret du 4 mai 1812 et la loi du 30 avril 1790 sont abrogés.

Sont et demeurent également abrogés, les lois, arrêtés, décret et ordonnances intervenus sur les matières réglées par la présente loi, en tout ce qui est contraire à ses dispositions.

TABLE DES MATIÈRES

DISPOSITIONS GÉNÉRALES

Droit de chasse. — Droit de suite. — Droit du Chasseur sur le Gibier.

CHAPITRE I

DU DROIT DE CHASSE

CHAPITRE IV

DU DROIT DU CHASSEUR SUR LE GIBIER CHASSÉ PAR SES CHIENS.
— PEUT-ON TIRER OU PRENDRE LE GIBIER DEVANT LES CHIENS
D'AUTRUI ?

CHAPITRE V

DU DROIT DU CHASSEUR SUR LE GIBIER DANS LA CHASSE
AUX CHIENS COURANTS

§ 1

Bête lancée et suivie par les chiens

§ 5

*A qui appartient le gibier tué dans une chasse faite par ordre
de l'administration pour la destruction des animaux nuisibles ?*

AUTEURS ET OUVRAGES CITÉS

REVUE DES EAUX ET FORÊTS. La partie consacrée à la jurisprudence, sous la savante direction de M. Meaume, est le
recueil le plus riche en documents sur la chasse.

SIREY. Recueil général des lois et arrêts. Indiqué par
une S.

DALLOZ. Jurisprudence générale du XIXe siècle. D.

DALLOZ. Recueil des lois et arrêts. D.

BERRIAT SAINT-PRIX. Législation sur la chasse et la louveterie.

CHARDON. Le droit de chasse français.

DE-NEYREMAND. Questions sur la chasse.

GISLAIN. Le chasseur prud'homme.

JULLEMIER. Des procès de chasse.

LAVALLÉE et BERTRAND. *Vade mecum* du chasseur.

LAVALLÉE. La chasse à courre en France.

LEBLOND. Code de la chasse et de la louveterie.

PETIT. Traité du droit de chasse, 2e édition.

ROGRON. Code de la chasse.

SOREL. Du droit de suite et de la propriété du gibier,
2e édition.

GIRAUDEAU, LELIÈVRE et SOUDÉE. La chasse, 2° édition, ouvrage très précis et très complet.

PUTON. La louveterie.

Châteauroux. — Typ. et Stéréotyp. A. MAJESTÉ.